精益思想 丛书

低成本 零缺陷 持续改善

The Theory and Application
of Lean Management

精益管理
理论与应用

蔺宇 齐二石 等编著

机械工业出版社

CHINA MACHINE PRESS

图书在版编目（CIP）数据

精益管理理论与应用 / 蔺宇等编著. —北京：机
械工业出版社，2023.8
　（精益思想丛书）
　ISBN 978-7-111-73417-8

　Ⅰ．①精…　Ⅱ．①蔺…　Ⅲ．①企业管理
Ⅳ．① F272

中国国家版本馆 CIP 数据核字（2023）第 116958 号

机械工业出版社（北京市百万庄大街22号　邮政编码100037）
策划编辑：刘　静　　　　　　责任编辑：刘　静　崔晨芳
责任校对：王荣庆　陈　越　　责任印制：张　博
保定市中画美凯印刷有限公司印刷
2023年9月第1版第1次印刷
170mm×230mm　18.5印张·1插页·320千字
标准书号：　ISBN 978-7-111-73417-8
定价：69.00元

电话服务　　　　　　　　网络服务
客服电话：010-88361066　机　工　官　网：www.cmpbook.com
　　　　　010-88379833　机　工　官　博：weibo.com/cmp1952
　　　　　010-68326294　金　书　网：www.golden-book.com
封底无防伪标均为盗版　　机工教育服务网：www.cmpedu.com

在中华民族即将实现伟大复兴之际，面对世界百年未有之大变局，齐二石教授和蔺宇副教授等编著的《精益管理理论与应用》一书出版了。这本书凝聚了各位作者的心血，是其长期探索研究精益管理实践与应用的智慧结晶。这本书对于未来中国精益管理必将产生十分重要的影响，必将为推动中国经济高质量发展、推动企业成功转型升级做出新贡献。

我和齐二石教授十分有缘，我们的故乡都是吉林省长春市九台区，并且都在我国较早推行精益管理的企业——中国第一汽车集团有限公司（简称"中国一汽"）工作过。齐二石教授刚参加工作就来到中国一汽锻造厂并且一干就是八年，锻压机旁的工作锤炼了他钢铁般的坚毅性格、朴实执着的品质、豪放直率的气质。改革开放后他先后就读于西安交通大学机械工程专业、天津大学管理工程和系统工程专业，博士毕业后成为教授、博士生导师。他是我国最早接触精益生产的学者之一，也是我国工业工程学科的主要创建者之一，是业界公认的著名工业工程管理专家，为我国工业工程体系的创建、发展、建设、创新做出了突出的贡献。齐二石教授不愧为精益管理思想在中国的传播者，不愧为精益管理理论在中国的实践者，不愧为精益管理后备人才的指导者。

精益管理思想的布道者。在《精益管理理论与应用》一书中，齐二石教授系统地论述了精益管理的基础理论、精益生产的本质、精益思想、精益文化、精益职能管理等。这是他多年来主持的科研课题和三十余篇著作积累的成果展示，更是他的辛勤付出与无私奉献。他用通俗易懂的语言、风趣幽默的讲解、翔实的案例把精益管理的历史、精益管理的背景、精益管理的思想、精益生产技术方法传播出去，启迪了千千万万个精益管理的追随者。齐二石教授在探索研究精益管理理论的基础上，提出中国要有自己的工业工程，并建立了中国工业工程的概念和理论体系。马车模型，即专业技术创新和管理技术创新双轮驱动的理念是他独创的中国式精益管理的重要原则和指导思想。在他的推动和不断努力下，创新驱动已经成为我国现代化建设的发展战略，创新驱动为未来施行精益管理指明了方向，结合本土实际应用精益原理创造属于自己的管理模式是精益的本质所在。齐二石教授是名副其实的中国精益管理思想的布道者。

精益管理理论的实践者。齐二石教授曾以中国机械工程学会工业工程分会名誉主任委员、教育部高等学校工业工程类专业教学指导委员会主任委员等多个身份，参与编写了工业工程专业教科书，指导企业精益生产的推进，整理精益管理应用案例。《精益管理理论与应用》系统地论述了精益设计与精益布局设计，工厂精益设计方法及设计流程，精益布局设计准则和设计方案评价，现场管理与问题解决，准时化、自働化生产机制，标准作业与改善，精益物流与供应等，还系统地论述了现场质量管理、精益职能管理等，可以说《精益管理理论与应用》是一部系统的精益管理方法宝典和指导手册。

齐二石教授依托中国机械工程学会工业工程分会创造了精益管理分享交流的平台，一年一度的工业工程与工程管理学术会议已经举办了二十六届，全国工业工程专业院校和企业创新大赛等使精益管理在学校、企业、医院得到应用和推广。齐二石教授不辞辛苦、马不停蹄地进学校、走工厂、入企业、访部队，祖国大地到处都留下了他推广精益管理的身影和足迹。齐二石教授不愧为精益管理理论的实践者。

精益管理后备人才的指导者。2007年我有幸成为天津大学管理学院的在职研究生，有了近距离向齐二石教授深入学习的机会，并荣幸地请他作为毕业论文指导老师对我的毕业论文进行了具体指导。在他的影响下，我也从一名厂长成长为中国一汽的副总经理、党委书记，并在中国一汽建立了红旗精益生产管理体系，促进了中国一汽的管理提升和经营发展。齐二石教授除了培养大量的在校本科生、硕士生、博士生外，更多地指导了大量的在职硕士生、博士生，他们中有政府公务人员，有企业领导及管理者，也有医院管理人员等。在北京、天津、吉林、山东、新疆等地都能看到他传授精益管理的身影。他指导的学生有的成了企业的骨干，有的成了政府公务人员，可以说是桃李满天下。齐二石教授独特的精益管理思想、方法影响了一批又一批求学者，他指导过的企业质量效益发生了巨大的变化，获得了飞跃式的发展。作为他的学生，我感到无比的骄傲和自豪，齐二石教授不愧为精益管理后备人才的指导者。

《精益管理理论与应用》一书的出版，必将助力中国创新驱动发展战略，必将推动企业转型升级和数字化转型，必将更广泛地普及精益管理理论和经验。《精益管理理论与应用》可以教会更多的人提高效率、提高效益、提高质量，让更多人的生活变得更加美好。

汪玉春

中国一汽原党委书记

中国机械工程学会工业工程分会副主任委员

大野耐一先生创建的丰田生产方式（Toyota Production System，TPS）于20世纪80年代传到美国，随后成为精益生产（Lean Production）。运用精益生产（TPS），有助于提高美国产业的品质，提高生产效率，之后精益生产传到了中国、欧洲，成为享誉全球的系统方法。

经过几十年的淬炼，丰田生产方式也在不断改进，成为企业经营的支柱。另外，企业全员都以这种生产方式为基础，开展日常的业务，并进一步改善业务。这种生产方式不仅在生产部门施行，同时也导入到营销、设计开发等部门，取得了各种各样的效果。

通过开展TPS，企业员工能够感受到工作的价值，进一步促进"人和职场"的活性化。企业是人的集合体，企业的经营需要激活多数人或由多数人组成的组织的活性，这对不断提高经济性、提高劳动生产效率是必不可少的。如果企业整体的经济性和劳动生产效率不高，企业就会在激烈的竞争中失利。因此使企业的所有人员都能够做到不断地改善（创造有价值的工作）是非常必要的。

这本书深入探讨了精益管理的方法和原理，并准确地进行了相关阐述。希望大家能够去读、去理解、去实践本书的内容。

堀切俊雄
丰田工程技术公司

　　我国制造业在改革开放后取得了突飞猛进的发展，现已成为全世界门类最齐全、规模最大的产业。特别是进入 21 世纪后，我国机械、电子、汽车、化工等产业有了巨大的发展，但在一些技术上还不能完全自主，在中美贸易摩擦中遭遇"卡脖子"难题，产业发展受到严重制约。这些都给我国制造业发展带来了一定的困难。从历史发展看，这种"卡脖子"难题是搞不垮中国人民的，反而会激发中国人民更大的技术创新动力。从"两弹一星"到航天、航空、电子信息、高铁、土木工程等都是在西方发达国家采用"卡脖子"手段的情况下，被中国人民自力更生、奋发图强地打造成当今国际上一流技术产业的。但技术上的"卡脖子"只是一方面，产品和技术具有复制性特征，也就是说产品和技术一旦被我国企业拿到，最终都会实现国产化。

　　在当今全球竞争不断加剧的环境下，我们必须看到还有第二种"卡脖子"的手段，那就是面向效率、质量、成本的综合效益能力技术。这是一种软技术——软"卡脖子"技术。在效率、交货期、质量、成本、产品制造过程中高效切换等方面的能力是我国制造业在今后国际化竞争中更加重要的竞争要素，将面临更加严峻的挑战。

　　以美国为首的西方制造业，除了在技术上领先，更重要的是在效率、质量、成本、服务等软技术方面领先，我们在这些软"卡脖子"的领域中，与发达国家制造业还有不小的差距。

　　在 19 世纪和 20 世纪交替之际，美国为满足国际市场竞争需要，在技术创新领域引入欧洲的成果，在软技术方面开创了具有美国特色的工业工程

VIII

（Industrial Engineering，IE）。在第一、第二次世界大战中的产品、物资生产与供应上，工业工程起到了不可替代的作用，帮助美国成为超级大国。第二次世界大战结束后，日德为恢复战后经济，向美国学习并得到援助，其中重要的学习内容之一就是工业工程。工业工程作为管理技术，不具有简单复制的特性，尤其是在不同文化背景下更不能简单复制。由于德国是西方国家，所以基本不具有太大的引进障碍，复制性较强，本土化、国产化较容易。而具有东方文化背景的日本引入工业工程后，做了大量本土化改造、国产化工作，才以此创造出举世瞩目的丰田生产方式，该生产方式具有极强的竞争力和获取效益能力。丰田生产方式于20世纪90年代被美国人概括为精益生产，正是因为精益生产是工业工程进行本土化改造的"衍生物"，所以世界各国在制造业转型升级中纷纷效仿。

从20世纪来看，工业工程引入我国后，精益生产也在我国被许多行业和企业引进、应用和推广。比如汽车制造企业推行精益生产非常广泛。今天，冶金、机床、航空航天、电子、核工业、兵工等各种制造产业无不推广工业工程和精益生产，还提出了众多难以解决的问题，基本上都是工业工程和精益生产应用的本土化问题。

精益生产也在向更高、更广泛的领域发展，往往被概括为精益管理。近年来，精益管理在医院、交通、物流、宾馆酒店甚至政府、学校的管理中屡见不鲜，有的已取得显著成效。

为了满足各方日益增多的在精益管理应用中的需求，为了解答我国产业界提出的众多问题，本书编写团队在进行多年理论研究的基础上，结合编写团队开展的精益管理实践和经典案例编写了本书，其中第1章、第2章主要由齐二石和蔺宇完成，第3章主要由霍艳芳和宝斯琴塔娜完成，第4章主要由蔺宇完成，第5章主要由聂斌完成，第6章主要由杨发文和李磊完成，第7章由宝斯琴塔娜、蔺宇、杨发文和聂斌共同完成，感谢编写团队每位成员在本书编著过程中的辛苦工作！本书得到国家自然科学基金项目（生产方式柔性化转型与价值链升级互动影响：机制、路径和对策研究，71873094）的资助和支持，特此致谢。本书的特色在于提出了一套较为适合我国企业应用的精益管理理论和精益管理技术体系，如精益设计、精益生产技术等，还增加了精益职能管理和生动的精益管理案例。本书可作为企业精益管理应用指南，也可作为普通大专院校的教材使用。更恳切希望广大读者提出宝贵意见。

作　者
2022年10月

第1章

精益管理的理论基础

工业管理理论诞生于 120 多年前，从最早的科学管理发展到现在历经三次工业革命，对工业发展起到了重要推动作用，经过 100 多年的科学发展和技术、方法、经验的累积，在 20 世纪 90 年代形成了较为完整的理论方法体系，被称为精益管理。精益管理是理论与实践反复验证的成果，为广大工业企业和各类组织所青睐，它在中国实践四十年来沉淀的大量优秀案例和成果，帮助众多企业、组织提升了经营水平。未来，精益管理理论体系还将进一步完善，逐渐成为数字化和智能制造的关键基础管理技术，与新兴技术一起助力中国和全世界的企业发展。

1.1   工业工程与精益管理的发展

1.1.1   工业工程的历史作用

1. 效率的创新

从英国的工业革命开始，每当出现技术进步和设备发明，如 1776 年蒸汽机用于采矿，织布机用于大规模织布生产，汽车、火车用于运输，工厂中先进的冲压设备、锻锤（特别是模锻锤）、车床、钻床、铣床、数控机床等投入使用，都会带来令人惊奇的效率提升，从而使工厂的竞争能力大幅度提升。19 世纪中期的中国，长江上的运输工具主要是木船，可后来由于英国的铁甲大型运输船效率更高，木船被替代，使得以木船为主要运输工具的运输公司纷纷倒闭。诸多事例告诉人们，技术和设备的创新确实是提高效率的重要途径。

20 世纪初，美国的制造业已经成为世界第一。由于战争和国际上的市场竞争，效率一度成为竞争中获胜的唯一要素。那么效率仅仅是由技术和设备决定的吗？是否还有其他提高效率的途径呢？

1898年，科学管理之父弗雷德里克·温斯洛·泰勒（Frederick Winslow Taylor）以咨询师的身份从伯利恒钢铁厂开始了他的试验。这家钢铁厂的原材料是由一组计日工搬运的，每名工人每天挣1.15美元，这是当时的标准工资，每名工人每天搬运的铁块重量有12～13吨，泰勒观察研究了75名工人，从中挑选了一个叫施密特的人。泰勒让他按照新的要求工作，并每天给他1.85美元的报酬。泰勒通过仔细的研究，转换各种工作因素，来观察这些因素对生产效率的影响。经过长时间的试验，并把劳动时间和休息时间很好地搭配起来，施密特每天的工作量可以提高到47吨，同时并不会感到太疲劳。泰勒立刻采用了计件工资制，很快使每名工人每天的工作量达到47吨，工资也都升到1.85美元。这样工人的劳动效率大幅提高，工厂主付的工资总额反而减少。此外泰勒又主持了著名的铁锹试验，这些试验创造了"定额"的概念和方法，使效率大幅度提高，由此诞生了时间研究——和后来由弗兰克·吉尔布雷斯（Frank Gilbreth）创造的方法研究，统称为工业工程。更为重要的是在此过程中他们找到了提高效率的新途径。

吉尔布雷斯是一个建筑承包商，在工作中他发现每个工人砌砖的效率与姿势、砖放置的位置、抹灰刀使用的先后顺序等都有关。他就用一台电影摄像机把工人的操作过程拍摄下来，通过记录写实结果，他发现平均每个工人砌一块砖需要18个动作，每小时可砌120块砖。他把录制片带回家观察研究，发现这18个动作中有13个是多余的，只有5个是必需的。于是，他剪辑了录制片，在录制片中只保留了这5个动作，第二天一上班就让工人观看，只学习这5个必需的砌砖动作。奇迹出现了，采用新砌砖动作后，每小时人均砌砖达到了350块，效率几乎增加了2倍，由此开启了方法研究。

19世纪末，德国人卡尔·弗里特立奇·本茨（Karl Friedrich Benz）设计制造出了为家庭服务的汽车，原本想大幅度提高人们的出行效率，但是本茨制造汽车的生产组织和生产过程很原始，效率不高。他组织一个团队来制造汽车，团队分工明确，每个人负责几个工艺部分，如发动机、变速器、传动系统、操纵系统、车体（覆盖件）和车轮等。由于每个部分零件多，工艺复杂，所以一个团队要花费很长时间才能制造出一台汽车，年产量只有几百台，远远不能满足市场需要，并且价格昂贵，只有少数富人买得起，因此汽车成了奢侈品。与此同时，在大西洋彼岸的美国密歇根州有一个叫亨利·福特（Henry Ford）的年轻人，他大学毕业后变卖了父亲给他的庄园，建了一个汽车工厂——福特汽车公司。福特研究了本茨的问题，又看到辛辛那提屠宰场的屠宰生产线，由此受到启发，建立了世界上第一条汽车生产流水线，即把生产汽车的各个工艺环节进行细分，按工艺过程组建了流水线生产系统，让每个环节实现专业化，创造了大批量、低成本生产制造的奇迹。福特摒弃了本茨的生产组织方法，创造了新的流水线方法，1903年福特汽车公司制造出1700台汽车，此后福特又不断改进流水线，20年后（1923年）年产量达190万台汽车，生产能力从1908年的514分钟/车到1914年的1.19分钟/车，效率提高431倍。值得说明的是，福特的贡献是在汽车生产组织过程中的管理技术创新，这让他成为现代汽车制造方式的鼻祖。

这三个案例说明了提高效率除了技术和设备的创新，还有另外一个重要途径：方法和思路的创新。这些研究和创新都旨在提高制造业的效率，因此被统称为工业工程。工业工程的诞生，立刻受到全美制造企业的欢迎，工业工程师被广泛雇用来提高企业的效率。为了广泛培养社会急需的工业工程人才，美国的宾夕法尼亚州立大学率先在1908年创建了第一个工业工程系，这让工业工程技术在美国很快广泛流行。

可以说工业工程是诞生于效率的创新，在第二次世界大战后恢复经济的工作中，日本、德国都大规模引进、推广和本土化改造工业工程。20世纪80年代，美国学者詹姆斯·P.沃麦克（James P. Womack）和英国学者丹尼尔·T.琼斯（Daniel T. Jones）经过调查研究，认为丰田生产方式是最具现代竞争力的生产方式，是工业工程在日本应用和本土化改造的结果，称为精益生产。

2. 企业整体效益和竞争力的创新

（1）马车模型——对企业的理解。原则上说，一个制造企业是由专业技术（产品、设备、工艺、材料等）、管理技术（经营、生产管理）、人（领导者、工程师、劳动者）和企业文化等组成的。制造企业间的竞争是这些要素系统集成的竞争，可以形象地用一驾马车来表示（见图1-1）。

马车模型：专业技术创新＋管理技术创新＋机制创新＋人＝生产力创新（效益提高）

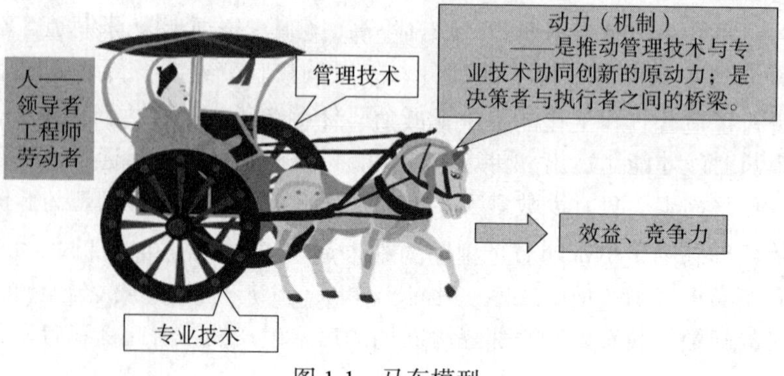

动力（机制）
——是推动管理技术与专业技术协同创新的原动力；是决策者与执行者之间的桥梁。

人——领导者 工程师 劳动者

管理技术

效益、竞争力

专业技术

图1-1　马车模型

如图 1-1 所示，马车由三大部件组成：一是两个车轮，其中一个车轮代表企业的专业技术，即产品、工艺等；另一个车轮代表企业的管理技术，即精益管理等，它是解决效率、质量、成本问题的方法。关键是两者的直径必须一样大，否则一个直径大（专业技术），一个直径小（管理技术），马车肯定跑不快。二是马，它代表企业的动力。企业的动力来源于企业文化及其决定的一系列机制，也就是说，企业无动力，一定是机制出了问题，即企业文化出了问题。三是人，指领导者、工程师和劳动者。这三大部件必须通过缰绳、车辕、车轴等实现系统集成，所以企业间的竞争已不仅仅是专业技术的单一竞争，更重要的是人和管理技术的竞争。好的专业技术，是获取效益和竞争力的必要条件；掌握先进的管理技术，再加上人和机制的成功，是获取效益和竞争力的充分条件。第二次世界大战结束后，工业工程助力整体效益和竞争力的作用，在美日德等国家发展经济的过程中发挥得淋漓尽致。仅靠专业技术打天下是 19 世纪的企业思维，那时是短缺经济；20 世纪后，国际竞争形成过剩经济，靠双轮驱动的企业思维是成功的。美国靠双轮驱动，经济高速发展。第二次世界大战后，德日的经济恢复和发展就充分学习了美国的经验并引进美国的工业工程，实现了双轮驱动，创造了从经济起飞到高速发展的奇迹。

（2）管理技术（工业工程）主要有以下几个特征：

1）创新性。产品、技术是可复制的，即产品、技术可以不受国家、种族、文化等的限制，在哪里都可复制，人们称之为"山寨"，因此必须被专利保护起来。事实上，许多企业、地区、国家在经济发展初期，往往都用过"山寨"的办法，因为见效快、收益高。

反之，管理技术、模式、方法就不可复制。比如，丰田生产方式、大众管理模式、福特生产方式，创造这些先进管理技术、模式、方法的企业都欢迎各国同行来参观，还费力地讲解、演示，不辞辛苦地教授来访者，但是来访者往往回到自己的国家却做不出来，做不成。这说明：管理技术必须结合企业所在环境和企业自身条件进行自主创新，不能简单复制。丰田学习引进美国的工业工程，进行了适合日本文化的本土化改造，才创造出举世瞩目的丰田生产方式。

我国一些制造企业多年来推行美国的质量管理理念，包括质量检验、质量统计、ISO 系列和六西格玛等，但是，没有完全达到预期效果，可见管理的能力买不来、复制不了，这就是管理上的难点。

2）累积性。管理技术就是要一步一步地前进、改善、累积，就像逆水行舟——不进则退。这就是说企业在管理上投入越多，效果越明显（技术上的投入不一定有此规律），而且管理还不能跨越式发展，只能一个台阶、一个台阶地往上迈。制造企业的劳动定额、期量标准、物流流程、现场管理等，以及组织、计划、调度等，这些发达国家制造企业采用的管理技术和经历的发展历程，我国制造企业也必须都经历一遍，可以发展得比它们快，但一步都不可省略。部分专家学者用工程技术的思维，用自己的主观想象给予制造企业指导，如 20 世纪 90 年代我国一些制造企业的管理模式直接复制美国的 CIMS（计算机集成制造系统）、ERP（企业资源计划）系统、MES（制造企业生产过程执行系统）以及敏捷制造、网络制造等，虽然花了大价钱，但是收效甚微。原因是美国那些管理模式是其近百年工业工程积淀的结果，我们在这些方面的积淀尚不深厚，不太可能一模仿就成功。

管理的模式和方法，不存在先进落后之分，只有适不适合企业发展之分。第二次世界大战后日本引进工业工程，重要的是做了本土化改造，创造了丰田生产方式，取得的效益举世闻名。仅凭套用智能制造技术来实现跨越式发展，在没有工业工程基础的条件下，其效果可想而知。

概括起来就是，技术可以复制，管理必须自主创新。华为创始人任正非很早就提出，向日本学习管理理念。如果认真研究国内企业的成功案例，就会发现华为、海尔、潍柴等成功企业都证明了这个说法。

（3）马车模型中的人和企业文化。企业不仅生产产品和提供服务，还培养人才和发展企业文化。其中工业工程人才是企业必不可少的，是决定企业效益的重要力量。打个比方，企业就像军队，军队必须有参谋部及其人员，他们负责军队的作战规划、调度等，对作战结果起到十分重要的作用。企业也一样，效率、质量、成本等方面的问题谁来解决？如果没有工业工程部门和人才，就变成企业领导干着急或没人负责解决相关问题，最后导致产品在市场上没有竞争力。20 世纪 90 年代，一汽大众汽车有限公司（简称一汽大众）成立时，设立了 5 个职能部门：技术部，负责技术和产品；生产部，负责生产过程的计划、调度等工作；物流部，负责海内外零部件、总成组件的供应和运输；人力资源部，负责人才选拔、培养、评价等；第五个职能部门就是工业工程部。经过几十年的运行，工业工程部不断发展壮大，在企业的质量、现场改善等精益管理中，起到了非常重要的作用。值得称道的是，目前中国一汽的几十个分公司几乎都设立了工业工程部，其中做得最突出的是一汽轿车股份有限公司，它的工业工程部每年都有数十个改善项目，成果突出，效果显著，这对一汽红旗品牌战略的作用不可小觑。

企业文化是企业发展的驱动力。优秀的企业文化会大大改善企业人员的精神面貌和干劲,人的积极性调动起来,将会产生无穷的力量;反之企业文化落后,会导致企业行为的落后,直至失败。企业文化还决定了企业一系列的机制和政策,这些机制和政策是企业的生命线,20世纪80年代,有美国学者研究发现,美国企业和日本企业竞争中的差距,就在于企业文化上的差距。凡是成功的企业,在企业文化建设上一定下了大功夫,众所周知的华为就是企业文化建设的成功典范,华为早期制定的《华为基本法》是华为企业文化的根基。

3. 助力制造业转型升级并向多产业延伸

(1)企业转型升级。企业转型升级要从"中等收入陷阱"理论谈起。一般来说,人均国内生产总值(GDP)在4000~12 000美元的国家为中等收入国家。经研究发现,有的国家进入此阶段就停滞不前了,掉入中等收入陷阱,比如南非、阿根廷、巴西及一些东欧国家。而跨越中等收入陷阱的就会成为发达国家,如早期有美国、英国、德国、法国及北欧国家,后期有日本、韩国、新加坡。跨越中等收入陷阱的影响因素有很多,如发展模式、消费模式、投资等,其中机制、政策创新和转型升级较为重要,这些也是制造企业能成功地从最初的投资型、粗放型企业发展成精益型、效益型企业的关键。所有发达国家制造业转型升级都是从两个方面入手的:一是技术创新,用新产品、新工艺、新设备和新材料使企业在技术上实现大幅度的进步,提高竞争力;二是应用工业工程使企业在提高质量、降低成本、提高生产效率方面快速进步,目的同样是让企业的效益和竞争力大幅度地提高。这两个方面转型升级的完成,就产生了1+1>2的效果。

下面介绍一下美、德、日三个发达国家和中国企业的转型升级。

1)美国。第二次世界大战结束以后,美国凭借技术领先的优势,把工业工程的作用发挥得淋漓尽致。美国汽车制造企业的人均效率几乎是德、日等国家的十倍。在军工领域,美国波音公司持续应用工业工程和信息技术相结合对B-52轰炸机技术和生产维修过程进行改进,使B-52轰炸机有望成为国际上服役时间最长的军机,预计可服役至2050年,在此项目中降低成本和间接收益超过百亿美元。20世纪末,美国又提出信息化、数字化和网络制造的先进制造模式,这个模式是以技术与工业工程的双轨驱动实现的。

2)德国。20世纪初,德国已经在机械行业领先,不仅在技术上、质量上领先,而且开创了大效率工程。第二次世界大战结束后,为恢复联邦德国的经济，美国提供了大量的支持和帮助，特别是输出了美式工业工程。德、美都是西方国家，文化差异小，所以德国制造业快速实现了技术和管理双轨驱动，历经三十多年走到世界前列。20 世纪八九十年代，德国既推行了美国的工业工程，又引进了日本的精益生产，进入 21 世纪，德国意图实现"弯道超车"，提出具有德国特色的智能制造——工业 4.0，以实现产业的转型升级。

3）日本。日本作为具有一定历史的亚洲国家，有着深厚的文化背景。第二次世界大战结束后，日本不但大规模引进西方的技术，更重要的是还引进了美国的工业工程，并成功地进行了本土化改造，创造出举世闻名的丰田生产方式，后来这种生产方式被概括为"精益生产"或"精益管理"。其中最重要的就是"本土化改造"，也是日本经济腾飞的关键原因之一，"本土化改造"促使日本成功地实现了双轮驱动，特别是管理技术在产业转型升级中发挥了决定性作用。日本是以实体产业为主的国家，必须坚持走本土化的制造业发展道路，紧跟技术创新的世界潮流，在科学探索方面不断进步，在保持技术专利处于世界领先的同时，发扬"工匠精神"，在管理上量体裁衣地使用信息化、智能化技术，坚持主体性的"全面精益管理"战略发展原则。这些措施使日本制造业在新时代依然处于世界领先地位。

4）中国。中华人民共和国成立初期，工业基础相对薄弱，改革开放以后，汽车、机械、电子电器、航天航空、轨道交通、冶金、化工等领域都有了快速发展，特别是在技术装备上许多领域接近发达国家水平，有的领域或产业已达到世界领先水平。世界见证了"中国飞速发展的四十年"。但是冷静思考一下，中国制造业管理基础薄弱和管理创新能力发展较慢的问题仍亟待解决。中国部分产业在效率、质量、成本方面和美日德发达国家相比，仍存在一定的差距。这说明从理念上讲，在中国企业家中，很多人还停留在 19 世纪末 20 世纪初的水平，认为技术"包打天下"。他们还认为投资技术、产品、设备都能留下看得见的成果，而投资工业工程、管理技术这些软科学技术，看不见成果，所以还是不投资或少投资为宜。如今中国已发展到人均 GDP 超过 1 万美元的水平，能否成功跨越中等收入陷阱，其中一个重要的问题是中国产业能否从投资型转为效益型，从粗放型转为精益型。根据马车模型，中国部分企业存在的问题是专业技术和管理技术的车轮直径不一样。另外，从历史发展规律来看，中国企业正处于转型升级的阶段，工业工程的应用与发展是助力中国企业转型升级的重要手段。

事实上，中国现在已经有企业在工业工程或精益管理上下了很大功夫且取得非凡成绩。具体有三种情况：一是合资企业，如一汽大众、上海通用、OTIS 电梯等，这些企业本来就有工业工程体系，企业效益高，竞争力强；二是中国沿海地区的企业，如华为、中兴、美的、格力、海尔等，这些企业现已有工业工程体系并在企业发展中不断摸索和改进，依靠工业工程体系，不断提高企业效益和竞争力；三是国有企业，它们在国家的指导下，拥有了工业工程基础，特别是近几年在政策的鼓励下如东北工业集团、中国一汽、东风汽车集团、中国电子科技集团、兵工集团等，都在推进工业工程的道路上不断摸索、实践。以上三种情况的企业都有自主创新，加之在社会上出现的许多咨询公司和部分高校的帮助下，企业推进工业工程和精益管理取得了较好的成绩。如果政府层面对工业工程这一基础性管理技术更加重视，合格的工业工程人才将被大大激发，特别是对中小微企业，它们在国内生产总值中占有很大的比例。

总之，中国在制造业从大到强的发展过程中，一定会规律性地选择工业工程和精益管理。可以说工业工程和精益管理是助推中国制造业，使中国成为世界制造强国的必选之技、必经之路。

（2）工业工程与精益管理在多产业的应用。工业工程与精益管理在多产业中的应用值得进一步探讨，助推酒店、医院、旅游等服务业，交通、城市管理以及军事活动等高质量、高效益发展：

1）交通管理。发达国家的交通服务管理起步较早，比很多发展中国家的更为成熟。比如，城市中的地铁管理，英国伦敦是世界上最早建成地铁的城市，现在来看虽然其设施较为陈旧，但标识非常清晰、布置合理，方便乘客乘坐。标识用什么颜色、多大字体、设计在什么位置等，都有相当高的工业工程技术含量。在城市道路交通标识中，美国城市道路交叉路口的系统比较完善，高速公路上的标识设计也较为先进。标识设计是高速公路和城市交通中最关键的问题之一，没有合理地设计、布置交通标识，即使路再宽，道再多，交通秩序也无法得到有效保障。而标识设计是典型的工业工程中的人因工程技术的应用。

2）医院管理。就医效率是民众最关心的问题，医院出现人满为患，人流交叉倒流，排队等待时间长的问题，可能是在这些医院的管理中，管理者还不知道工业工程／精益管理是解决上述问题的关键。比如，患者绝大多数时间都用在排队等待、寻找要去的科室上。标识的不合理导致了人员走动的盲目性，我们称之为"布朗运动"。天津大学工业工程／精益管理团队在天津医院、深圳光明新医院都做出了成功的工业工程／精益管理项目，使就医排队等待情况、医院环境等方面都有了显著的改善。可以说，医院在标识设计、流程再造、资源配置等方面应用工业工程／精益管理会取得很大的改善效果。

3）军事活动。美国的航母采用颜色管理，因为战时飞机在甲板上的噪声很大，人们无法用语言沟通和调度，所以只能用手势和颜色进行沟通和调度。在航母上甲板人员的头盔和救生马甲用颜色区分，兵（官）用红色，供燃员用紫色，飞行操作员用蓝色，飞机诱导员用黄色等，颜色是"效率的媒介"，赋予了官兵高效有序的作业手段。

另外，在旅游业、酒店业、城市管理以及工程建设业，工业工程/精益管理都在效率、质量、成本方面起到了重要作用。

总之，在人类社会发展、经济建设的活动中，只要涉及效益提高、质量提升、成本降低及环境友好的问题，就可以用工业工程和精益管理来助力解决。

1.1.2　崛起的丰田

1. 起步阶段——从纺织到汽车（1896～1939年）

丰田汽车公司（简称"丰田"）的前身是"丰田自动织机制作所"汽车部，凭借丰田佐吉发明的日本第一台自动织机享誉世界并延续至今。创始人丰田喜一郎活用父亲织机制造中的技术及经验成立丰田汽车公司，公司成立时注册资金为1200万日元，拥有员工300多名。它的诞生为萌芽中的日本汽车制造业带来了希望，丰田家族在创业中积累的领导经验与管理思想为丰田公司的发展和崛起奠定了重要基础。

在此期间，丰田家族在管理实践中逐渐萌发了丰田式管理思想，丰田生产方式的两大支柱"准时化生产"和"自働化"（为了与"自动化"区分，全书用日语原文表示）便起源于此。在此阶段，尊重人性、团结协作、勤奋创新、谦逊和睦等也作为日后丰田生产方式的原则和目标初见端倪。

丰田佐吉是丰田式管理思想的开山鼻祖，他的体内流淌着"创新"的血液，他一生取得了100多项专利。他创造性地引入"尊重人性"的思想，基于"赋予机器人智能的思路"研制出了"不停止自动换梭丰田自动织机（G型机）"，开创了自働化的先河。在对织机的发明和改进中，丰田佐吉践行了"持续改善""现地现物""尊重人性"等丰田生产方式管理思路，给后代留下了令丰田生产方式风靡世界的理念精髓：让员工具有在源头影响产品质量的能力。

丰田喜一郎是一位精于实干的企业家，被誉为日本"国产车之父"。其任职期间先后自主研制出了A型发动机及系列车型，这种在实干中学习的优良传统是丰田生产方式的原则之一，也是"现地现物"的起源。传承了父亲创新精神的丰田喜一郎，在创业之初提出了一个适合小规模生产、避免原料存储和浪费的办法，即"只利用必要数量的零件"，这就是"准时化生产"原则的原始构想。这一原则逐渐发展成为丰田生产方式的核心，是丰田喜一郎对管理科学史的重大贡献之一。

2. 兴起阶段——困境中成长（1940～1959年）

（1）遭遇危机（1940～1949年）。第二次世界大战期间，因为日本政府的大量订购，丰田汽车公司获得了第一次发展的良机。第二次世界大战后，丰田汽车公司因原材料缺乏、周转资金不足等情况面临着巨大的经济危机和劳资矛盾。创伤中的丰田汽车公司依然以汽车研究为本，加快了生产工艺的研究，加大了对员工的培养力度，立足于小型轿车的研制，相继推出了如AE、KB、BM、SB等多种型号的汽车，包括丰田第一台真正意义上的自主研发的小型轿车——SA型汽车。这些科技成果使丰田在日本国内汽车生产中的产量累计达10万辆，这给身在危机中的丰田汽车公司带来了希望。

特殊的历史环境为丰田人提供了新思路，正如丰田生产方式的创始人大野耐一（1912—1990）为提高生产效率而走访美国时提出：既然短时间内无法通过效仿而缩短差距，那么只能改变意识，另辟蹊径。继而提出了"消除浪费"的理念，并促使其发展成为丰田生产方式的基石。不仅如此，受到美国杂货连锁超市皮格利·威格利高效率营销方法的启发，大野耐一采用后工序领取的方式将传统的"推进方式"转变为"拉动方式"，即产品是根据需求从装配线上"拉动"出来的，从而减少库存，消除浪费，结果丰田汽车公司于1949年废除了中间品仓库，为丰田生产方式两大支柱之一的准时化生产奠定了基础。

（2）创伤恢复（1950～1959年）。善于改造和创新的丰田人，在研究改造美国生产管理方式的基础上结合日本国情及管理实践，拉开了丰田严格生产管理的序幕。其间，为开拓海外市场，丰田推出了针对美国人设计的小型车"皇冠"（CROWN），紧接着小型卡车、平头车、大型柴油车等也相继问世，形成了强大的丰田汽车阵容，并于1959年年末实现了月产汽车10 000辆的目标。除生产汽车及其零配件外，丰田也开始涉足其他领域，如房地产、家电，以及生活用品的制造和销售，这为丰田拓展业务打下了良好基础。

大野耐一在此期间致力于丰田生产方式的改进和创新，根据丰田佐吉发明自动织机的思路，以保证质量为课题，研究发展了"自働化"思想——丰田生产方式的另一个支柱；根据丰田喜一郎"准时化生产"的构想，在最终装配线和机械加工生产线之间实施了"看板方式"，创造了业内资金周转最快的业绩。

丰田汽车公司第五代社长丰田英二（1913—2013）为丰田的腾飞做出了巨大贡献，这也得益于其独特的"创意功夫"。丰田英二从"尊重人性"的角度出发，基于员工都是"知识的人"的假设，将美国福特公司的"提建议制度"丰富并发展为著名的全员"创意提案制度"。这一创新成果成为丰田实现企业复兴、摆脱濒临破产困境的奋斗历程上的转折点。一方面，它是丰田生产方式的不竭动力——"持续改善"本质的体现和重要发展；另一方面，它也是丰田"尊重人性"的管理哲学的体现。

3. 发展阶段——高速成长的到来（1960~1979 年）

20 世纪六七十年代是丰田汽车公司的成长期，日本国内汽车的普及以及海外事业的推进为丰田带来了巨大的发展机遇。其成长主要体现在规模的扩大、销量的增长以及出口量的提升上。20 世纪 70 年代推出的物美价廉、坚固耐用的小排量大众车"花冠"（COROLLA），为丰田拓展海外市场奠定了重要基础。1975 年丰田累计出口量达 500 万辆，四年以后，累计出口量高达 1000 万辆，丰田一跃成为世界第三大汽车制造商。其间，丰田汽车公司全面推行 TQM（全面质量管理），强化质量管理，并于 1965 年获得了品质管理方面最高成就奖——戴明奖（Deming Prize）。丰田管理模式的成熟与生产能力的提高为丰田的飞跃发展提供了重要的保障。

20 世纪 70 年代，拥有丰田人持续改进和创新精神的丰田英二，以提高生产效率、降低成本为目标进行了全方位的生产管理改革，使丰田掌握了先进的汽车生产和管理技术，更完善了独特的丰田式的管理思想。大野耐一按照丰田佐吉"自働化"的思路，提出了全公司范围内保证产品质量的控制手段——TQM；在引进欧美先进技术和管理方法的基础上，以"减少浪费"为目标发明的生产方式成为丰田"称霸世界"的重要砝码。历经几十年的研究与探索，屡经挫败后，一套完整的、超常规的、最具革命性的全新生产方式——丰田生产方式展现在世人面前，成为"改变世界的机器"。

丰田的崛起让世界开始关注丰田生产方式，"精益生产""持续改善"等专有名词出现在全球制造业领域，成为人们争相研究、效仿的对象。丰田生产方式在传统理论的支撑下，持续不断地丰富和完善。

4. 壮大阶段——国际市场的开拓（1980~2010 年）

20 世纪 80 年代，丰田汽车公司开始了全面走向世界的国际战略。它先后在美国、英国以及东南亚国家建立独资或合资企业，并建立研发中心，实施国际化策略。车型方面，以在美国市场推出的"雷克萨斯"（LEXUS）轿车为契机开始进军高档车生产领域。进入 21 世纪后，按照其"2010 环球展望"计划的部署，丰田汽车公司于 2004 年初步完成其在中国的布局，截至 2010 年 11 月丰田汽车公司在中国累计建立 8 家独资公司、12 家合资公司和 5 家代表处，共有 3 万多名中国员工。2010 年，经历了召回风波的丰田汽车公司尽管面临着重重危机，但依靠着丰田生产方式顽强的生命力，在不到一年的时间里迅速扭亏为盈。

这种持续改善丰富了丰田管理思想体系。20 世纪 90 年代初，丰田汽车公司提出了以环保为主题的"全球 21"计划，提前十年开始从事环保车的研究和试制，最终成功研制出了世界上第一台混合动力型汽车。融入了战略管理的丰田生产方式为丰田汽车公司的永续发展提供了方向和目标。丰田汽车公司真正的力量来自其学习的能力，这一点在历任丰田管理者身上都有体现，学习型组织的建立是丰田汽车公司立足的重要因素。丰田汽车北美公司总经理吉姆·普雷斯（Jim Press）说："只要丰田继续专注于学习，仍旧真诚地完成为改善社会而工作的使命，它就会不断前进。"

1.2　精益管理与质量管理

1.2.1　丰田的精益管理技术体系

丰田生产方式是丰田汽车公司经过七十多年的实践总结出的丰田得以生存和壮大的理念、方法的体系，是丰田在世人瞩目的实业成就外留给社会的另一种财富，是丰田这个庞大企业在世界范围内的另一张名片。1990 年，由沃麦克教授牵头的"汽车研究计划"小组撰写了《改变世界的机器》一书，书中第一次将丰田生产方式正式介绍给全世界，并给予丰田生产方式充分的赞赏，书中认为这种以减少浪费为目标的生产方式适合各种制造企业，是"精益"的生产方式。因为丰田生产方式凝集了几代丰田人的智慧，是丰田运用于生产运行和经营决策的有效措施，蕴藏了生产现场管理、员工培养、制度建设、文化建设和经营战略等多方面的内容，所以我们可以从多个角度来解读它，其结构体系如图 1-2 所示。

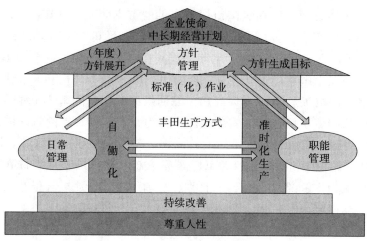

图 1-2　丰田生产方式结构体系

丰田生产方式是丰田汽车公司系统化高效运行的管理经验体系，是丰田汽车公司通用的制造方法。丰田生产方式的基本思想是"杜绝浪费"，通过生产的整体化，追求产品制造的合理性以及品质至上的成本节约。丰田生产方式的思想体系中，有两大支柱：一是自働化，围绕的是质量；二是准时化生产，围绕的是效率，其灵魂主线是时间。这两大支柱下有一个基础支撑，就是基于尊重人性的持续改善。丰田汽车公司通过自身的方针管理将企业使命展开为各层次、各阶段的目标，在两大支柱下通过标准（化）作业完成既定的目标。丰田汽车公司在企业日常管理、方针管理和职能管理的相互协调、促进下，不断带来企业的发展和变革。丰田生产方式中企业文化层面的要素，是丰田生产方式的"灵魂"，技术层面的要素则是丰田生产方式的"骨肉"。

通过"精益管理"，丰田把市场（客户）订单迅速分解，把生产计划下达给最后一道工序，按照客户需求确定节拍时间，依靠"看板方式"控制生产时间，丰田将生产时间划分成一个个小的刻度，比如一小时甚至几分钟的刻度，生产、搬运、装配等过程就像流水一样流动进行，使这些业务、工作、流程等在分解的时间下实现流动，这样处于加工中的产品或业务是没有停顿的，它们在快速地流转，进入下一个工序或下一项作业，这样就实现了工序和工作各环节库存数量的减少和库存时间的缩短，同时丰田还鼓励所有员工从这些过程中发现并阻止浪费现象，不断提高标准作业的水准，进一步减少库存数量和缩短库存时间。从整体上看，这样的生产方式最大限度地缩短了原料从进入工厂到加工为成品离开工厂的过程周期，也实现了工厂内物料总量的最小化。如果把这个状态转化为经营词汇，那就是丰田依靠小量化的物料购买占用最小量的资金，通过最快的生产过程完成一次资金增值，提高了资金的利用效率。丰田这种长期积累的时间管理经验和生产组织方式，逐渐演化为"速度经营"的经营理念，即通过增加资金的周转次数，提高投资效率，实现总资本经营利润率的提高。在制造环节中动脑筋、花心思，全面实施5S[⊖]、改变人的作业方式、优化设备的布局等，让物料、信息、资金迅速周转流动，并且长年地、持续地、最大限度地、广泛地调动员工围绕"快速周转"搜集方法，核心目的是让制造环节占用的运营资本最少，让可支配的现金流增大，这是丰田通过制造管理技术打通生产现场到企业经营管理层面的诀窍，也是丰田成为世界级企业的法宝。我们从中可以发现和借鉴的是，丰田对于产品成本降低的追求是通过各种有效的方法对生产组织过程进行整理和改善，从而降低固定费用的；并不是简单地从追求利润率的经营角度出发，降低材料采购和人工等变动成本，因为那样只会动摇企业生存的根基。

1.2.2 自働化与质量管理

自働化的思想来源于丰田的创始人丰田佐吉，他小时候看到母亲织布时辛苦的身影，总是困惑于纺线崩断而未及时发现质量问题，就立志要制造一种能够将人的智慧赋予其中的自动织布机器，它能够自动发现质量问题，并且一旦发现问题就立刻停机，这就是自働化，自働化过程如图1-3所示。第一，自働化的目的是杜绝质量问题，必须将质量问题消灭在工序当中，通过防错装置等工具的使用和标准作业的实施，提高工序内产品的质量，阻止有质量问题的产品向下一道工序传递，这样就大幅度减少和缩短了成品检验的工作量和时间，减少了次品和返工的浪费，提高了效率。第二，通过自働化将人与机器的工作分离，因为机器都有防错装置、定位停止装置、安灯、AB控制（控制两台机器或两个工位之间生产关系的方法）和目视化等工具，当机器正常运转时，不需要人，只有当机器发生异常，自动停止时，人再去机器旁处理即可，所以一个人可以管理几台机器，从而节省人力资源，使生产效率大幅提高。

⊖ "5S"是整理（Seiri）、整顿（Seiton）、清扫（Seiso）、清洁（Seiketsu）和素养（Shitsuke）这5个词的缩写。

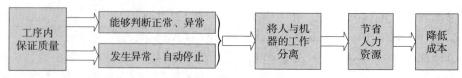

图 1-3　自働化过程

从上述内容可以看出，自働化技术专注于质量，特别着力于保证工作过程中的质量，通过建立能够判断正常和异常的"机制"来保障从产品研发到产品制造过程的高质量工作，借此制造出让客户感动的高品质产品。自働化建立"机制"的工作方式已经被广泛地推广到采购、物流、销售、制造、工艺、仓储、职能办公等工作中，全面支撑企业高质量运行。

自働化不完全等同于菲利浦·克劳士比（Philip Crosby）先生提出的"第一次把正确的事情做对""零缺陷"的质量观，"零缺陷"强调以全员提升质量意识为前提，通过精确的策划和准备，把工作一次性高质量完成。自働化强调"巧迟拙速"，即希望全员能够在行动和实践中不断地积累经验和提高水平，最终达到更高的工作质量水平。但这并不影响两种观点的融合，因为在企业或组织当中，毕竟在经验和能力上全员处于不同的水平，如何让这些高水平的经验通过人才培养的方式让全员获得，这正是缩短"第一次"和"持续改善"之间的时间的关键。

自働化也不完全等同于统计质量管理和六西格玛管理，大野耐一曾经说过"企业管理不能没有数据，但也不能完全依靠数据"。自働化的质量观在强调数据的同时，更强调"现地现物"的问题发现和解决，认为能够反映问题的是"现实"而不是"现实数据"。但自働化非常注重在现场调查中科学应用诸如 QC 七工具（通过数值进行数据分析的工具）和 SPC（统计过程控制）等工具。

能够将自働化落地并与准时化生产连接的是标准作业，在生产现场，凝聚着所有员工智慧和劳动经验的标准作业以指导书的形式给出，这是包含着作业时间、作业动作、作业顺序、质量要点和质量检验的工序内作业方法，是全员共同努力杜绝浪费的成果，是兼顾了员工劳动强度、工作效率和产品质量的智慧结晶。标准作业不但适用于指导员工工作的规则，更是实践改善的工具。在现场层面踏踏实实地把标准作业运用起来，把细小的工作通过千百次的重复操作形成规律，就能够支撑自働化和准时化生产的运行，有助于企业实现运行、经营与战略目标。

1.2.3　全员改善

除了准时化生产和自働化，精益生产方式最强调以尊重人性为核心的全员持续改善，其重要性甚至超过方法。精益生产方式强调的尊重来源于美国心理学家马斯洛（Abraham H. Maslow）的需求层次理论和美国管理学家道格拉斯·麦格雷戈（Douglas M. Mc Gregor）的Y理论，丰田的创新是把这两个学术理论切切实实地应用到工作现场当中。"员工本身都愿意做好自己的本职工作，如果工作结果和我们要求或想象的不一样，一定有他们的原因和理由，只有解决这些原因和理由才能将现在的工作做好，或者这些原因和理由背后隐藏的是工作现场还存在问题，解决这些问题对我们的工作有好处。""员工都是喜欢提出建议的，如果没有提出就是我们的做法有问题。""必须把现场的安全放在第一位，5S工作的首要前提是安全，安全通道的设置、交叉路口的安全提示、裸露并旋转的设备部件的防护罩……这些必须设置起来。""我们不仅雇用员工的劳动力，还要激活他们的大脑，这样他们才能成为有技能的人，才能成为永远不会失业的人。""我们必须消除车间工作员工的无效走动，减轻他们的劳动强度，把每个动作都变成有价值的活动。""生产效率的提高，必须以减轻员工的劳动负荷为前提，靠增加员工劳动强度来提高生产效率不是真正的效率的提高。"正是这些来源于工作现场的声音和方法，消除了员工和丰田之间的理解障碍，将全员的智慧凝集起来。

第2章

精益管理的理论框架

经过长期的实践，精益管理的应用范围已经从单纯的生产环节拓展到企业、组织运行的各个方面，凝集了众多学者、管理者和实践者的智慧，理论体系也逐渐从技术方法层面延伸至思想、文化领域。本章清晰地描绘出精益管理的理论框架，主要阐述基本原理、核心思想和关键支撑技术，旨在说明实施精益管理所要实现的本质目的、推动精益管理要秉持的关键理念和需要学习的核心技术方法。

2.1　精益管理的基本原理

精就是好、精致，即高质量，但是追求精就会带来成本和费用的提高；益就是有效益，即高效率、低成本。那么精益就是同时追求高质量、高效率、低成本，也是精和益的辩证统一。

1. 逻辑模型

假设有一个生产或运行的系统（企业），通过管理的方式使输入的资产在特定时期特定环境下获得更大的产出，即追求资产利用最大化，也就是精益所追求的高质量、高效率和低成本。图 2-1 表述为能在生产周期 T 内将一定资产输入 Q_0 转化为特定输出 Q_n，物流速度为 V。

资产输入是实现转化功能必备的前提条件，资产主要指土地、厂房、机器、设备、能源、动力、人力、原材料、在制品等；输出是产品或服务。如果 $Q_n > Q_0$，那么系统是盈利的，否则是亏损的。

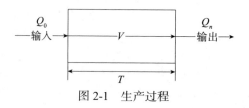

图 2-1　生产过程

2. 原理

在输出（客户需求）既定的情况下，生产过程涉及 3 个变量，即资产投入（Q_0）、生产周期（T）和物流速度（V）。其中，企业整体效益（E）是三个变量的因变量，见式（2-1）

$$E=f_1(Q_0,\ V,\ T) \tag{2-1}$$

也就是 E 取决于三个变量的组合关系，同时三个变量又不独立（即相互有关），相互是函数关系。见式（2-2）～式（2-4）。换言之，V 的变化可能引起 T 的变化，其他变量也是如此。

$$T=f_2(Q,\ V) \tag{2-2}$$

$$V=f_3(Q,\ T) \tag{2-3}$$

$$Q=f_4(V,\ T) \tag{2-4}$$

也就是说，V 取决于输出端（市场）需求。假如今天市场需求是 100 件产品，V 满足 100 件的市场需求，就是正确的；如果今天市场需求是 80 件产品，V 应是满足 80 件的，如果还满足 100 件，那就错了，因为这样就使 Q 增加了。所以，Q、V、T 的组合状态有很多种甚至达几十种，但其中只有一种组合状态是精益的，即 $V\uparrow T\downarrow Q\downarrow$，其他都不是。这也是企业在做精益管理时的判别标准。每项工作或活动使物流速度加快（$\uparrow$）且符合市场需求速度、使生产周期缩短（$\downarrow$）、使在制品包括投入资产降低（$\downarrow$）就是精益的，反之就不是精益的。

概括地说，精益管理就是物流越快越好、周期越短越好、在制品和库存资金越少越好。这是精益管理的基本原理和判别标准。

如果从全要素来考虑的话，在精益管理过程中，精益指标、精益要素、要素功能（状态）、精益活动的关系可如图 2-2 所示。

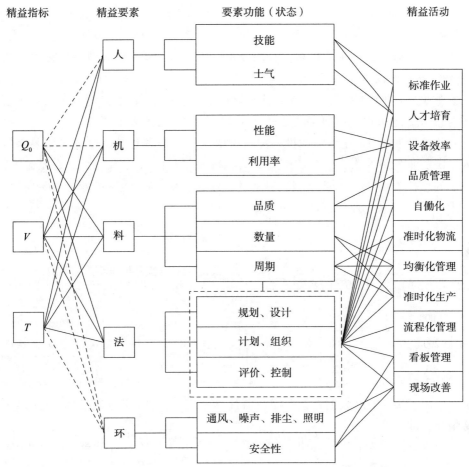

图 2-2 精益指标、精益要素、要素功能（状态）、精益活动的关系

3. 仿真案例分析

针对上述原理，做一仿真案例分析，以说明原理的有效性。如果有三家同类企业，都是 1：2 的状态，即投入 1 元，经生产周期（T）后售出 2 元。其基本生产情况如下：A 企业期初投入（Q_0）1000 万元，该资产每年周转 1 次，期末收益（Q_n）2000 万元；B 企业期初投入 200 万元，该资产每年周转 5 次，期末收益 2000 万元；C 企业期初投入 50 万元，该资产每年周转 20 次，期末收益 2000 万元。这三家企业有何区别？它们的期末收益是一样的，其实差别很大。首先，三家企业的资金利润率不一样。A 企业用 1 元挣了 1 元，B 企业用 1 元挣

了 5 元，C 企业用 1 元挣了 20 元，所以资金利润率相差很大。其次，三家企业的风险不一样，如果市场突然停滞，比如遭遇 2019 年年底的新冠疫情，那么 A 企业很可能破产，B 企业拆东墙补西墙也许能渡过难关，C 企业基本无大问题，因为 C 企业只投入了 50 万元。最后，三家企业的机会不一样。假如 A、B、C 三家企业都有 1000 万元，则 A 企业只能投资一家企业，B 和 C 分别可投资 5 家、20 家企业，也可以说有更多的选择，因此它们的机会大大不同。

若再按照每 25 万元资产投入配备 1 单位人力资源计算，则 A 企业配备 40 人，B 企业配备 8 人，C 企业配备 2 人。每人每年的人工费用为 8 万元，银行贷款利息计为 6.5%，质保费计为 4%，安保费计为 2%，能耗费计为 10%，税率计为 10%。三家企业经营情况如表 2-1 所示。

表 2-1　三家企业经营情况

企业	Q_0（万元）	资产周转率（次/年）	Q_n（万元）	人员数量	人工费用（8 万元/人）	银行贷款利息（万元）	质保费（万元）	安保费（万元）	能耗费（万元）	税款（万元）	净收益（万元）
A	1 000	1	2 000	40	320	65	40	20	100	200	255
B	200	5	2 000	8	64	13	8	4	20	200	1491
C	50	20	2 000	2	16	3.25	2	1	5	200	1 722.75

根据表 2-1 中的数据，按照净收益计算公式计算 A、B、C 三家企业的净收益情况，即

净收益＝期末收益－（期初投入＋人工费用＋利息＋质保费＋安保费＋能耗费＋税款）

$$E_A = 2000 - (1000 + 320 + 65 + 40 + 20 + 100 + 200) = 255（万元）$$

$$E_B = 2000 - (200 + 64 + 13 + 8 + 4 + 20 + 200) = 1491（万元）$$

$$E_C = 2000 - (50 + 16 + 3.25 + 2 + 1 + 5 + 200) = 1722.75（万元）$$

从计算结果可以看出，三家企业期末收益均为 2000 万元，但是三家企业的净收益却存在着巨大差异，究其原因是期初投入和资产周转率不同导致了后续费用不同。因为资产周转率简单地说就是资产在一个经营周期内的周转次数（n），它能够体现企业经营期间全部资产从投入到产出的流转速度，反映企业全部资产的管理质量和利用效率。一般来说，如图 2-3 所示，

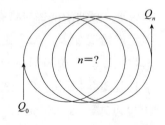

图 2-3　资产周转次数示意

同样的期初投入，若企业资产周转率越高，即一年内资产周转次数越多，说明该企业利用其资产的效率越高，获利能力越强。若企业资产周转率低，则得到同等期末收益的情况下需要在期初投入更多的资产，这样会带来人力资源等投入数量的增加，以及期初多投入资产带来的后续财务费用增加，从而减少预期收益。所以，为了达到某一预期净收益，需要在期初进行一定投入，但是投入多少主要取决于资产周转率的高低，即企业过程管理的效率。

上述仿真案例说明，企业的效益取决于资产输入、生产周期、物流速度的组合关系。精益企业比非精益企业竞争力强、效益好的原因就在其中。

2.2　精益管理的关键内容

2.2.1　精益思想

精益思想是一种和浪费针锋相对的思想，这里提到的浪费指消耗了资源而不创造价值的一切活动，包括不必要的工序、无目的的走动、需纠正的错误、无需求的产品和积压的库存等。针对这些浪费，精益思想提供了一种强有力的武器，使得生产活动越来越有效，越来越贴近客户需求。在精益思想的实践中，存在以下五个基本原则。

1. 定义价值

精益思想的关键出发点是价值。通常，我们将价值表达为能在一定条件下满足客户需求的商品或服务。所以说，客户才是价值的决定者，而生产者只是价值的创造者。从客户的立场来看，这也是生产者存在的理由。因此，精益思想的起点是主动与客户对话，为提供给客户的商品和服务定义价值，领会定义价值的重要性并逐步去做。

2. 识别价值流

精确定义价值后，还需要对价值流进行识别。识别某一件商品或某一项服务的价值流是高效完成管理任务的重要前提。这里提到的管理任务可以是从概念设计到实现投产，从接到订单到生产准备，或是从原材料到成品并交付客户。通常价值流分析中会涉及三种活动（步骤）：第一种是明确能创造价值的活动（步骤）；第二种是虽然不创造价值但在现有技术与生产条件下不可避免的其他活动（步骤）；

第三种是不创造价值而且可以立即去掉的活动（步骤）。有效地识别这三种活动（步骤）对企业实现精益至关重要。因为在企业经营中，实现精益的基础步骤就是消灭浪费，而要消灭浪费就必须判别各类增值活动和非增值活动，保留增值活动及不可避免的非增值活动，消除可立即去掉的非增值活动，降低成本，赢取利润。

3. 追求流动

一旦精确定义了价值，识别了全部价值流，精益企业也就能完整地制定出某一特定产品的价值流图了。消灭了明显的浪费之后，就到了实施精益第三步的时机——使保留下的各种增值活动流动起来。可是，如何才能使价值流中的活动流动起来呢？在日常工作中，员工常被归入各个部门，通常员工只关注自己职位对应的职能工作能否完成，而忽略了部门与部门、职位与职位之间的衔接是否顺畅、有效。为了减少工作交接带来的麻烦，员工通常会选择将工作积攒到某一数量再进行转换。但是这种批量作业转换带来的效果往往不尽如人意。如果员工把精力放在产品和服务的需要上，而不是放在单一部门效率上，让产品按照从原材料到成品的过程连续生产，那么所有工作之间没有了停滞，流动起来的各类活动也会更加有效。引起流动以后，需要几年才能设计出来的产品，可能在几个月内就能完成；需要若干天才能办完的订货手续，也许几个小时就可办完。所以，精益的方法就是使价值流动起来，这符合员工的利益。

4. 实施拉动

拉动是指在下游客户提出要求之前，上游企业不生产产品或提供服务。客户的实际需求才是产品生产的发令枪，后工序到前工序取料，前工序按照后工序的消耗准确生产，这就避免了各环节多余产品的产生，减少过量制造和提早生产导致的各类浪费。

5. 追求完美

当开始精确地定义价值，识别出整个价值流，使产品的增值活动流动起来，并且让客户来主导拉动企业价值实现时，企业提供的产品比以往都更接近客户的真正需求，投入到单位产品中的时间、精力和资源也得到了优化。更重要的是，在这样的方式下，很容易让工作中的每一名员工都发现持续改善的空间和浪费的原因，从而与追求完美这一精益基本原则统一起来，形成不断挑战、不断改善、追求更高水平的局面。

以上就是精益思想的五个基本原则，企业也正是在实施这五个原则的过程中，不断发现问题、解决问题，总结经验，真正地践行精益的。

2.2.2　精益文化

1. 什么是精益文化

文化作为习惯和实践的积累，特点就是它有惯性及"向心力"。文化是价值观的体现，指导着人们的活动和行为。而精益文化源于团队文化，经过数十年的实践逐步凝结为超越团队文化的"大家庭文化"，即组织成员对组织具有自发性的强烈责任心，如同家庭成员都积极地履行家庭责任一样，家庭中的每一个成员都对家庭有着强烈的责任意识，自发并互助地改善家庭的生活氛围。对企业而言就是每名员工都在企业的运营中主动承担责任，为了企业的经营持续向好，形成团队主动改善的氛围。

正是这样的一种文化，让精益企业在经营活动中产生了与传统的企业对各种活动不同的认识，并积累为观点、经验和管理方法，批量生产文化与精益文化对生产经营活动的影响有非常大的差异，如表 2-2 所示。

表 2-2　批量生产文化与精益文化的不同属性

文化属性	批量生产文化	精益文化
库存策略	A. 由信息系统管理 B. 通过预测计划来订货 C. 存储在仓库或者自动化存储检索设备中 D. 装在大批货物容器里 E. 方便以叉车转运而进行存储方式设计 F. 每次运货都需要数小时甚至更长时间 G. 由叉车通过装卸料台架或者容器送到附近区域使用	A. 可视化管理 B. 通过订货来补充实际使用的数量 C. 存储在标明了零件号码的先进先出（FIFO）的货架上 D. 装在使用地点的容器里 E. 根据需求进行存量、容器和容量的设计 F. 向使用地点多频次运送精确数量的零部件 G. 通过手推车和牵引车来运送
生产状态	A. 在每个班次结束、下个班次开始或者每周结束的时候进行检查 B. 由主管或者更高层级的管理者进行检查	A. 小组长每个小时进行数次检查 B. 主管每个班次进行四次或者更多次检查 C. 由现场主管每个班次进行一次或者两次检查
流程改善	A. 由技术项目小组制定 B. 改善必须得到特别的批准 C. "正式"的项目不能改变	A. 任何人都可以提出，包括操作员 B. 鼓励任何人（从车间工人到高层管理者）提出改善意见并参与实施 C. 改善是持续进行的

传统的批量生产文化执着于单纯的产出效率的提升，每个人始终要忙于直接与生产相关的活动，等待生产指令信息导致的停顿是不被允许的。精益文化强调的是不生产多余产品，没有具体的生产指令或后工序的需求时可以中断生产，以及生产现场的在制品量要实现最小化等，往往都是与批量生产文化相悖的。在批量生产文化中，人们往往更着重解决眼前的问题，很少将全员的深入思考和提出建议当作文化的组成部分。但是在精益文化中，为了实现产量、质量以及持续改善的目标，一方面强调精确、严格地执行既定规则，另一方面也强调发挥组织中每个人的智慧，不断挑战固有的习惯。这与批量生产文化中的做法有着明显区别，表2-3对比了批量生产文化与精益文化在习惯和实践方面的区别。

表2-3　批量生产文化与精益文化在习惯和实践方面的区别

批量生产文化：关注个人的工作实践	精益文化：关注流程的工作实践
独立的	相互依赖、紧密相连的
自己调节工作和休息节奏	作为一种纪律，根据流程的节奏进行工作
"不要管我"	"作为团队中的一员来工作"
"我得到自己的零件和供应"	内部与外部循环是分开的和标准化的
"我们不惜一切代价完成工作，我知道在危急时刻能依靠谁"	几乎所有事情都有明确定义的流程，遵守这些流程
"我决定自己的方法"	"方法是标准化的"
"结果最重要，要不惜一切"	关注流程是获得一致结果的途径
"改善是其他人的工作，不是我的职责"	"改善是所有人的工作"
"当设备发生故障时才维护它们，这不是我的职责"	"维护设备以实现计划停工时间最小化，这是惯例"
用薪酬或奖金体系来管理	根据实际绩效与期望之间的差异来管理

2. 精益文化建设

大部分工作习惯都是特定工作文化的一部分，它们在无形中影响着人们。在向精益文化转变的过程中，有些习惯会提供帮助，而有些习惯会成为阻碍，但是这些工作习惯与个人习惯一样难以改变。

要想形成新习惯，就需要消除与之相对抗的旧习惯。这需要持续地对新习惯进行强化并削弱旧习惯的影响。随着精益执行得越来越好，管理者的工作会变得越来越轻松，就可以逐渐摆脱那些每天令人焦头烂额的"救火"工作。那么形成精益文化的具体保障措施有哪些呢？

（1）制度保障。制度保障是指精益文化建设过程中完善相关的程序、制度，如在工作研究中，要有标准作业票、标准工时定额、标准的人－机程序图等。要做到标准执行力度必须强，即标准制定以后必须最大限度地执行。在精益文化建设的前期，员工固有的工作习惯、工作思维可能会与创新性的、突破常规的精益方法、精益思维相悖，因此精益文化建设的前期必须用制度保障精益各项工作得以顺利推进，并在遵守制度的过程中慢慢培养员工的精益意识。

（2）组织保障。任何一种新的管理方式、生产方式的变革，都需要领导层强有力的支持，推行精益首先要从领导者做起，因此也有人把精益称为"一把手工程"。企业高层的重视可以起到以下作用：使企业站在更高的视角去考虑精益推进，而非仅将精益看作工作改善、5S管理等片面的管理方法；精益部门在企业组织中占据重要地位，可为精益推进提供强有力的组织保障，例如可以引进优秀人才、更好地协调各部门间的关系、保证精益部门制定的相关制度的权威性等。

（3）激励措施。要维持员工对精益推进的积极性，就要给员工适当的激励。它包括两个方面：在物质方面，将员工推进精益的努力与其绩效挂钩，如对员工的改善案例按等级予以奖励，且奖金要与节省时间、减少浪费的程度等挂钩。在精神方面，改善员工的工作环境，尽可能地按照人机工程学的要求为员工提供舒适的工作环境；关注员工的个人成长，如提供合理的培训、适时地转换工作岗位、为表现突出的员工予以晋升，关心员工的生活、帮助解决家庭困难等。

（4）注重人才育成。丰田的专家经常说，精益生产的成功在于人才育成。人才育成应包括以下几个方面的内容：培养员工的团队意识，因为精益强调的是团队合作，只有形成团队精神，精益的各种方法才会真正发挥作用；培养"多能工"，让员工接受多种培训，尝试轮换工作岗位，以适应企业生产的调整及员工个人发展的需要；培养员工的危机意识、问题意识及创新能力等。

（5）持续改善。精益文化需要不断充实和完善，即让员工坚持日常的改善活动，进而推动企业精益不断向前发展。要达到这个目标必须做到以下几点：全员参与，企业的每一个人都是改善的源泉，要相信员工、鼓励员工并与员工分享改善成果；领导要保持对精益管理持续的支持力度，不能因领导的更换而改变指导思想；把改善评议的权力下放，将评议的流程简化；不要局限改善范围，改善可以在方方面面进行，如成本、质量、物流、安全及精神等，改善的程度也可大可小，每当一个改变发生时，都会引起其他很多环节的连锁反应，这样就会不断产生可以再次改善的空间，周而复始。何况，企业总是处在动态的环境中，新问题总是不断产生的，因此持续改善永无止境。

总而言之，提高精益管理应用效果的关键，不在于模仿或引用精益手法和工具，而在于深入探索、学习并吸收精益文化的精髓，因为管理是不能进口的，企业在实践精益管理的过程中必须把培养良好的精益文化作为终极目标。

2.2.3 支撑精益管理的工业工程方法体系

从实用性与通用性角度出发，支撑精益管理的工业工程方法体系，可以分为分析评价类、设计改善类和管理控制类三大方面，支撑技术体系如图 2-4 所示。

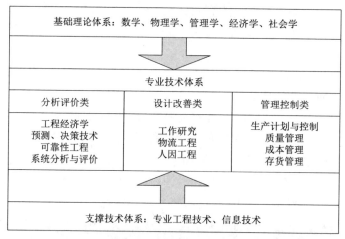

图 2-4　支撑技术体系

1. 分析评价类

（1）工程经济学。工程经济学作为一个交叉学科，以研究工程和经济结合规律为己任，寻求工程技术与经济效果的完美结合，其目的就是要建立和阐明解决工程中的常见问题所需的基本原理和方法。工程经济学可以使工程师从经济学的角度对将要实施的工程做出决策，并向决策层提出建议，使该工程的实施能平稳顺利地进行，并能获得满意的效益。

工程经济学中有一些基本原则，这些原则是形成该学科基本概念、基本理论与基本方法的基础，可以归纳为以下七条：

1）选定工程问题，拟定多个个性化解决方案，为后续问题解决提供决策依据。

2）选定方案选择的基本依据，关注方案在未来期望收益上的差异性。

3）基于相同视角考察各备选方案的经济效益或其他方面的期望结果。

4）采用相同计量单位分析比较各备选方案的未来期望结果。

5）采用相同标准评价各备选方案。

6）对备选方案未来期望结果进行评估，将其中的不确定性进行比较和分析。

7）做出决策，并评价决策，衡量已选方案的可行性程度及期望与实际的差异。

最终决策可能会导致不尽如人意的结果，即便是相对成功的决策，其实际结果与先前的估计也可能会相差很大，但是企业决策部门应通过决策过程的回顾与评价不断地加强经验学习和实践，以保证已做的决策能得到较为理想的执行，从而提高决策质量。

人们经过反复实践、不断总结依据上述七条基本原则，提出了工程经济学的分析步骤，即识别与定义问题；建立可行的解决方案；分析各种可行方案的现金流与最终结果；选择评价标准；分析与比较各可行方案；选择最理想的方案；执行监控，以及对结果的再评价。而在实际方案选择中，除了依据工程经济学的研究结果，还要考虑其他相关的技术背景及其他因素。

（2）预测、决策技术。预测学是关于预测理论与方法的科学体系，它突破了自然科学与社会科学两大科学的界限，是进行科学决策和制订科学计划的前提。人们会根据事物以往发展的客观规律和当前出现的各种可能性，运用科学的知识、方法和手段，对事物未来发展趋势和状态预先做出科学的估计和评价。

决策是人们为了实现特定的目标，在拥有大量调研预测资料的基础上，运用科学的理论和方法，充分发挥人的智慧，系统地分析主客观条件，围绕既定目标拟定各种实施预选方案，从若干个有价值的目标方案中选择或实施一个最佳执行方案的活动。

（3）可靠性工程。可靠性工程是指为了达到产品可靠性要求而进行的有关设计、试验和生产等一系列工作，它是建立在概率统计理论基础上，以零件、产品或系统失效规律为基本研究内容的一门应用学科。可靠性工程作为可靠性学科的一个分支，主要研究内容包括：应用可靠性理论预测与评价产品；零件的可靠性预测或可靠性评价；应用于产品及零件设计中的可靠性设计；综合各方面的因素，考虑设计最佳效果的可靠性分配和可靠性优化；为以上各个分支的可靠性试验及其数据处理等。可靠性工程的任务是定性或定量地分析、控制、评估和改善产品或系统寿命周期各个阶段的可靠性，以保证产品在设计、制造和运行的整个过程中满足用户的需求，具体来说包括三个方面：根据可靠性定义内容，对产品可靠性提出明确的量化要求；寻找提高产品可靠性的途径；在满足产品规定的可靠性前提下，尽量降低产品的重量、体积和费用。

（4）系统分析与评价。系统分析是由美国兰德咨询公司率先使用的。它为解决复杂问题，发展并总结出了一套方法和步骤，称之为系统分析。采用这套方法研制的规划—计划—预算系统先在美国国防部得到应用，随后推广到美国联邦政府有关部门，并陆续被美国民间机构采用，以提高交通、通信、计算机、公共卫生和医疗等设施的效率和效能。系统分析的主要内容包括收集与整理资料，开展环境分析；进行目的分析，明确系统的目标、要求、功能，判断其合理性、可行性与经济性；剖析系统的组成要素，了解它们之间的联系，及各要素与实现目标间的关系（结构分析）；提供合适的解决方案；塑造模型，数据分析和模拟试验；分析、计算各方案的费用与效益；评价、比较和系统优化；提出结论和建议等。

系统评价是指以社会经济系统的问题为主要研究对象，借助科学的方法和手段，对系统的目标、结构、环境、输入输出、功能、效益等要素，构建指标体系，建立评价模型，经过计算和分析，对系统的经济性、社会性、技术性、可持续性等方面进行综合评价，为决策提供科学依据。系统评价的主要工作内容包括评价准则和指标体系的构建、系统结构评价、输入输出和反馈性能评价、系统环境评价、系统综合评价等。

2. 设计改善类

（1）工作研究。工作研究是指运用系统分析的方法把工作中不合理、不经济、混乱的因素排除掉，寻求更好、更经济、更容易的工作方法，以提高系统的生产率。其也是精益管理中"改善"活动的基础。工作研究主要有两大类：方法研究与时间研究。

方法研究是对现有作业系统和工作方法进行系统记录、分析和改进，以寻求最合理、最经济、最有效的工作程序和操作方法的一种管理技术。方法研究始于动作研究，以个别人、个别作业的操作方法研究为主，现已发展为包括作业系统设计、作业方式设计以及生产线的组织设计等技术，涉及人（Men）、机（Machine）、料（Material）、法（Method）、环境（Environment）——4M1E的多层次分析技术系统。方法研究的目的是提高劳动效率和降低劳动强度。具体来说是通过改进工艺和管理流程来消除工作中的不合理和不必要的环节；改进工厂、车间和工作场所的平面布置，缩短工艺和运输路线；改进对物料、机器和人力的使用，提高生产率；减轻劳动强度，消除劳动生产中不必要的体力消耗；改进工作环境，改善劳动条件。方法研究包括程序分析（Process Analysis）、操作分析（Operation Analysis）和动作分析（Motion Analysis）三个层次的技术，分别对应工序、作业和动作三个层面，由粗到细。方法研究一般先着眼于工作系统、生产系统的优化（程序分析），然后利用作业分析技术深入解决局部关键问题（操作分析），进而使用动作分析解决微观问题（动作分析），最终达到系统整体优化的目标。

时间研究的主要用途是建立工作的时间标准。一项工作（通常是一人完成的）可以分解成多个工作单元（或动作单元）。在时间研究中，研究人员用秒表观察和测量一名训练有素的人员，在正常发挥的情况下完成各个工作单元所花费的时间，这通常需要对一个动作观察多次，然后取其平均值。从观察、测量所得到的数据中，可以计算为了达到所需要的时间精度，样本数据量需要多大。如果观察数量不够，则需要进一步进行观察和测量。最后，再考虑到正常发挥的程度和允许变动的幅度，确定标准时间。时间研究主要使用的方法是预定时间标准法（PTS）。

（2）物流工程。物流是指物的流动，即物质资料从供给者向需求者的物理性移动，物流是创造时间性、场所性价值的经济活动。它的产生是生产力和社会经济发展的结果，从管理学与工业工程的角度看，它是连接生产与生产系统、经济与经济系统不可缺少的部分。

物流工程最初发源于两种独立的工业生产活动，一种在生产领域——工业设计部门和起重运输行业面向生产企业将原材料变成产品的制造过程的设计、研究与生产；另一种在物资流通领域——物资流通部门及其所属研究机构对物资流通和分配的规划、运作及研究工作。任何一个系统（生产、服务和管理等）都可以被视为一个物流系统，物流工程主要解决物流系统中的两类问题：一是设施规划与设计，这需要相应的理论与方法；二是物流系统的管理与控制，以达到高效率、低成本的运行水平。按照不同的分类方式，物流工程的研究内容可以划分为以下几类：

1）根据物流系统的范畴划分。对于社会物流系统，其规划与设计是指在一定区域范围内（国内或国际）物资流通设施的布点网络问题，如长江三角洲地区、珠江三角洲城市群等。对于专项物流系统，其规划是对特定运作对象进行跨区域功能物流系统的规划设计，如石油输送的中间油库、炼油厂、管线布点等的最优方案等。对于企业物流系统，其规划与设计的核心内容是工厂、车间内部的设计与平面布置，物流系统分析，设备的布局，以实现物流路径的合理化，通过改变和调整平面布置调整物流，达到提高整个生产系统经济效益的目的。

2）根据物流系统的运作机制划分。主要包括物流系统布置设计，物料搬运系统设计，仓储设计与管理，配送和运输系统设计与管理，物流信息系统设计与管理，物流设备、器具的设计与管理等。

3）根据物流管理的内容划分。物流管理是指对给定的物流系统，通过组织、计划、财务、控制等手段来实现物流系统高质量、高效率和低成本的运作。物流管理涉及五个方面的内容，即物流成本管理、物流质量管理、库存管理、物流设备管理和信息管理。

物流工程体现了自然科学和社会科学相互交叉的边缘学科的许多特征，其研究的对象一般是多目标决策的、复杂的动态系统。物流工程正在运用工程技术方法，包括管理科学、工业工程、系统工程和信息技术等方法，从不同物流系统的范畴中，进行从整个大系统到具体子系统的规划设计。

（3）人因工程。人因工程是研究人—机—环境三者之间相互关系的学科，是近几十年发展起来的一门边缘性应用学科。该学科在发展过程中有机地融合了生理学、心理学、卫生学、人体测量学、劳动科学、系统工程学、社会学和管理学等学科的知识和成果，形成了自身的理论体系、研究方法、标准和规范，研究和应用范围广泛并且具有综合性。该学科的目的在于设计和改进人—机—环境系统，使系统获得较高的效率和效益，同时保证人的安全、健康和舒适。

人因工程的研究包括理论研究和应用研究两个方面，根本研究方向是通过揭示人—机—环境之间相互关系的规律，以确保达到人—机—环境系统总体的最优状态。主要研究内容包括：研究人的生理与心理；研究人机系统总体设计；研究人机界面设计；研究工作场所设计及其改善；研究作业方法及其改善；研究系统的安全性和可靠性；研究组织与管理的效率。人因工程的主要研究方法有：

1）调查法，是获取有关研究对象资料的基本方法，具体包括访谈法、考察法和问卷法。

2）观测法，是研究者通过观察、测定和记录自然情境下发生的现象来认识研究对象的方法。

3）实验法，是在人为控制的条件下，排除无关因素的影响，系统地改变一定变量因素，以引起研究对象相应变化来进行因果推论和变化预测的研究方法。

4）心理测量法，是运用人的主观感受对系统的质量、性质等进行评价和判定的方法，即人对事物做出主观感觉评价。

5）心理测验法，是以心理学中有关个体差异理论为基础，将研究对象在某种心理测验中的成绩与常模做比较，用以分析研究对象心理素质特点的方法。

6）图示模型法，采用图形对系统进行描述，直观地反映各要素之间的关系，从而揭示系统本质的方法。

根据研究对象的不同，人因工程的研究步骤也各有不同。一般来说，首先，确定目的和可以达到该目的的功能；其次，确定功能分配；再次，模型描述与分析；然后，进行模型的测试；之后，提出多种方案，在进行分析评价的基础上，确定最佳方案，有时候还需要进行小规模试验；最后，对环境进行设计、改进和评价，并不断完善。

3. 管理控制类

（1）生产计划与控制。生产计划与控制是研究如何将企业的生产要素合理配置、使用，以便高效地创造出产品和服务的一门学科，实际上就是大家早已熟悉的"生产管理学"。在生产管理中要达成的基本职能包括以下三种：

1）计划职能。计划是未来生产和管理活动的依据，包括目标的制订，为实现目标所采取的措施方案的拟订，以及有关活动的计划安排。企业的目标有远期目标和近期目标。远期目标如生产增长速度、竞争地位、产品发展方向等，它们都关系到企业的长远发展。近期目标如年度生产大纲、产品生产计划等，相关措施计划可以是产品生产进度计划、新产品试制计划、技术措施计划等。另外，财务预算也是措施计划的一个部分。在产品生产计划拟订出来之后，需编制财务预算以计划资金的筹措，并控制资金的使用。

2）组织职能。组织职能是指根据企业生产经营管理的需要，将生产过程的各环节、各部门按合理分工和协作的要求加以组织，以便有效地从事生产经营活动。组织职能的工作分为组织设计和组织执行两个部分。组织设计包括企业组织机构的设计和设置、管理组织与管理制度的建立、各级组织机构职责的规定、生产过程中劳动分工与协作关系以及相应的生产单位的划分等。组织执行是指为实施生产计划而进行的一系列生产准备和组织工作，如生产前组织的调整、材料工具的准备、生产过程中任务的分派和调度等。

3）控制职能。控制职能是对计划执行情况所进行的检查、监督、分析、调整等工作，包括从生产过程的产出中取得实际绩效的信息，将它们与计划要求相比较，对比较的结果进行分析，若发现有偏差，则采取措施，返回去调节生产过程的投入，以修正偏差。

为履行上述的基本职能，企业内部需建立一整套生产计划与控制的职能管理机构，分工负责，管理好整个企业的生产活动。工业企业内生产计划与控制工作的典型职能机构组成包括生产计划准备部门、生产计划部门、生产作业计划部门、物资供应与采购部门、设备管理部门、劳动管理部门和成本管理部门。企业正是通过生产计划与控制来将各项生产要素组织成现实生产力，按市场需求创造出产品和服务，不断提高企业经济效益的。

（2）质量管理。质量管理是指导和控制组织关于质量的相互协调的活动，是企业管理的重要组成部分，其结果对企业的产品和服务质量具有决定性的影响。其中，对于质量，国际标准化组织在 ISO9000：2000《质量管理体系基础和术语》中给出了如下的定义：质量是一组固有特性满足要求的程度。在质量管理的学习实践中有以下几个要点要注意：

1）质量管理是一个组织全部管理活动的重要组成部分，它的管理职能是负责质量方针的制定和实施。

2）质量管理的职责应由组织的最高管理者承担，不能推卸给其他管理者，也不能由质量职能部门负责。

3）质量与组织内的每一个成员相关，他们的工作都直接或间接地影响着产品或服务的质量。为了获得较高的质量水平，必须要求组织内所有成员都参与质量管理，并承担相应的义务和责任。

4）质量管理涉及面很广，包括战略规划、资源分配和其他相关活动，如制定质量方针、质量目标以及进行质量策划、质量控制、质量保证和质量改进等，所有现代质量管理模式都是围绕这些内容来运作的。

5）在质量管理中，必须考虑经济因素，即要考虑质量系统的经济效益。

质量管理中的一项重要内容就是通过搜集、整理数据，通过对数据进行分析来找出造成过程变异的根本原因，并采取措施消除这些变异。在这个过程中常常要借助排列图、因果图、散布图、直方图、矩阵图、亲和图和控制图，它们被称为"老七种工具"，以及关联图、亲和图、系统图、矩阵图、矩阵数据分析法、过程决策程序、网络图这"新七种工具"。这些工具在质量管理工作的各个环节都得到了广泛的应用。

（3）成本管理。成本管理是企业为满足总体经营目标而持续进行成本分析和调整的行为，包括成本识别、成本策划、成本核算、成本控制和绩效评价五个过程。成本管理要体现组织的战略目标和为实现该目标的策略安排，以及为此而进行的信息管理活动，它是一项系统工程，贯穿于经营管理的事前、事中和事后。

成本管理是企业管理的重要组成部分，基于成本目标的实现，运用系统性思维开展的成本策划、成本核算、成本控制的过程、方法，是企业成本管理的风格和范式，反映的是企业成本管理的行为特征和文化内涵。现行的成本管理模式包括战略成本管理、目标成本管理、标准成本管理、作业成本管理和质量成本管理。

1）战略成本管理是指企业为了获得和保持持久的竞争优势，以实施企业战略为目标，融合多学科理论，采用多视角观点，对企业自身的全部经营活动进行的根本性、长远性的成本方面的规划和管理活动。战略成本一般包括时间和先机成本、市场成本、信息化成本、学习成本、创新成本、智力成本。

2）目标成本管理也称成本企划，是以客户需求为导向，以市场定价为主，循环挤压内部运营成本的管理方法。目标成本管理有效运用价值工程理论，通过市场分析、产品功能研究与产品成本分析，确定经营利润目标，对价格和利润间的成本进行严格的、持续的控制。

3）标准成本管理是把成本的事前预算、日常控制和最终产品的成本确定有机结合起来的完整系统，由制定标准成本、成本差异计算与分析两部分构成。以成本差异为线索，通过差异分析进行成本动因和责任分析，采取相应调控措施，实施成本控制。

4）作业成本管理是围绕构成企业价值链的作业而开展的活动，辨识作业，对作业按成本高低排序，将作业纳入企业整体作业链中进行有效性判断，利用ECRSI分析法 [⊖] 进行作业改进。

5）质量成本是指企业为了达到和保持既定的质量水平所需的费用，质量成本管理作为一个系统工程要动员企业各方面的力量，结合企业的实际情况并考虑消费者的需求，科学测定质量成本，对各种可供选择的方案正确分析评价，进行最优选择，编制实施计划，并对偏差具体分析和控制，不断挖掘降本潜力。

（4）存货管理。存货是由商业组织中所有储存的以备将来使用的物料和商品组成的。存货管理是指在商业组织内涉及存货决策的一切职能，一般通过建

⊖　ECRSI分析法，即取消（Eliminate）、合并（Combine）、调整顺序（Rearrange）、简化（Simplify）、增加（Increase）。

立制度、制定流程和开展行动的方式来确保在任何时候，对于每一个存货单项，商业组织都拥有合适的数量。

存货管理者需要对有关存货的方方面面的问题做出正确决策，如在什么环节持有存货，应该把存货安置在什么样的存储设施中，应该选用哪些供应商和运输服务商等，所有关于存货的决策为商业组织的整体运行奠定了基础。但是有三个能够决定存货主要特点的基本问题需要我们特别关注——应该在存货中包含哪些产品？应该在什么时候对供应商发布订单？应该如何确定订购量？其他关于存货的疑问都存在于这三个基本问题之中，一旦在订货的种类、频率和数量方面做出了决策，实际上就已经自动地设定了平均存货水平、成本、服务水平、出现缺货的可能性等一系列情况。

然而，上面这三个基本问题会根据评估需求的方法而得到截然不同的答案。所以，我们有必要了解评估需求的两种方法：独立需求法和关联需求法。独立需求法假定一种产品的需求和其他产品的需求是相对独立的，不会受到后者的影响。这样，前者的需求就是由来自不同客户需求的叠加构成，正如人们对超市中的牛奶的总体需求是由来自许多不同客户的小量需求的叠加构成一样。在这种情况下，唯一能够比较合理地预测未来需求的方法是参照需求的历史趋势。而此时存货管理就是在需求预测、成本和其他变量的量化模型的基础上，得到需求最佳订单批量和时间点。关联需求法认为针对不同产品的需求是相互关联的。比如在一些快餐店里，对薯条的需求与对鱼的需求是相互关联的；在工厂中，对一个产品的不同部件的需求是与生产计划相互关联的；对电力和煤气的需求是与天气的情况相互关联的。在这种情况下，我们常常会找到另一个对产品需求进行预测的方法，并通过关联需求法进行计算。这种方法是把对产品部件的需求与生产计划进行关联。人们对这些方法进行了进一步的规范，形成了物料需求计划和准时化生产。

2.2.4　实施精益管理的一般步骤

根据企业自身情况不同，企业开展精益管理的侧重点及实施内容的顺序也会有所区别，但是通常都会经历全面诊断，项目规划，确定目标，组建团队，试点切入、逐步深入，成果展示，全面实施和持续改善这八个阶段。

1. 全面诊断

全面诊断是指对企业经营与运营情况进行整体考察与评估，为后续实施精益管理提供基础支撑信息。全面诊断分为三个步骤。

首先，确定调研方式。对企业现状特征的描述一般有定性和定量两种方式，根据调研内容与对象不同，一般采用有针对性的调研方式。面向企业战略、使命、目标、定位、宗旨和文化等内容的调研，建议采用访谈的调研方式；面向企业研发系统、生产系统、服务系统等具体过往运营情况的调研，建议采用问卷及公司原始数据分析的调研方式；面向企业生产系统现状的调研，建议采用现场写实的调研方式，在生产现场，根据生产流程，实地实物地进行现场物料流动的定量描述。

其次，选择调研人员。全面诊断涉及对企业系统的全面考察与判定，要综合系统内部各部门及各专业人员的意见与建议。成功的经验告诉我们，除了咨询机构的专家外，中高层管理人员的参与也是很重要的，特别是负责生产、研发、供应、财务等的中高层管理人员，要让他们亲自参与其中，使他们更加了解现状，激发他们的变革热情，使他们全力以赴地投入企业的转型升级工作。单独由咨询机构专家或者企业内部人员组成的调研团队可能会使调研结果产生一定的偏差，影响对企业现状的诊断结果。

最后，实施全面诊断与现存问题识别。价值流分析法是公认的定量识别企业增值活动和浪费的有效手段，绘制现状价值流图，进行价值流分析，绘制未来价值流图是此步骤的重要内容。与此同时，咨询专家组应从客户需求出发，基于以往经验站在一个客观的角度，找出管理体系与员工观念和行为中存在的惯性问题。将所有问题进行分析、归类，再加以量化，进而完成诊断报告的编写，召开专题讨论会，完成对公司现状的全面诊断。

2. 项目规划

实施精益管理是一个长期变革之旅，企业在精益管理之旅中只有阶段性胜利的里程碑而没有满足的终点，为了使旅途高效而有意义，企业需要对实施精益管理做出项目规划。

首先，项目整体的规划。基于全面诊断的结果，企业内部人员及咨询专家组都对企业现状有了较为全面的认知。此时，建立精益管理愿景，明确企业未来发展方向尤为重要。初步描述企业未来思维模式和业务活动方式是对企业从传统模式向精益管理模式过渡的期望与策划。企业精益管理愿景的描述会涉及企业的方方面面，触及从研发设计到销售维护等流程中的各部门与人员，所以建立精益管理愿景时主导者必须与将要参与其中的每一名成员进行沟通并达成共识。达成共识后，依据企业目前各方面的优势与劣势，设定精益管理项目内容的优先级与整体规划。

其次，项目实施工作的具体规划。在实施精益管理项目的过程中，为了减少项目风险，一般采用以点带面、分阶段实施的方法。每一个阶段都从试点区域开始，当试点区域达到要求后，再在企业大面积推广。对于每一个改善项目要保障其技术、时间和资源的投入，跨部门项目还要注意部门协同问题。项目实施过程中，要针对实施前的生产状况和实施过程中的效果进行评价对比，并依据阶段评价对具体的实施方案进行相应调整，以保证项目整体实施的进度和有效性。

再次，建立完善的项目管理机制。精益管理的实施是个长期的过程，必须配有对应的管理机制，才能保证项目实施的进度和质量。严格把控项目管理的三个阶段，对立项前审查、项目中管控，以及项目后评估验收建立实用且适用的管理机制。

最后，选择合适的实施时机。精益管理通常以项目的形式切入企业，所以其实施效果与其实施时机关系很大，选择恰当的时机切入才会取得好的效果。经验告诉我们，当企业高层感受到市场（生产）压力，有意变压力为动力时，一般是较好的精益管理实施时机。因为精益管理的实施不仅涉及现场改善、流程优化、人员素质提升，还涉及企业文化的转变，如果企业高层没有相当大的决心，那么精益管理的实施很有可能半途而废，达不到其应有的效果。当然，实施精益管理的良好时机也会因企业不同而有所差别，应依企业的具体情况而定。

3. 确定目标

为了使精益管理项目达到预期的效果，企业要从客户的需求价值出发，系统地规划目标。结合本企业实际，分级制定企业、工厂、车间现场等的精益管理目标。例如，企业一般设立的目标有：缩短生产周期、建立拉动式生产线、实现库存最小化、实施准时化生产等。工厂一般设定的目标有：从"省人化"向"少人化"转变、全面实施目视管理、建立品质保证体系、实现看板拉动生产等。车间现场一般设立的目标有，彻底实施6S，即整理（Seiri）、整顿（Seiton）、清扫（Seiso）、清洁（Seiketsu）、素养（Shitsuke）、安全（Security）管理、实现作业标准化、培养"多能工"、提高员工改善意识等。在制定目标时建议参照 SMART 原则，各级目标制定都应符合 S（Specific，具体、明确的）、

M（Measurable，可量化的）、A（Attainable，可达到的）、R（Relevant，目标间相关的）及 T（Time-based，有时间限制的）原则。

需要注意的是，公司总目标最终需分解为不同部门、不同职务、不同员工的目标，而员工往往会由于角色、职能、责任、利益、能力、性格、偏好、地位、风格等的不同，随时可能使企业的总目标扭曲，出现所做工作与实现总目标无关或者感到无助的现象。为了避免这部分"内耗"，目标分解时的科学性尤为重要。

4. 组建团队

为了在企业中推行、实施精益管理，通常需要组建团队负责精益管理的相关工作。团队构成应内外结合，即由外部专家与企业的工业工程/精益管理人员组成。根据负责内容不同，团队一般可以分为各级组织整体推进团队和具体项目团队。整体推进团队一般包括领导组、指导组和推进组，其中推进组在领导组和指导组的指导下专职负责计划、推动、检查、评估项目进展的工作。具体项目团队由各专项组（设备组、质量组、物流组）组成。项目实施后，整体推进团队评估筛选出重要问题立项，交给各专项组攻关。为了达到项目的预期效果，要求团队成员逐步提升能力，能够充分认识和理解精益管理的根本意义和深远价值，抱有积极参与和努力学习的心态，具有相当的实际工作能力和协调能力，能立足本职工作，结合精益原则，不断地进行改善。在精益管理推行过程中，具备上述能力的团队成员都是骨干力量，他们可以跨越整个组织和各个业务单元，而不必遵守传统的等级制度。为了将全部精力集中于领导和推动变革，这些员工通常不承担其他日常工作。

那么，如何选聘精益管理团队负责人和招聘团队成员呢？"火车跑得快，全靠车头带"，选择一个团队的负责人至关重要。在国内企业推行精益管理的实际案例中，可以看到这个负责人在组织中要有权威性，也就是说不但要有领导力，而且要有威信。在许多情况下，他是团队的代表，而且身居要职。例如，企业级项目团队的负责人最好是由总经理亲自担任，或者授权行政副总或者是生产副总来担任，工厂级项目团队的负责人可由厂长或副厂长来担任。因为，在通常情况下，这些人具备良好的指挥和协调能力，能处理好各类相关的具体工作。项目实施过程中一旦出现阻力，项目负责人能够协调各种关系，有办法和能力在最短的时间内将阻力化解或排除。相应地，团队成员也要根据项目对各类技能的需求进行选拔，要求在积极支持项目的基础上，具备精益思想、掌握精益工具和技术，同时兼顾团队成员的一致性、专业性和多样性等。

5. 试点切入、逐步深入

精益管理是全员参与的活动，只有全员参与才能达到精益管理的真正目的。但是，当企业员工对精益管理尚不完全认同或认识有偏差时，精益管理在实施过程中往往会出现各种各样的问题。为了消除员工怀疑、观望的态度，有必要在项目全面启动前选定一个或多个车间（生产线）作为试点。通过对试点彻底的改善，让企业员工亲自体验精益管理过程，充分掌握推进精益管理的方法，验证精益管理的有效性，进而提高自身对精益管理的理解和认识。因此，试点工作开展要注意以下两个方面：第一，选择具有代表性的车间（生产线）作为试点，试点所覆盖的问题要具有普遍意义。只有这样，改善效果才有说服力，才能被大多数人所认同和接受。第二，选择负责人行动力强的车间（生产线），且试点区域问题易于在短期内改善。成果要先由试点区域推广到生产线，然后到面——车间、分厂乃至全厂。

6. 成果展示

当试点取得一定成果时，为使其能够为企业开展精益管理项目服务，应做好成果总结、展示、分享工作。

首先，组织成果展示和报告会，让全体员工了解试点精益管理的好处。可以通过多种途径进行展示，包括内部刊物、办公系统、成果报告会等，请优秀的试点区域负责人分享工作经验，对比实施精益管理前后的工作状况，用事实和案例讲解实施精益管理的意义。

其次，组织对试点区域的参观和学习，让员工从多角度深入了解改善细节。企业管理者也要在这个过程中对试点工作给予客观的评价，使试点真正起到以点带线带面的作用。

最后，除了上面提到的重要节点成果展示外，在日常精益管理中还要注重阶段性成果展示与交流，交流的形式不局限于办公网，还可以通过电子邮件、简报、早会、班会、研讨会等各种形式。当然，对精益管理进展缓慢的团队在分享中要格外关注，分析进展缓慢的内在和外在原因，给予其技术和资源上的支持。精益管理之旅是由许多项目组成的，每个项目的完成都会取得阶段性的成果，并为下一个项目的实施奠定良好的基础。

7. 全面实施

试点推行到一定程度，非试点区域即可选择合适的时机组织推进、制订具体的精益管理实施计划。借助试点区域推行的经验与教训，非试点区域要明确具体实施内容、时间进度、部门职责等，上报企业精益管理实施办公室备案，以便整体规划、统筹管理。

在全面实施精益管理的过程中，公司精益管理实施办公室作为推进部门应做好对实施效果的阶段性评价，从系统整体的高度，科学、客观、全面地评价企业精益管理的实施程度，针对目前状态及时调整推进策略，保障推进效果。所以，在建立评价体系时要遵循实用性和先进性两个基本原则：实用性是指评价体系应适应企业自身的实际情况，使评价结果能够真正说明企业状况和存在的问题，注重引导企业经营者从单纯注重经营结果转向结果与过程并重。同时，评价过程应尽可能简洁易行，以降低评价成本。先进性是指评价指标要体现精益管理的各项基本要素，要体现国际先进企业的做法和水平。在实施阶段性评价后，针对薄弱环节开设全面的、新颖的培训课程，让各级管理人员深入理解国际先进做法。

8. 持续改善

精益思想的最后一个原则是追求完美，它要求企业在持续改进中逐步完善自身。随着精益管理的不断深入，企业会收获项目经验、人员能力，以及那些实实在在的指标提升。但是，若是企业打算坚定地在精益管理之路上走下去，这些还远远不够。外部的环境在不断地变化，顾客的需求也在不断地改变，企业不能永远只保持固有状态，而是要不断地寻找突破点，持续改善。我们最终的目的并不单纯局限在效益提升上，而是在于人才培养和文化凝练。一支训练有素，拥有使命感和精益思想的团队才是企业进步的原动力。

第3章

精益设计与精益布局设计

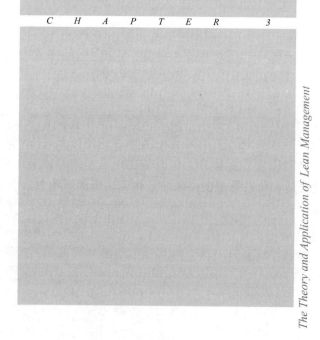

设施规划与设计是现代工业项目规划的一个重要环节。它的任务是对建设项目的各类设施、人员、投资进行系统规划与设计，以优化物流、人流和信息流，从而有效、经济、安全地实现建设项目的预期目标。有效的设施规划与设计对于系统取得理想的经济效益和社会效益起着决定性作用。精益设计和精益布局设计是精益思想在工厂设计阶段的延伸，通过在设施规划与设计阶段引入精益思想，从源头上最大限度地消除运营过程中可能的浪费源，避免先天不足的设计方案投入运行，是企业获得和保持全生命周期竞争力的基础和源泉所在。本章聚焦精益设计与精益布局设计，从精益设计的内涵、工厂精益设计方法、流程和精益布局设计的作用、方法与设计方案的评价选择等方面展开论述。

3.1　精益设计

3.1.1　精益设计的内涵与特征

精益设计是全生命周期精益设计的简称，由天津大学齐二石教授首先提出。全生命周期精益设计实现了精益思想向工厂设计阶段的延伸，将精益思想、工厂设计、优化理论、系统工程等领域的知识进行融合，借助信息技术、优化工具，实现工厂的科学设计，从工厂设计阶段就尽可能消除运作过程中的浪费源，避免带有明显缺陷的工厂设计方案被实施。精益设计的概念架构如图 3-1 所示。

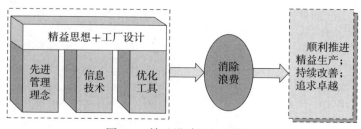

图 3-1　精益设计的概念架构

　　精益思想包括所有以消除浪费、持续改善为目的的精益方法，如在确定企业规模时，要使企业规模在满足企业当前需要的同时，尽可能适应环境的变化及企业战略规划的需要；在布置生产线时，要体现物流流动的"一个流"及同期化，员工的多工程化及"多能工"化等特征，充分考虑 U 型生产线及成组技术；人员配备方面要由传统的"定员制"生产向"少人化"生产发展；同时，建立体现精益思想的物流系统，将物流服务过程中的浪费和延迟降至最低程度，等等。

　　图 3-2 给出了面向制造企业的全生命周期精益设计的基本框架。根据该框架，精益设计是一个全生命周期的设计、改善和管理系统，精益思想体现在需求分析到设计、投资决策、生产、销售再回归到需求的整个闭环过程。通过精益设计，实现精益思想对上述闭环过程的指导，从工厂设计阶段开始就彻底消除浪费，是一种事前预防和改进理念，可从根本上避免"亡羊补牢"式的事后改进做法。

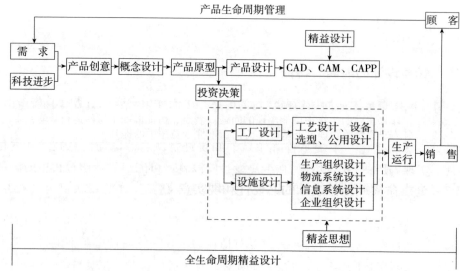

图 3-2　面向制造企业的全生命周期精益设计的基本框架

实施精益设计是实现精益管理的基础，它为工厂后期顺利推行精益管理创造了条件。同时，从工厂设计阶段就进行消除浪费的工作，可以大大提高改善活动成功的概率。精益思想应用的时间越早，实施改善活动的柔性就越大，改善活动成功的概率就越高，系统所能得到的改善效果就越显著。

当前部分设计院对工厂设计仅涉及工厂布局、场地规划、设备平面布置等粗线条活动，而对于设备加工能力匹配问题、物流成本问题、中间在制品问题及人员配备等问题没有给予足够的考虑，也没有考虑设计方案对市场及企业战略的适应性。设计方案中存在的问题，在实际运行过程中会逐渐显现，有些问题会给企业造成巨额浪费，而精益设计的实施可以弥补部分设计院对工厂设计的不足。

总之，与传统工厂设计相比，精益设计具有较大优势，两者之间的比较如表 3-1 所示。

表 3-1　精益设计与传统工厂设计的比较

	精益设计	传统工厂设计
目标	从工厂设计阶段导入精益思想，从源头消除各种浪费源	完成工厂提出的设计要求，多数情况下仅以满足工艺流程为目标
实现工具	以信息技术为实现手段、以精益思想为指导，同时融合优化技术、并行工程等先进管理理念	以传统设计人员的经验知识为依托，主观性强，辅以少量计算机技术
柔性	可实现动态、可视化设计，具有良好的柔性，具备适应环境及企业战略调整的能力	以静态设计为主、刚性强，不能显示设计方案的预期运行状况，难以反映外部环境的变化
组成人员	掌握精益思想的人员、企业管理者、工厂设计者，有时也包括供应商及客户	以单纯的传统工厂设计院人员为主，与企业内部相关人员进行有限的沟通
效果	精益理念导入时间早，可避免设计方案后期运作中可能出现的问题，为实施精益管理打下基础	不能诊断出工厂设计方案中存在的浪费点，可能增加工厂的运行成本，阻碍企业竞争力的提升

3.1.2　全生命周期精益设计的必要性和现实意义

全生命周期精益设计的提出有其深刻的思想和时代背景，一方面全生命周期精益设计是针对当前理论界、企业界对精益管理存在片面理解，不能很好地推进精益管理的现状而提出的；另一方面全生命周期精益设计也是目前经济建设、企业发展新阶段的客观要求。其必要性和现实意义具体体现在以下三个方面：

1. 企业大发展的需要

经过四十多年的改革开放，我国经济建设取得了举世瞩目的成就，企业发展迅猛，改建、扩建及新建频繁，但是采用的主要模式是规模的单纯扩大或对原有企业模式的简单复制。如果能在前期规划阶段就引入精益理念，进行精益设计，将企业几十年积累的管理经验与精益思想相融合，就能够尽可能杜绝后期运作过程中浪费的发生，具有显著的经济效益和社会效益。与此同时，传统上将精益管理仅仅当作生产部门的事情的看法，已经日益暴露出其缺陷，这客观上也要求企业从整个经营管理系统的高度来实施精益管理，企业局部最优不等于整体最优。

2. 制造企业设计中的需要

在传统的工厂设计方案中，设计者没有主动考虑如何从消除浪费的角度进行工厂设计，其主要工作就是尽量满足企业新建、扩建或改建工厂的要求，实施着近乎常规模式的规划、论证和编制成套设计文件的工作。而在工厂的规划期就将精益思想引入工厂设计、产品设计，努力消除工厂后期运作可能发生的浪费，并做到工厂、产品与环境的协调。是符合我国制造企业的现实需要的。

3. 循环经济发展的需要

尽管我国制造业高速增长，但这种发展比较依赖廉价劳动力和比较高的资源消耗，劳动力被当作可以随意替换的工具，资源没有好好地被利用，这种发展模式隐藏着巨大危机，已经使我国的制造业遇到了发展瓶颈。面对这样的情形，政府已提出要全面转变经济增长方式，大力发展循环经济，实现高质量发展。在这种背景下，企业全面推行精益管理是实现节约型发展道路的必然途径。全面实施精益管理，就是将精益思想应用到各种行业中，应用到企业的各个环节的工作中，包括设计、销售等环节，即全生命周期精益设计。

3.1.3 全生命周期精益设计的主要内容

贯穿产品整个生命周期的全生命周期精益设计的核心思想是将精益思想应用到工厂设计阶段，它将精益思想与传统工厂设计相结合，并融合价值工程、人因工程、并行工程等先进的管理理念，强调在工厂布局、物流系统、工艺流程、信息系统等环节的设计阶段导入精益思想，从源头上消除企业浪费，避免仅从某一局部去改善已经出现问题的生产环节。全生命周期精益设计改变了传统上将精益与准时化生产等同的理解，将精益思想的理论与技术应用扩展到从需求分析到设计、投资决策、生产、销售再回归到需求的整个闭环过程。具体讲，全生命周期精益设计主要包含如下内容：

1. 产品精益设计方法和技术

从 20 世纪 50 年代开始，基于传统设计开发经验，结合新兴的统计分析技术、管理技术、IT 技术和方法论，人们积极寻找先进的设计理论与方法，TRIZ 理论、ADT 理论、田口方法、六西格玛设计等一系列新的理论方法应运而生。

在设计阶段出现问题，对最终产品质量的影响几乎是致命的，产品设计质量不仅影响最终产品，还会影响制造工艺和生产环节。严格控制设计开发阶段的质量，是提高产品质量水平的重中之重。

2. "工厂设计"的精益化方法和技术

以往企业在投资决策之后，绝大多数企业仅进行了传统的工厂设计，即工艺设计、设备选型和公用设计等，而没有进行设施设计，没有将精益思想融入工厂设计，这也就导致了企业的设计生产能力与实际生产能力之间存在着很大的差距。全生命周期精益设计将精益思想应用到了工厂设计中去，对生产组织、物流系统、信息系统以及企业组织都进行精益设计，极大地缩小了设计生产能力与实际生产能力之间的差距。

（1）生产组织设计。生产组织方式，是指生产过程中劳动力、劳动工具和劳动对象之间组合的方法和形式，也就是生产过程中人、机、料三者组合的方法和形式。精益生产综合了大量生产与单件生产方式的优点，力求在大量生产中实现多品种和高质量产品的低成本生产，精益生产已被证明为是一种最适用于现代制造企业的生产组织方式。

（2）物流系统设计。精益物流通过消除生产和供应过程中非增值活动产生的浪费，以减少备货时间，提高客户满意度。其目标就是根据客户要求，提供客户满意的物流服务，同时追求把物流服务过程中的浪费和延迟降至最低，不断提高物流服务过程的增值效益。基于精益设计的物流系统应该具有拉动性、高质量、低成本和快速响应的特点。

（3）信息系统设计。信息系统的开发设计过程，是指从问题提出、开发团队组成、总体规划、系统分析、系统设计、系统实施到系统运行维护和评价的全部过程。

（4）企业组织设计。简单地说，企业组织设计就是要把组织的事合理分解成部门的事、岗位的事；把合适的人放到适当的岗位上；让各部门、各岗位的人结为最合理的工作关系，按照最有效的规则从事工作和进行活动。基于精益设计的企业组织设计必须按照 PDCA 循环以规范的流程进行推进，强调组织设计的动态性和模块化，以快速响应内外部环境的变化。

3. 销售服务系统精益设计方法和技术

精益销售系统的职责就是要在销售领域"杜绝无价值活动"。销售中的无价值活动包括：产品定位不当、产品定价不当、顾客选择不当、顾客利益不当、顾客付出不当等。因此精益销售的思想就是要针对这些无价值活动的产生根源采取相应的对策，也就是在恰当的时候，在恰当的地点（渠道），向恰当的顾客，以其恰当的付出，向其提供恰当的产品和服务。

3.1.4　工厂精益设计方法

1. 常见工厂设计方法

常见的工厂设计方法主要以从至表和相关图为设计依据或输入变量来进行考虑，其中定性方法主要有缪瑟提出的系统布置设计（SLP）方法、Reed 的工厂布置方法；定量方法主要有作业单位两两交换法、CRAFT 法、图论法、混合整数规划（Mixed Integer Programming，MIP）等，目前也有学者将智能化算法，如模拟退火算法、遗传算法应用到工厂设计中。这些方法都从某种程度上为决策者进行科学的工厂设计、快速的选择设计方案起到了积极的作用。但这些方法也都有一定的不足。定性方法对主观经验依赖性强；定量方法对数据有严格的要求，应用过程中需对系统做出各种必要的假设。在系统规模较小，生产过程较简单的情况下，数学方法较合适，但在对复杂系统进行设计、评价时，若在部门较多、部门形状非矩阵形等情形下，各部分之间关系复杂、数据庞杂，数学方法就难以取得理想的效果，同时在相关图的确定及量化等方面有待进一步完善。

实践中，设计院在进行工厂方案设计时，多采用专家意见法，设计过程中的主要依据是设计人员的经验及工厂提出的要求。这种方法主观性强，标准不易统一，且静态的设计模式难以反映各部分之间的相互关系，同时设计方案的实际运行状况难以显示，也不具备适应环境变化及战略调整的能力。

2．精益设计的仿真方法

仿真方法可使工厂设计具有柔性化和可视化的特征，同时可以解决部门多、工艺复杂的设计问题，能更好地在设计阶段发现问题、消除浪费。常用的仿真软件如 eM-plant、VisFactory、eM-Workplace 及通用软件 Flexsim 等都可以与精益思想结合，实现工厂精益设计。

仿真方法的主要优点如下：

（1）直观、可视。仿真软件通过三维的、直观的、可交互的仿真模型，使决策者清晰地了解各工厂设计方法的运行情况，为科学决策提供信息依据。

（2）能处理复杂设计方案。通过参数的调整、实体的改变，仿真模型可以较理想地处理各种部门多、工艺复杂的设计方案，弥补传统量化方法在处理复杂、多维问题方面的不足。

（3）良好的柔性。可以对诸如产品调整、订单变更、机器故障等各种动态的、难以预测的状态进行仿真呈现。通过对各种例外情况的分析，实现对工厂设计方案的科学决策。

（4）较强的数理统计功能。仿真软件可以在工厂设计方案仿真过程中，提供各种关键指标的统计数据、图表，便于设计者进一步分析企业或设计模型原本存在的问题。

（5）合理的时间及费用消耗。通过对实体参数的调整及仿真速度的控制，仿真模型可以在较短的时间内模拟工厂一个季度、一年甚至更长时间的运行情况，用以分析企业近期及中期的经营状况。在为工厂设计者节约大量时间的同时，仿真方法的成本比其他方法更经济。

3．仿真在精益设计中的应用程序

应用仿真进行工厂精益设计主要包括五个步骤，如图 3-3 所示，实施设计项目前期需要成立联合工作小组，进行有效的信息交流，保证数据收集的完整性、准确性。

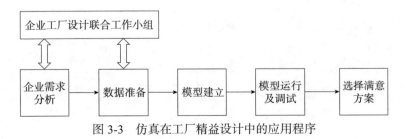

图 3-3　仿真在工厂精益设计中的应用程序

（1）企业需求分析。不同行业、处于不同发展阶段的企业对工厂设计有着不同的需求。有的企业可能迫切需要找出原设计方案的瓶颈及当生产环境改变时企业可能会遇到的生产问题；有的企业可能迫切需要解决产能问题；有的企业可能急需改善在制品积压的问题。工厂精益设计是一个系统问题，涉及的因素、环节多，只有与联合工作小组进行密切的交流，才能明确企业的需求，有的放矢地进行精益设计工作。

（2）数据准备。按照企业进行工厂精益设计的需要，收集各种相关数据，确定模型中参数、变量的分布情况，确定各个对象之间的关联性。数据整理过程中要保证数据的完整性、可靠性和及时性，在这一过程中同样需要保持与联合工作小组进行密切交流，必要时实地进行工作研究或参照同类型、同规模企业的数据。

（3）模型建立。模型建立应体现精益思想，同时要紧紧围绕企业的需求。只要可以满足企业需求，模型应尽量简化，这样可减少工作量，也能减少不必要的干扰引起的误差。

（4）模型运行及调试。根据整理的数据及各个对象之间的关联，通过连线将各个对象按照一定的流程逻辑关系联系在一起。仿真模型的运行及调试是一个动态的复杂过程，只有通过反复的试验运行，才能取得合理的结果。

（5）选择满意方案。在常态及适当扰动的情形下，运行仿真模型并进行分析，结合企业的当前需求及长期战略规划，采用恰当的指标进行工厂设计方案的选择。

4. 某冷轧薄板企业新工厂精益设计实例

现以某冷轧薄板企业新工厂为例进行仿真分析。该厂的主要产品的工艺过程包括酸洗、冷轧、脱脂、退火等，其设施布置示意图，如图 3-4 所示。

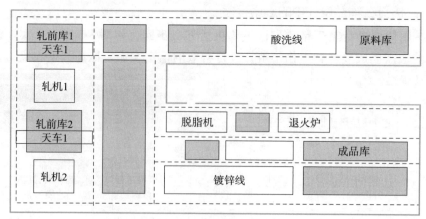

图 3-4　设施布置示意图

　　按照前文所述仿真方法和流程，建立仿真模型的主要过程包括数据收集、模型建立、价值流分析，具体说明如下。

　　（1）数据收集。主要数据来源如下：

　　1）企业文档：工艺流程、设施布置图、工作方法、机组、运输工具和其他设备资料。

　　2）时间研究：对现场的工艺时间和作业时间进行测量和分析。

　　3）现场调研：与企业部门经理、工程师、操作人员、维修人员进行交流，获得生产计划和市场预测、路线图、工作方法和修理步骤等信息。

　　4）比较研究：与公司内、行业内和其他行业的类似生产系统的比较研究。

　　全生命周期仿真要求从生产系统设计开始就建立模型，所以无法直接获得生产、销售、设备利用率等数据，这一点对新生产系统仿真来说是不小的挑战，解决方案是从类似系统、历史资料中获得数据和对有经验的工程师和操作员进行调研。这些数据将在新生产系统建成投产后进行更新。

　　（2）模型建立。前文提到的冷轧薄板企业采用 Flexsim 3.0 软件进行仿真分析，该软件是面向操作对象的建模工具，可用于生产、存储和物流系统的建模。模型建立的主要过程如下：

　　1）设备建模。该企业的仿真模型包括 50 多个机组或设备。运用 3D 软件对其进行建模，部分机组如图 3-5、图 3-6 所示。

图 3-5　可逆轧机

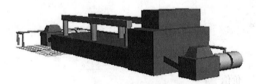

图 3-6　脱脂机

　　2）设施布置建模。设备建模之后，进行设施布置建模。该企业生产系统的仿真模型包含 204 个实体，以及数百个实体之间的关系，仿真模型三维透视图如图 3-7 所示。

　　3）模型属性和参数设置。在模型中输入各个机组、设备和运输工具的属性和参数数据，使仿真流程和实际工艺流程一致。

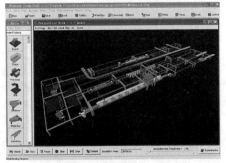

图 3-7　仿真模型三维透视图

4）模型验证。模型验证包括表面效度验证、假设检验和数据验证三个步骤。由于生产系统尚未建成，故通过对仿真结果和有相同产能的三条已有生产线的月产量进行比较和数据验证，结果表明仿真模型能较好地代表真实的生产系统，如表3-2所示。

表 3-2   模型验证

产品	真实系统	仿真模型	精确度
冷轧卷	25 000t	24 010t	96%
酸洗卷	25 000t	26 116t	95.5%
镀锌卷	25 000t	25 278t	98.8%

（3）价值流分析。由于冷轧行业的在制品占用资金多，且长时间存放会影响产品质量，所以需要进行价值流分析，以改善流程，减少在制品。现以轧制车间为例进行分析，轧制车间冷轧卷生产线价值流如图3-8所示。

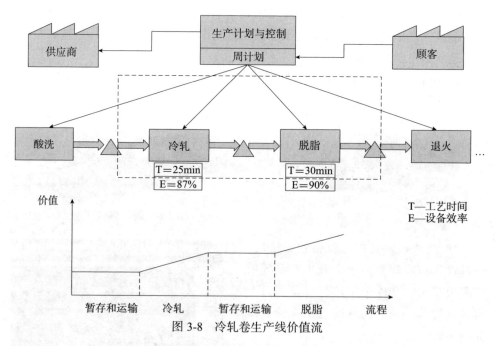

图 3-8   冷轧卷生产线价值流

要减少非增值时间，一种方案是从流程上进行改进，即把推动式系统变成拉动式系统，另一种方案是减少运输和等待运输等的非增值时间。以轧制车间的天车调度为例，原方案（方案1）中天车 Z_1 有三个任务：把酸洗卷从过跨车运至一号轧前库（任务 1），从一号轧前库运往一号可逆轧机 M_1（任务 2），和从一号轧前库输送至二号轧前库（任务 3）。天车 Z_2 的任务是把酸洗卷由二号轧前库运至二号可逆轧机 M_2（任务 4）。在进行天车调度时，要综合考虑设备利用率和搬运时间等问题，因此提出两种改进方案（方案 2、方案 3）。不同方案仿真结果比较如表 3-3 所示，可见方案 2 极大地增加了增值时间比例，从而提高了价值，而且没有影响冷轧设备的利用率，因此为推荐方案。

表 3-3　不同方案仿真结果比较

方案		机组和天车利用率（%）				增值时间（%）	每天增加价值
		Z_1	Z_2	M_1	M_2		
1	Z_1：任务 1，任务 2，任务 3 Z_2：任务 4	52.2	14.5	68.7	74.2	19	无
2	Z_1：任务 1，任务 2 Z_2：任务 3，任务 4	25.5	22.4	71	78	24	17 500 美元
3	Z_1：任务 1 Z_2：任务 2，任务 3，任务 4	17	36.3	73	73	22	10 500 美元

3.1.5　工厂精益设计流程

　　工厂精益设计应包括原有工厂的设计改善及新建工厂精益设计两个方面，这里重点介绍精益设计在新建工厂中的应用。对于原有工厂的设计改善仅是在精益设计第一阶段将重点放在对工厂现行运行状况的数据整理与获取方面，后面的步骤基本一致。

　　工厂精益设计流程包括组建工厂精益设计联合工作小组、形成知识库以及在知识库的指导下确定工厂精益设计方案，工厂精益设计流程如图 3-9 所示。

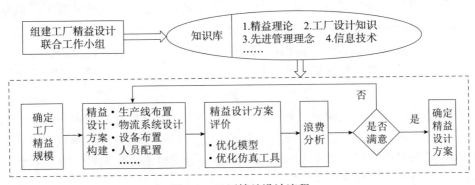

图 3-9　工厂精益设计流程

1．组建工厂精益设计联合工作小组

为了更好地实现精益设计，需要组建工厂精益设计联合工作小组，其成员应包括掌握精益思想的知识人员、工厂设计人员、企业领导者，同时还有必要请企业的供应商加入，以及考虑消费者的意愿。他们之间相互交流、沟通并形成工厂精益设计知识库，指导工厂精益设计的进行。

2．确定工厂精益规模

确定工厂精益规模是进行工厂精益设计的重要前提之一，它是合理地预测工厂所需空间、安排车间布局以及确定设备数量、布置方案及预留空间的重要依据。工厂规模主要取决于市场规模和市场上已有的供给量。如果市场容量很大，超过了工厂的经济规模，原则上讲，工厂可以按经济规模进行设计。否则，应根据当时的市场需求，"滚动发展"到经济规模。同时工厂规模需要适应企业战略规划，满足"一次规划，分步实施，滚动发展"的要求。

3．精益设计方案构建

这一阶段要综合运用精益生产、系统工程、人因工程、企业管理等学科知识，借助并行技术、信息技术等手段，确定理论上符合精益思想要求的精益设计方案。主要包括如下内容。

（1）生产线布置。基于精益思想的生产线布置要有这样几个特征：物流流动的"一个流"及同期化，员工的多工程化及"多能工"化，设备的整流化。U型生产线布置是精益生产的一个产物。

（2）物流系统设计。按照精益的观点，物流活动是不增值的环节，因此要在满足生产要求的情况下尽量减少物流成本，努力将物流服务过程中的浪费和延迟降至最低。

（3）设备布置。要充分考虑各生产环节之间的关系，在实现产能要求的基础上，尽量做到各设备单元产能均衡，体现精益"一个流"的思想。同时设备的选择不以最先进为标准，而应把体积小、投资少、具有柔性等条件放在首位。

（4）人员配置。传统的生产系统实行"定员制"生产，但这种方式在多品种、小批量的生产方式下，加大了企业成本压力，降低了企业的反应速度。"少人化"能实现随生产量变化，弹性地安排作业人员。实现"少人化"的条件是要有训练有素、具有多种技艺的作业人员，即"多能工"。此外，设计方案还应包括工厂公共设施规划、信息系统设计等方面，应根据工厂的具体需求及企业的实际，有选择地进行。

4. 精益设计方案评价

仿真方法是近几年兴起的一个方法，它可以较为准确地体现生产系统对环境变化的反应，并向决策者提供可视化的界面。通过仿真分析提供的各方案的物流成本、中间在制品量、设备利用率等指标数据，结合人因、生产柔性等指标，运用当前各种优化评价算法，可对精益设计方案做出科学决策。

5. 浪费分析

消除浪费、持续改善是精益管理的精髓，通过对各方案进行比较，可以对工厂各设计方案的运行状况有一个清晰的认识，综合运用价值流图、约束理论、鱼刺图等工具，能发现系统运行过程中各个非增值环节，如产能匹配、在制品库存等问题，对生产系统进行相应调整、优化，通过反馈机制实现对原方案的改善。

6. 确定精益设计方案

在生产系统的浪费问题得到解决后，企业的决策者就可以依据相应的判别标准选择工厂精益设计方案。企业的需求不同，所选的指标及指标的权重应有所区别。选择精益设计方案不是目的，关键是执行精益设计方案并在执行过程中实施标准化工程，不断消除工厂中的浪费。

3.2　精益布局设计

3.2.1　精益布局设计的概念与作用

布局设计是设施规划与设计的重要内容之一，主要包括工厂平面布置、物料搬运系统设计、仓储布置、能源管理和办公室布置等。精益布局设计就是在工厂布局设计中引入精益思想，以现有布局为基础，通过消除人、机、料、法、环境（4M1E）各个环节上的浪费，来实现五个环节最佳结合的布局。

没有合理的布局和流程，就不可能造就高效的生产系统。精益布局设计方法主要抓住"单件流"这一精益化的核心思想，打破孤岛作业模式，在可能的地方发展连续流，减少孤岛作业工序和区域。通过精益布局设计，企业可以实现如下目标：

（1）提高工序间平衡能力。

（2）消除搬运。

（3）提高场地利用率。

（4）站立或走动操作，提高工作效率，减少职业伤害。

（5）降低劳动强度。

（6）提高作业质量和效率。

（7）适应多品种少批量生产。

（8）可以跟随产量的变化增减人员。

（9）改善作业环境。

3.2.2　精益布局设计的功能性特点

以工厂设计不合理导致的浪费，即布局不合理导致的生产浪费、物流规划不合理导致的行走浪费、空间导向性差导致的寻找浪费、重构导致的停滞浪费和重置浪费等为切入点，可以归纳出精益布局设计应具有的零库存、零等待、零寻找、短物流、高柔性五个功能性特点，生产系统精益布局设计的功能性特点如图 3-10 所示。

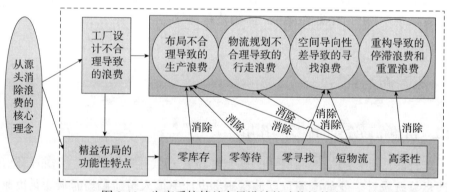

图 3-10　生产系统精益布局设计的功能性特点

（1）零库存。库存积压资金，占用场地，从而占用库存管理人员和设备，增加许多隐性成本。在精益方式下，库存是一种可通过合理的设计消除的浪费。库存有原材料库存、在制品库存、产成品库存等多种形式，无论哪类库存均可通过合理设计、科学管理来有序减少。因此，零库存是精益布局设计应具备的重要功能性特点之一。

（2）零等待。"有订单才生产"的需求拉动型精益生产模式，要求实现单件流，一件一件地生产，一件一件地传递，做到中间无停顿、无等待的顺畅生产，减少传统生产线中的等待、排队浪费。因此，零等待是精益布局设计的另一个重要功能性特点。

（3）零寻找。寻找、思考、选择都会消耗人员精力和时间，造成浪费。精益布局，通过建立紧凑的空间布局以及顺畅的流动线路，实现生产系统内空间节点之间的有效衔接，有效消除这些非增值活动，提升工作效率和创造轻松的工作环境。因此，零寻找也是精益布局设计的功能性特点之一。

（4）短物流。物料流动是生产系统中的必要环节，物料搬运成本在总生产成本中占 20%～50%，科学合理的空间布局设计可降低 10%～30% 的成本。生产系统的主要特点是不同生产设备的离散分布，物料流动属于必要而不能完全消除的非增值活动，需尽量减少。精益布局的目标是，实现最小的物料流动，即"短物流"。

（5）高柔性。精益布局设计的核心思想仍然为消除浪费、持续改善，因此所构建的生产系统应具备较高的灵活性，如设备选择"小型""微型"，并设置脚轮，可快速移动和装卸等，空间布局上选择"多能工"操作的 U 型布局或单元布局，提高布局柔性并持续改善性能。"高柔性"也是精益布局设计的重要功能性特点。

3.2.3　精益布局设计准则

1. 以顾客需求拉动

在精益设计理念下，一切与顾客需求不匹配的生产活动均视为浪费，如过量、过早生产。因此，精益企业生产任务应以顾客订单为"触发点"进行拉动式生产。那么在精益布局设计中，不仅要以拉动式生产为导向进行布局设计，而且要考虑需求多变的市场特点，在初步设计中植入跟随市场需求变化快速调整的柔性特征，使生产系统布局不仅短期有效，而且在较长一段时间内也较为合理，以期获得长期效益。

而以提升生产效率为导向的传统工厂布局，忽略顾客需求，忽略工厂内物料流动成本及效率，按工厂设计师的意愿或大批量生产中的按工艺原则进行成组布局，虽然实现了高生产率，但产生了工序间生产不均衡、过剩产品和过多交叉物料搬运成本，造成巨大浪费。精益布局设计与传统工厂布局设计比较如图 3-11 所示。

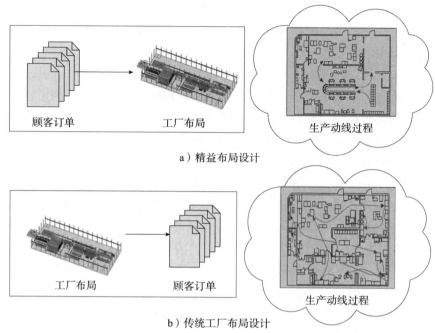

a）精益布局设计

b）传统工厂布局设计

图 3-11　精益布局设计与传统工厂布局设计比较

　　因此，面对小批量多品种需求的现代生产系统精益布局设计必须以顾客需求为"触发点"，将顾客对产品的需求转换为生产需求特性，采用 P-Q 图等工具对生产需求特性进行整理和归类，为不同生产需求特性的产品安排不同的布局形式和生产流程，实现以低成本、高效率、在恰当的时间生产恰当数量的产品满足顾客需求。

2. 实现单件流

　　单件流，是指通过合理的生产线布局设计、人员安排，使整条生产线上的各道工序耗时趋于一致的一种有效降低浪费的生产管理方法。在精益布局设计中，通过以产品为导向的流水线布局和生产均衡化设计，保障"单件流"生产，使产品在生产过程中顺畅流动，避免各道工序间往返交错和忙闲不一带来的等待浪费。

　　（1）以产品为导向的流水线布局。以产品为导向的流水线布局，也称为流水线布局或对象布局形式，是指将生产设施按照产品工艺流程设置在同一个生产工作单元的一种布局形式，以产品为导向的流水线布局示意如图 3-12 所示。以产品为导向的流水线布局，一般适用于需求产品种类多、批量大的产品类型。

不过面对顾客需求"少量多样化"的环境，以产品为导向的流水线布局也在不断推进精益生产改善。工作单元中将所涉及的设备按照通常工艺过程 U 型或 C 型布局，集中了生产某种产品所需的设备和"多能工"，对同类产品使用不同工艺进行加工，一条生产线或一个生产单元基本能独立完成某几种产品的全部或大部分工艺过程，能够有效保障单件流生产，同时降低总的物料搬运成本。与按工艺原则进行成组布局的传统生产线相比，以产品为导向的流水线布局能够大大缩短产品生产加工路线，更有效地管控各类产品的生产过程，提升按计划完成生产任务的能力。

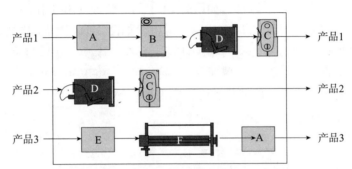

图 3-12　以产品为导向的流水线布局示意

（2）生产均衡化设计。在实现单件流时，除了对生产线进行合理安排以外，各道工序间的生产均衡化也是必备条件之一。生产均衡化设计，能够有效降低生产过程中在制品库存和等待浪费，是精益布局设计的重要内容。

在生产实施过程中，尤其在单件流生产线中，遵循著名的"木桶原理"，即整条生产线的生产能力取决于生产能力最弱的那道工序，而其他工序的生产能力将导致产能过剩或等待浪费。生产能力不均衡示例如图 3-13 所示。

生产均衡化，也称平准化生产，是各种产品的生产节拍与对应产品的平均销售节拍一致。一般采取混流生产、缩短作业转换时间、"一个流"生产、准时采购来实现。精益管理所认为的不均衡有很多种，其中工作负荷是否均衡是精益布局设计时要考虑的重要问题。在

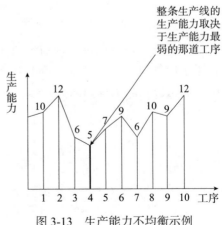

图 3-13　生产能力不均衡示例

顾客需求瞬息万变的今天，生产线设计以混流生产线为主，其对生产线每道工序上的生产时间无法精确确定，每类零部件生产时间各异，因此单个设备之间的工作负荷无法进行均衡化设计。一般用 U 型布局中的各工作站之间的负荷均衡和单元化布局中的单元之间的负荷均衡来实现。

U 型布局中由"多能工"来管理多个设备，根据顾客需求量和需求时间要求，在生产线中灵活配置人员，可由一位工人管理一组设备来实现均衡化生产。那么，哪些设备可作为一组来进行管理呢？这就是工作站分配问题。工作站有两种：交叉工作站和常规工作站。交叉工作站一般将不同行上的两个或多个设备分配到同一个工作站中运行，如图 3-14 中的工作站 1 和工作站 3。而常规工作站中的设备均处于 U 型布局中的同一行上，如图 3-14 中的工作站 2。单元化布局，一般根据各道工序之间的相关性特点，在一个单元中设置多台设备由一到多名工人负责生产。在进行单元化布局设计时，将单元之间的工作负荷均衡化作为一个重要的约束条件进行考虑，实现生产均衡化设计。

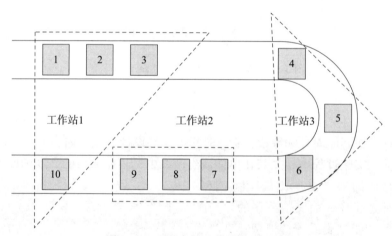

图 3-14　U 型布局工作站分配示意

3. 物料搬运距离最短

总物料搬运距离是工厂设施布局设计合理与否的最直观表现。因此，短的物料搬运距离是工厂精益布局设计的首要目标。传统小微工厂设施布局数量不多、设施简单，主要是凭经验和感觉布局。但随着工业经济的飞速发展，现代生产系统已发展成为大而复杂的系统，物料搬运路程复杂多变，凭经验布局设计的工厂已难以满足新的发展要求。学者们开始应用系统工程理论和方法研究工厂设施布局问题，应用数学建模和遗传算法、神经网络算法等智能算法进行优化运算，但设施布局作为一种NP-hard（非确定性多项式）问题，无法得出精确的方案。比前两者更具实用性和科学性的工厂设施布局设计方法是1961年美国工厂布置专家理查德·缪瑟（Richard Muther）提出的极具代表性的系统布置设计理论（Systematic Layout Planning，SLP）。无论采用哪类方法进行工厂设施布局，均遵循物流关系紧密的设施就近布局的原则进行设计，实现物料搬运距离最短。

4. 持续改善型布局

生产系统中的设备移动和搬运成本较大，每次的重新布局需要停止生产来进行，从而导致生产停滞和重构等诸多浪费。因此，在初步布局设计中应重点考虑持续改善问题。持续改善型布局设计的重点在于适应不同市场需求特性和方便调整特性，以达到在不同需求下都能实现较优的布局状态。

持续改善型布局，也是一种动态布局形式，是指生产系统内的设备根据每个时期的市场需求特性进行动态调整布局来增强柔性。但生产系统内，绝大部分设施位置的调整和重置都是昂贵和具有破坏性的，尤其当需要停止生产来进行调整时破坏性更大。但一定时期后，当市场需求特性的变化带来工艺流程的改造，现有布局不能适应新的市场需求特性，产生巨大的物料搬运成本，增加成本并影响生产效率时，必须对现有布局进行重置。因此，在动态布局理念下的持续改善型布局，要重点考虑设备重置费最小化问题，即在未来多个生产时间段内，市场需求变化较大时能够方便、快速地调整现有布局。如在设备选择上，尽量选择小型设备，每一种设备下面尽量安装一些滑轮，方便各类设备的移动，如图3-15所示。在现场设计上，应尽量采取开放式设计，减少隔断等封闭手段，减少持续改善成本。

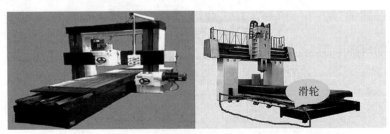

图3-15 传统固定式和进行移动式改进后的龙门铣床

3.2.4　精益布局设计基本流动形式

在生产系统内进行设施布局基本流动形式设计时，主要考虑生产系统出入口的位置、生产线长度和场地外形等因素。下面主要介绍在精益布局中经常应用到的直线型、U 型和单元化三种流动形式。

1. 直线型布局

直线型是最简单的流动模式，入口与出口位置相对，建筑外形为长方形，而且某些产品需求量较大，可专门设置一条流水线的布局形式，如图 3-16 所示。直线型布局一般适用于大批量单一品种或具有相似生产工艺过程的比较少的几种产品的生产线配置。直线型布局，当前后工序之间有交叉生产的流程或出入口不相对时均会产生巨大的物料搬运成本。

图 3-16　直线型布局示意

2. U 型布局

U 型布局是施行精益管理企业中的典型布局形式，由日本丰田汽车公司（以下简称"丰田"）首次采用，并逐渐被广泛应用于其他企业。之所以称为 U 型布局，是因为它在原有生产线设计思想的基础上，充分考虑操作流程、管理需要和场地约束，将原来直线型布局的形式改变成若干首尾相接的 U 型单元，方便"多能工"同时负责多台设备，提高生产线柔性。U 型布局示意如图 3-17 所示。

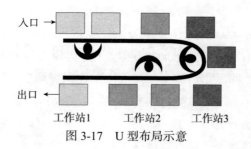

图 3-17　U 型布局示意

U 型布局的工作原理是将生产线上的设备按照英文字母"U"的形状进行布局，并通过"多能工"来完成零部件在邻近设备上的加工操作。当产品生产需求量较大时增加操作人员数量来提高产品生产量；当产品需求降低时，减少或调走操作人员，灵活满足顾客多变的需求，提高生产线的柔性，实现零库存。U型布局工作原理如图 3-18 所示。

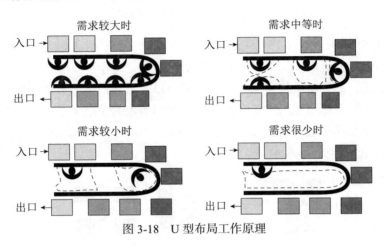

图 3-18　U 型布局工作原理

U 型布局遵循的原则有：

（1）建立立式作业方式原则。立式作业方式，一方面有利于提升操作人员作业效率；另一方面与坐在固定地方工作相比，操作人员来回走动可以有效消除长时间从事单调工作而产生的心理疲劳。因此，建立立式作业方式可使操作人员工作更加轻松，效率更高。

（2）多能工担当原则。多能工担当作业的方式，使一个人能够承担多项工作，让更多的人操作多台设备，不仅能根据市场需求特性增减人员，提升生产线柔性，而且能够有效促进操作人员相互支援，对相应的作业进行交流和改进，消除只做单一工作的单调性。

（3）作业量公平原则。用作业量公平原则进行工作负荷均衡化设计，一方面，可以做到各工作单元之间的忙闲一致，为实现"一个流"生产提供条件；另一方面，清除员工的不满情绪，激发员工工作积极性。

（4）"一个流"生产和进出料同一人原则。U 型布局中，生产遵循"一个流"生产和进出料同一人原则，一件一件地生产，一件一件地检查，做到及时发现不良品，快速确定问题源头，有效地防止再发生类似问题。

多品种、小批量需求下 U 型布局具有以下优点：①较短的物料搬运距离和较低的成本；②设施布局比较紧凑，对空间的要求更低，对空间结构的适应性较强；③方便多能工操作和操作人员之间的沟通，可迅速发现缺陷产品并退回；④生产管理柔性强，能够针对市场需求特性变化，及时调整节拍；⑤生产线出入口在同一端，方便"拉动式"单件流生产的实现。U型布局因以上几个优点，已成为离散生产系统精益布局设计中的一种有效布局形式。

3. 单元化布局

单元化布局根据产品生产工艺过程的相似性，将生产系统内的各类设施分成不同单元，进行模块化布局，降低因某个单元布局的调整对整个生产线的影响，减少布局调整带来的不必要的等待、中断等浪费，节省成本，达到精益目的。单元化布局一般有直线型单元化布局和U型（或C型）单元化布局形式，如图3-19和图3-20所示。

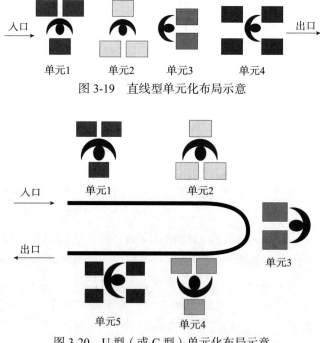

图3-19　直线型单元化布局示意

图3-20　U型（或C型）单元化布局示意

引进大型设备进行流水线生产已不适合现在的多品种、小批量、短生命周期产品的需求环境。Flinchbaugh（1998）提出精益布局设计必须满足构建独立的部门，必要的生产支持活动分散进行，模块化、可伸缩以及可互换的物理过程等三个原则。恰当的单元化布局不但可以满足这三个原则，而且可以更好地平衡柔性和效率，改变传统生产中的"不成熟产业"现象，将浪费降至最低。

单元化布局应用中须注意的问题有：

（1）物料传递由人来完成，而非依靠传统的传送带驱动。

（2）物流动线一般按照 U 型（或 C 型）进行布局。

（3）虽然是一种成组布局形式，但设备需要按照产品的生产工艺流程紧密摆放，而非传统成组布局中依照功能相似性紧密摆放。

（4）员工所完成的任务多样，所以要求其具备多项技能。

（5）单元空间狭小，一般使用的设备均属小型、慢速设备，传统的大型、自动化设备会阻碍此类布局的实施。

（6）每个工作站，甚至每个设备都装有灯号进行配合生产，在出现问题的时候会自动报警并停止生产。

3.2.5　精益布局设计方法

1. 系统布置设计

自 20 世纪 50 年代以来，西方国家的很多专家对工厂布置和物流展开了系统的分析与研究，提出了很多定性和定量的工厂布置方法，其中最著名的和最具有代表性的是理查德·缪瑟的 SLP，如图 3-21 所示。按照 SLP 程序，系统布置一般经过如下步骤：

（1）准备原始资料。在系统布置设计开始时，首先必须明确给出基本要素的原始资料。这些要素主要是指 P、Q、R、S、T 五要素。同时需要对作业单位的划分情况进行分析，通过分解与合并，得到最佳的作业单位划分结果。对这些资料的收集整理，是系统布置设计效果的关键。

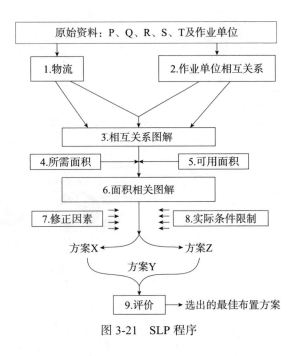

图 3-21　SLP 程序

（2）物流分析与作业单位相互关系分析。在某些以生产流程为主的工厂，物料移动是工艺过程的主要部分，如一般的机械制造厂，物流分析是系统布置设计中最重要的方面；对某些辅助服务部门或某些物流量小的工厂来说，各作业单位之间的相互关系（非物流联系）比较重要；介于上述两者之间的工厂，则需要综合考虑作业单位之间物流与非物流的相互关系。

物流分析的结果可用物流强度等级表（见表 3-4）及物流相关表（见表 3-5）来表示。各作业单位之间的相互关系可以用量化的非物流关系密级表（见表 3-6）及相互关系表（见表 3-7）来表示。当需要综合考虑各作业单位之间物流与非物流的相互关系时，可以采用简单加权的方法将物流相关表及各作业单位之间相互关系表制成综合相互关系表。

表 3-4　物流强度等级表

物流强度等级	符号	物流路线比例（%）	承担的物流量比例（%）
超高物流强度	A	10	40
特高物流强度	E	30	30
较大物流强度	I	30	20
一般物流强度	O	40	10
可忽略搬运	U		
不可靠近	X		

表 3-5　物流相关表示意

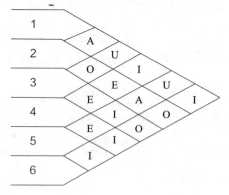

表 3-6　非物流关系密级表

非物流关系密级	A	E	I	O	U	X
实际含义	绝对必要	特别重要	重要	一般	不重要	不要靠近
所占比例 %	2%～5%	3%～10%	5%～15%	10%～25%	45%～80%	不希望接近，视情况而定

表 3-7　非物流相互关系表（示意）

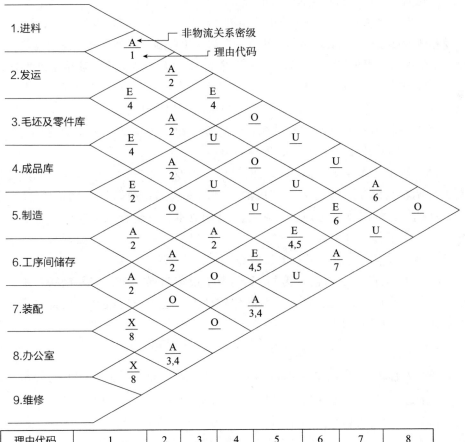

理由代码	1	2	3	4	5	6	7	8
理由	用同一场地或站台	物流	服务	方便	库存控制	联系	零件流动	清洁

（3）绘制作业单位位置相关图。根据
物流相关表与作业单位相互关系表，考虑
每对作业单位间相互关系等级的高低，决
定两作业单位相对位置的远近，得出各作
业单位之间的相对位置关系，有些资料也
称之为拓扑关系。这时并未考虑各作业单
位具体的占地面积，得到的仅是作业单位
的相对位置，叫作位置相关图，如图 3-22
所示。其中，将 A 级关系的作业单位用短

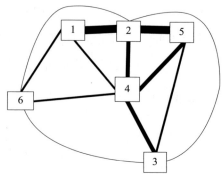

图 3-22　位置相关图

的特粗线或四条 "⟋⟋⟋⟋" 线来表示，E 级关系作业单位的长度为 A 级关系作业单位长
度的 2 倍左右，用稍粗线或三条线 "⟋⟋⟋" 来表示，I 级、O 级关系作业单位以此类推。

（4）作业单位占地面积计算。各作业单位所需占地面积与设备、人员、通
道及辅助装置等有关，计算出的面积应与可用面积相适应。

（5）绘制作业单位面积相关图。把各作业单位占地面积附到作业单位位置
相关图上，就形成了作业单位面积相关图。

（6）修正。作业单位面积相关图只是一个原始布置图，还需要根据其他因
素进行调整与修正。此时需要考虑的修正因素包括物料搬运方式、操作方式、
库存周期等，同时需要考虑实际限制条件如成本、安全和人员倾向等方面是否
允许。考虑了各种修正因素与实际限制条件以后，对作业单位面积相关图进行
调整，得出数个有价值的可行的设施布局方案。

（7）方案评价与择优。针对得到的数个设施布局方案，需要进行技术、费
用及其他因素评价，通过对各方案的比较评价，选出或再次修正设计方案，得
到最佳设施布局方案图。

2. 精益布局设计的实施步骤

精益布局设计的实施步骤在系统布置设计方法的基础上，根据精益布局设
计的从源头消除浪费的核心思想，进行了适当修正，与 20 世纪 90 年代由威
廉·温拿等提出的战略型布局设计（Strategic Facilities Planning，SFP）的步骤
基本一致。精益布局设计的实施步骤主要包括以下几方面内容：

（1）精益价值流分析。根据精益原则，对整个生产系统的生产过程及生产工艺
流程进行价值流分析与优化，对企业业务流程和各类产品的生产工艺过程进行重组。

（2）产品归类分析。对生产系统内的产品进行 P-Q 图分析。首先，对各种

产品、材料或有关生产项目分组归类；再统计或计算每一组或每一类的数量。一般产量的计算单位是件数、重量或体积等。P-Q 图分析是划分作业单位的基础，如图 3-23 所示。

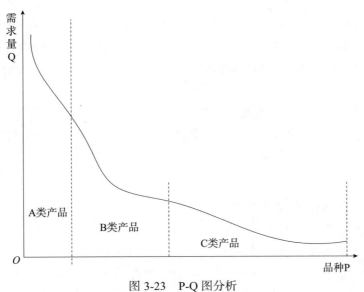

图 3-23　P-Q 图分析

根据各类产品类型的需求特征，确定其设施布局基本流动形式。如图 3-23 中，A 类产品需求量大、品种少，适用于大量生产类型，设备可以产品为导向单独设置一个流水线布局；而 C 类产品数量少、品种多，适合于按工艺原则布局或设置将相似工艺流程的产品归为一条生产线的 U 型布局；B 类产品品种中等、需求量中等，可根据其工艺流程设置混合布局或 U 型单元化布局等。

（3）确定各产品类型及布局基本流动形式。根据各类产品的市场需求特征，确定其设施布局基本流动形式。如图 3-23 所示，A 类产品的产品数量多、品种少，适用于大量生产类型，设备可以产品为导向单独设置一个流水线布局；而 C 类产品的产品数量少、品种多，适合于按生产工艺原则布局或将相似生产工艺流程的产品归为一条生产线的 U 型布局，B 类产品的产品品种中等、数量中等，可根据其生产工艺流程混合布局或 U 型单元化布局等。

（4）建立精益布局设计的数学模型并计算：①根据精益布局设计的准则，明确各目标以及权重，建立其多目标函数模型；②根据生产系统现有条件以及精益生产的要求构建其约束模型；③合理选择计算方法，设定各类智能计算过程的原理与优选路径选择依据；④最终，计算结果。在这一步，如果问题复杂性较低，也可采用系统布置设计方法中的作业单位相互关系分析法进行分析，最终获得各作业单位之间的位置关系。

（5）计算结果分析与规划方案的提出。通过智能计算方法可以得到最优解或近似最优解。一般根据智能计算方法可计算出几个较优的规划方案，再进行仿真规划，最终选择最优方案。所计算的结果，如果因一些客观因素的影响无法直接套用，则可以按照现场实际条件或一些定性因素，进行方案调整，最终提出规划方案。

（6）精益布局设计方案仿真实施与评价选择。最终，对所有选择的精益布局设计方案进行仿真实施，评价各方案的可行性和优劣性，选择最优的方案。其中，评价指标体系的构建和评价方法的选择仍然很重要，在后面的章节中有专门讨论。

3. 精益布局设计基本要素分析

精益布局设计的基本要素是完成生产系统精益布局设计所必须掌握的数据和资料。在系统布置设计方法中，将产品（P）、数量（Q）、生产工艺过程（R）、辅助部门（S）及生产时间安排（T）等作为工厂设施布局设计的基本要素，通过对这些要素进行分析，获得不同设施之间的相互关系。精益布局设计与系统布置设计方法目标相似，也是对生产系统内各设施进行合理的布局设计与有效连接，因此收集所需的资料和数据时仍然需要思考以下几个问题：

（1）生产系统生产什么样的产品？需要什么样的设备？（What?）

（2）这些产品的生产工艺过程或价值流过程如何？（How?）

（3）生产系统内包含哪些活动单元？如何配置？（Which?）

（4）各生产设施之间物流关系与非物流关系如何？（How?）

（5）每个设施需要多大空间？形状如何？（How?）

（6）生产设施应该如何布局？（Where?）

（7）需要在什么时间点、用多长时间将这些产品生产出来？（When?）

通过上述七个问题，归纳出精益布局设计的基本要素，即所需生产的产品类型、产品需求量、生产工艺流程、交货时间、生产所需设备（M）、空间结构特征（K）等几个要素。

（1）产品类型。产品类型是在生产系统内所生产的产品种类，一般由生产系统内生产纲领或生产计划来给定。产品类型一定是根据顾客需求确定的，甚至有时会根据市场需求特征,对生产系统内所需生产的零部件进行临时调整。

(2)产品需求量。各类产品需求量决定生产该产品所需设施的负荷、设施之间的物料搬运量、搬运成本等,在一定程度上决定生产节拍。

(3)生产工艺流程。生产工艺流程决定物料在生产系统内的流动方向和路径。很多传统制造企业的生产工艺流程设计是在产品设计阶段就已确定的,将其视作已知条件,但多数传统制造业中的生产工艺流程本身就存在浪费,因此在精益布局设计中,需将其通过价值流分析进行优化后再分析。

(4)交货时间。实施精益管理的企业中,将根据产品交货时间和产品需求量决定产品生产节拍,将产品在恰当的时间,以恰当的数量送达顾客,大幅度减少生产系统内部的等待、库存等不必要浪费。

(5)生产所需设备。实施精益管理的企业在设备选择上与传统工厂"大而全"的理念完全不同,前者在精益思想的指导下提出了"小而专"的性能要求,同时,在设备底部安装各种方便移动的脚轮等工具来降低设施重置成本,提高重置速度,方便持续改善。

(6)空间结构特征。每个生产系统的构建都是在一定空间内进行的。空间大小、形状特征等在一定程度上影响其内部空间组织设计结果和运作效率。

4. 生产工艺过程精益化

生产工艺过程是精益布局设计的重要依据。Kevin Duggan说,对传统布局中的静态布局与精益设计中的动态布局的辨别很重要,精益布局是更加关注价值流的动态布局形式。一旦生产工艺过程不合理,后面的布局设计必将不合理,因此,基于价值流动视角对整个生产工艺过程进行优化,是精益布局设计的基础。目前,对产品生产工艺过程进行分析的有效工具为价值流图分析技术。

(1)应用价值流图分析技术的基本过程。价值流图分析技术基于顾客价值理论,将生产过程分为能确切创造价值的活动(第一类活动)、虽然不创造价值但在现有技术和生产条件下不可避免的活动(第二类活动)、不创造价值且可立即去掉的活动(第三类活动)。其中,第一类活动代表顾客所需要而且愿意支付的产品部分,因此在价值流分析过程中要消除一切属于第三类的活动,尽量减少第二类活动,对生产工艺流程进行不断的技术改善。多年的实践经验表明,价值流图分析技术为制造企业对生产工艺过程的改善与重新设计提供了科学的参考依据。因此,生产工艺过程精益化中价值流图的绘制和调整是核心内容。

应用价值流图分析技术来进行产品生产工艺过程精益化的一般步骤如下：

1）顾客价值的确定。顾客价值的确定是根据顾客需求信息，分析顾客真正需要的产品功能，确定其愿意接受而为其支付费用的产品价值。根据顾客需求产品特性确定顾客价值，为下一步价值流图分析奠定基础。

2）绘制价值流图。在每个产品簇中挑选出较具代表性的产品，绘制其生产的整个价值流动过程，详细记录相关信息，包括工序、搬运距离、生产时间、操作人数、等待时间等。在产品生产流程绘制时，应根据产品生产工艺从左到右绘制，而不需要考虑生产布局。在初步绘制的价值流图中，详细描述各工序所需时间、增值时间、库存、信息的传递过程，以便识别价值流过程中的增值活动、非增值活动和可消除的活动等内容。价值流图的基本结构如图 3-24 所示。

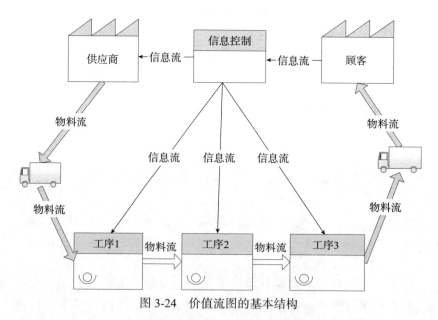

图 3-24 价值流图的基本结构

3）分析所绘制的价值流现状图。一般采用"5W1H"询问法详细分析价值流图。用"5W1H"询问法分析时，通常要回答以下几个关键问题：

①节拍时间是多少？

②建立一个成品仓库，还是直接运送？

③哪里可以实施连续流？

④哪里可以应用"超市"与拉动系统？

⑤哪一个工位是生产链的定拍工序，可用来安排生产计划吗？

⑥如何在定拍工序里均衡生产不同产品？

⑦在定拍工序生产与提取的批量是多少？

⑧为了实现"流动"，是否需要改变所需设备或生产工艺过程？

"5W1H"询问法可发现现有价值流过程中存在的多余的搬运、滞留和生产环节，对多余的工作进行合并或消除，简化程序，改变部分生产工艺操作，实现价值流的改善。

4）绘制价值流未来状图。探寻在初步设计的生产流程中可消除的活动，对整个生产流程进行精益优化，绘制价值流未来状图。在价值流未来状图中，应做到：第一，尽可能创建连续流，即每次生产一件产品，从上道工序到下道工序做到中间没有停顿；第二，不能实现连续流时，建立一个"超市"控制生产或以"先入先出"的方法，取代"超市"，保持上下两道工序之间的物料流动。在绘制价值流未来状图时应遵循以下原则：

原则1：价值流的产出与顾客需求匹配。

价值流是以顾客需求为核心进行的各增值活动的集成，因此，价值流的优化首先要满足顾客需求。从顾客需求逆向分析，了解顾客需求的产品数量、特点、时间、地点等属性，将顾客需求信息转变为生产系统的功能需求。根据这些功能需求对价值流现状图提出有效的改善方案，形成价值流未来状图。

原则2：尽量建立连续流。

等待和库存不增加任何价值，反而会消耗一定的生产资源，是精益思想下要消除的浪费，而产品生产中的连续流可以有效消除生产过程中的等待、库存等浪费成为价值链优化中的重要原则之一。

原则3：标准化工作，提升工作的稳定性。

生产系统内，生产工作的稳定性高低影响产品生产周期控制的难易程度。尤其在人工生产占比较高的生产系统内，因人的影响无法有效控制其生产速度。而标准化工作，通过对员工生产动作、过程的标准化，在一定程度上减少不确定因素，提升工作的稳定性，成为价值链优化的另一个重要原则。

（2）价值流图分析技术应用举例。某制造企业TC装配生产线专门负责客户的CD345车型和CD340车型的装配工作。该装配生产线目前有4个工位，前3个工位负责装配，最后一个工位负责终检和包装，各工位之间采取直线型布局，每个工位前放置其所需零部件，投料员每隔两个小时巡线投料一次，两个工位间均有垃圾箱,用来投放工作过程中产生的废弃物,成品投放于工位右侧成品料架。根据该企业实际运作情况,用所测得的数据绘制出其价值流现状图,见图 3-25。

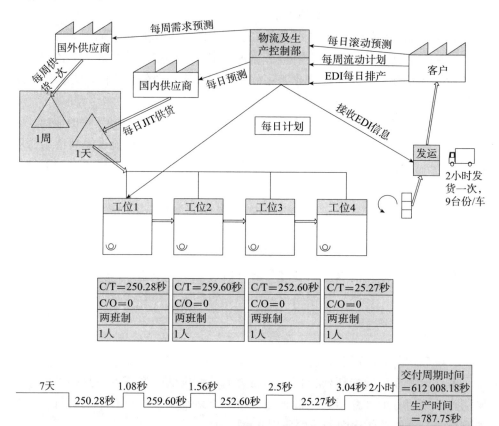

图 3-25 某制造企业 TC 装配生产线价值流现状图

对所绘制出的价值流现状图进行分析可发现以下问题:存在多余工序,布局不紧凑,存在搬运和等待时间浪费,成品料架和零部件料架均需要改善。针对这些问题,提出相应改进策略:

1)取消工位 4,将工位 3 的自检改为终检,并取消包装。

2)将物料架改为流利式料架,方便拿取。

3)将垃圾箱放置于工位前,零部件料架下侧,缩短工位间距离。

根据对 TC 装配生产线的现状进行分析并提出改进策略后,对现有生产线进行了微调,并绘制出其价值流未来状图,如图 3-26 所示。

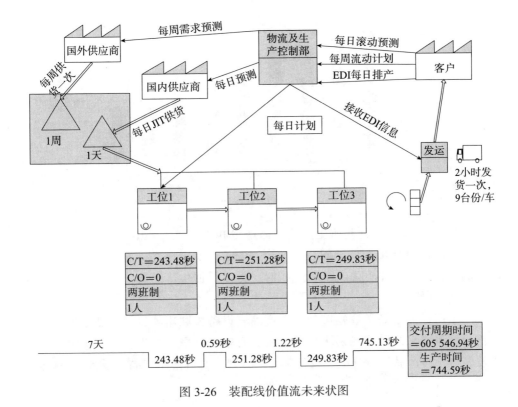

图 3-26 装配线价值流未来状图

5. 空间组织关系分析

在确定了生产工艺过程精益优化之后，下一步是开展面向精益布局的空间组织关系分析，以明确离散生产系统内各设施之间的相互关系，它是精益布局设计的基础。常用的技术包括 P-Q 图分析技术、产品－设备关联矩阵技术和空间关系图技术。

（1）P-Q 图分析技术。P-Q 图分析技术是对生产系统内产品需求进行分析时，比较常用的一种技术。在 P-Q 图中，P 代表产品，Q 代表数量，通过绘制 P-Q 图可以了解到生产系统内哪些产品需求量较大，哪些产品需求量较小，从而确定出重要产品和次要产品等，以便采取不同的管理策略，为一些需求量大而需求频繁的产品设置专用生产线，而为其他产品设置共线或混流生产线。P-Q 图如图 3-27 所示。

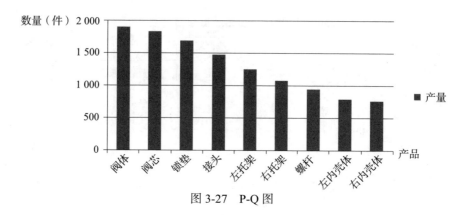

图 3-27　P-Q 图

从图 3-27 看，该企业所生产的产品产量相差不大，没有明显的 ABC 分类特征，但总体呈现出阀体、阀芯、锁垫等产品产量占比高，而壳体类产品产量较低的特征，进行生产工艺流程分析时，可以根据生产工艺流程或其他指标进行再次分类研究。

（2）产品 – 设备关联矩阵技术。产品 – 设备关联矩阵也称产品矩阵图，是分析小批量、多品种市场需求特性产品的有效工具之一。当生产系统内产品种类较多时，对产品进行分组、设备单元进行划分时可使用产品 – 设备关联矩阵。产品 – 设备关联矩阵如表 3-8、表 3-9 所示。

表 3-8　产品 – 设备关联矩阵（一）

单位：分

设备	产品					
	阀体	阀芯	锁垫	接头	左内壳体	右托架
立式车床					1	
钳工台	1	1	2	2	2	2
龙门铣床					2	
卧式镗铣床					2	
摇臂钻床			1	2	1	2
立式钻床	1	2				
普通车床	3	3				
外圆磨床		1				
卧式镗床						2
立式铣床			2	4		1
检验台	1	1	1	1	1	1

表 3-9　产品－设备关联矩阵（二）

设备	产品					
	阀体	阀芯	锁垫	接头	左内壳体	右托架
立式车床					2	
钳工台	4	5	2	2、4	1、3、6	1、5
龙门铣床					4	
卧式镗铣床					5、7	
摇臂钻床			3	3	8	2
立式钻床	2	4				
普通车床	1、3	1、3				
外圆磨床		2				
卧式镗床						3
立式铣床			1	1		4
检验台	5	6	4		9	6

表 3-8 是一种产品－设备关联矩阵，其中矩阵中的数字代表生产不同零部件时在设备上所需的操作时间，通过表 3-8 可明显了解各产品与生产系统内各设备之间的关系和各设备的负荷；表 3-9 也是一种产品－设备关联矩阵，但矩阵中的数字不再代表时间，而是代表各产品在设备上的加工顺序，从该表中基本可以了解各产品生产工艺流程与各设备之间的关联秩序，这是精益布局设计之前所必须了解和掌握的内容。

（3）空间关系图技术。空间关系图，也被称为物流连线图或物流图，是一种在原有生产工艺流程图的基础上，以图形的形式，使用表示不同关联的线条，把所有产品的生产工艺流程与实际物料搬运路线表达出来的方式。空间关系图一般将作业单位用一些简单的几何图形如圆形、三角形、矩形等通用表达形式表示，将各作业单位之间的物流关系根据其物流量强度等级，用粗或细的连线表达，在线旁标注物流量、物流起止点、流向等内容，如图 3-28 所示。空间关系图一般适用于描绘某个作业或物料的物理流动过程，识别非增值活动过程等各类精益性分析与改善活动。

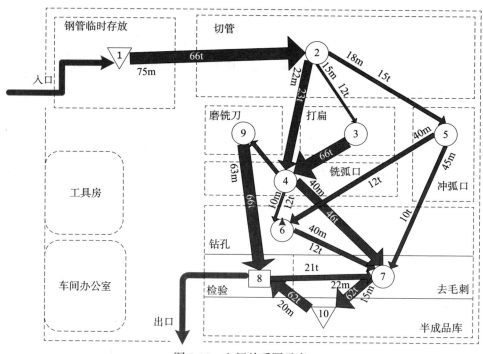

图 3-28　空间关系图示意

空间关系图是生产系统精益设计与布局过程中的常用工具。因布局方案的合理性最主要体现在生产系统内的物料搬运距离上，而空间关系图因其表达直观、应用简单等优势，成为最有效的空间组织关系分析技术。在精益布局设计中，遵循"量距积最短"的原则，将空间关系图中物流关系较密切的两个设施布置在较近的位置，实现总的物料搬运距离最短。如果物流关系较密切的两个设施放置的位置较远，则认为该布局方案不是最优，应重点调整该两个设施的位置，对现有布局进行改善。

3.3　精益布局设计方案的评价

精益布局设计方案的评价是一个战略性的问题，评价结果直接影响所构建的生产系统成本和效率等重要性能。应根据生产系统复杂程度、关键绩效指标特性，选择不同方法对方案进行科学、合理的评价与选择。目前，在精益布局设计方案评价过程中，如果生产系统布局选择以物流量为主要衡量依据，可用物流简图分析评价法、流量距离坐标图评价法等简便的定量方法；如果生产系统布局选择考虑的因素较复杂多样，可用综合评价方法。

3.3.1　物流简图分析评价法

物流简图分析评价法，是将所提出的设施布局方案绘制到平面图上，并将各设施间的物料搬运方向、距离和量直观表示出来的一种方法。

物流简图分析评价法的分析依据是物流量大或关系较紧密的设施应该配置得相对邻近，物流量较少的设施应配置得相对较远。如图 3-29 所示，设施 1 和设施 2 之间，设施 8 和设施 9 之间的物流量较大，都是 66t，但是它们两组内的空间距离都设置得较远，因此，可认为这个方案有不妥之处，应对其进行改善或选择其他更优方案。物流简图分析评价法相对简单、直观，当设施数量较少时较为适用。

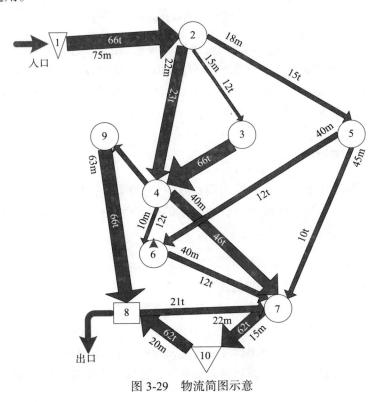

图 3-29　物流简图示意

3.3.2 流量距离坐标图评价法

流量距离坐标图评价法，是分别以设施间的物流量和距离作为 X 轴、Y 轴，将所涉及的设施之间的空间关系标号，并按照设施之间的物流量和距离分别标注在坐标图上的一种方法。流量距离坐标图评价法的示意如图 3-30 所示。

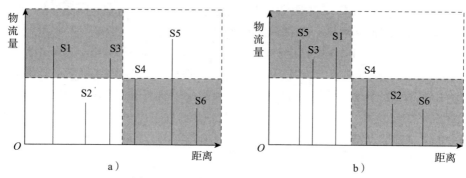

图 3-30　流量距离坐标图评价法的示意

在此坐标图中，设施的配置仍然遵循物流量大的应距离近，物流量小的距离可以适当远一些的原则，在图中灰色区域的关系越多、白色区域关系越少，该方案的优势越明显。流量距离坐标图评价法比物流简图分析评价法还要简单、直观，而且在设施内空间关系特别多时，评价更加便捷。

3.3.3 综合评价方法

精益布局设计是一个复杂的工程。方案评价所要考虑的因素较多，相互之间有影响。因此，为了保证所评价的方案的合理性及科学性，需要采用一些综合的数量分析方法对整体方案进行评价。

1. 精益布局设计方案评价指标体系内容

根据前文所述精益布局的功能性特点，确定生产系统精益布局设计的共同愿景为从源头消除浪费，具体目标为恰当地满足顾客需求，让股东满意，消除生产过程中的浪费，方便持续改善。因此，基于平衡计分卡方法，从顾客视角、股东视角、生产/运作视角、持续改善视角和可持续发展视角五个方面构建生产系统精益布局设计方案的评价指标。生产系统精益布局设计评价指标体系如图 3-31 所示。

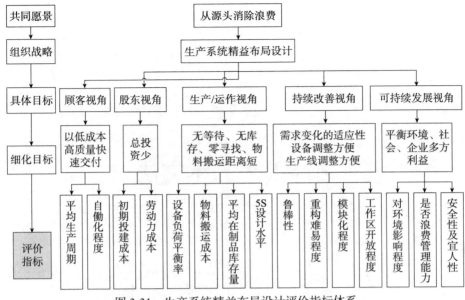

图 3-31　生产系统精益布局设计评价指标体系

2. 评价指标权重的科学判定

评价指标权重的科学判定是生产系统精益布局设计方案评价中的一个重要组成部分。根据评价指标权重的判定方法，一般将其划分为主观判定法、客观判定法、主客观综合判定法三种类型。其中，主观判定法是由专家根据经验进行主观判断而赋权重，然后对相关指标进行综合评价的方法，如德尔菲法、逐对比较法、层次分析法、模糊综合评价法、多属性决策法等。主观判定法因其简便性，在实践中得到较为广泛的应用，但由于受到判定专家的主观经验影响较大，缺乏客观性和准确性。而客观判定法则根据历史数据研究指标之间的相互关系与评价结果的关系进行综合评价，主要有熵权法、主成分分析法、关联函数法等。客观判定法的数据来源于实际数据，所判定的结果具有较强的客观性，但没有考虑到决策者的主观意愿且计算烦琐。针对主观判定法和客观判定法的优缺点，学者们提出了主客观综合判定法，如组合权重判定法（AHP-熵权法）、多属性决策的组合赋权法等多种方法。

3. 评价与选择

根据以上方法所确定的评价指标权重，评价小组将各方案要素评点结果列出，将各方案的评点值与权数值相乘合计后加以汇总比较，从而选出最优方案。

第4章

精益生产技术方法

精益生产技术是精益管理理论的核心内容，70 多年前丰田通过立足于现场，结合工业工程的基础方法创造出以准时化生产和自働化为支柱的丰田生产方式。经过近 50 年的发展和完善，丰田将誉为精益生产的这种生产方式推广到全供应链，并借此成为汽车行业的"霸主"，后来精益生产的理念和方法也被应用到了组织运行的全系统。本章从现场问题解决的思路出发，阐述准时化生产、自働化两大技术支柱和让两大技术支柱协调统一的标准作业方法，最后着重说明以丰田为首的精益企业引以为傲的能够让整个供应链高效运行的精益物流方式。

4.1　现场管理与问题解决

4.1.1　现场管理概述

现场管理与各类具体的工具方法不同，虽然也存在相应的程序化的方法和框架，但其重点在于在改善过程中秉承的"现地现物"解决问题的思想。可以说，立足现场更加清晰地体现了精益管理的精髓，想要真正掌握精益管理也必须如此，对精益的认识仅仅停留在 5S、看板或是标准作业的层面是绝对不够的，甚至掌握既有方法也不能达到超过同行的水平。唯有立足现场，把具体的方法应用到自身产品、企业环境和企业文化中，才能使得精益思想落到实处，形成其他人不可复制的绝对竞争优势。

1. 为什么要立足现场

1992 年宏碁集团创始人施振荣，为了"再造宏碁"提出了有名的微笑曲线（Smiling Curve）理论，并将其作为宏碁的策略方向。顾名思义，微笑曲线形似微笑着的嘴，两端朝上，如图 4-1a 所示。微笑曲线说明在产业链中，附加值更多体现在两端，即设计和销售，处于中间环节的生产附加价值最低。因此产业未来应朝"微笑曲线"的两端发展，也就是企业发展要重视研发，创造知识产权，并加强客户导向的营销与服务。微笑曲线突出了两个要点，第一个附加价值，第二个是竞争的形态。

但 2004 年日本索尼（Sony）中村研究所的所长中村末广经过对数万家日本制造企业调研发现，在制造业的业务流程中，组装、生产阶段的流程有较强的价值创造力，而零件、材料以及销售、服务对企业价值的贡献有限。将上述的调查结果绘成曲线，将可以得到一个左右位低、中间位高的曲线，非常类似日本剑圣宫本武藏创造二刀流所用的两把弯刀合成的拱形曲线，因此称为武藏曲线，如图 4-1b 所示。

微笑曲线与武藏曲线所阐述的策略貌似矛盾，实际两者综合性地给出了现代制造企业的竞争策略。对于发展相对成熟的任何制造型行业，产品创新和服务优质化已经成为企业长久发展的必要条件，相对于传统企业具有产品价值上的优势。但这个价值能否得以最终体现要看另一个必要条件，即生产环节的成本控制。生产是成本发生比例最高的环节，错误的生产模式和机制产生的高成本，甚至可以超过产品创新和优质服务产生的价值，在这种情况下，企业不但没有获得高利润，反而失去了竞争的优势。所以用一句话简单概括生产现场的重要性就是：企业的钱（成本）绝大部分都在现场呢。

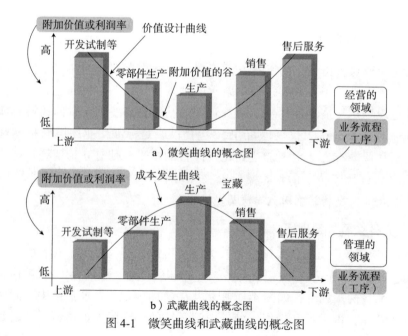

图 4-1　微笑曲线和武藏曲线的概念图

只有在现场才能最快速地找到企业发生问题的根本原因，经过多次会议、总结而传达的信息容易失真，从而将问题的解决措施引向错误的方向。无论是"大野耐一圈"还是"站桩精神"都是指在现场寻找浪费的现象和原因，在精益管理的实践者眼中，"三现主义"（现地、现物、现实）才是真正的改善手段。同时，现场是企业最大的财富——"人才"最密集的地方，在现场工作、在现场解决问题最能够引起全员的重视，也最能统一全员的意识，培养全员用统一的口径、用事实说话，完成人才育成这项企业的重要工作。用一句话简单概括：真相在现场！

2. 问题的解决

问题的解决是一个不分改善阶段的长效性的企业日常维护工作。在改善初期，各种改善工具和方法的使用，能够让问题一下都暴露出来。改善人员结合所使用的工具和方法，考虑问题的解决方案，这是一个相对范式化的过程，能够快速有效地解决各类问题，改善企业状况。当进入改善的中后期，企业的采购、生产和销售都建立起了较为完善的标准和机制，问题的出现越发随机，且不存在对应的方法工具，难以确定问题的缘由和解决方式时，就需要用新的思路来解决问题。

企业运营过程中出现的每一个问题都需要得到重视，每一个问题的解决都可能带来企业运营状况的改善。对问题的重视，体现在对问题的态度、对问题属性的探究、对问题缘由的剖析等，因为做好这些工作是问题能够真正得到解决的前提。然而，问题的解决并不一定能带来改善，能否实现企业精益管理水平的提升取决于管理人员是否找到了引发问题的真因并解决了问题。实际上，企业中存在两种应对问题的方式——对策与对应，这组词的关系类似于投资与投机。对策追求的是长期的效益，防止问题再次发生，使问题真正得到解决，而对应追求短期收益，针对异常处理异常，但异常很可能再次出现或发生转移，从长期看无法使企业得到改善。因此，追求真因，采取对策才是在保证企业长期稳定发展的前提下解决异常问题的最优思路。

4.1.2　现场管理的推进

学习问题解决最重要的是领悟其中的思想精髓，但思想是通过方法和技术而表现出来的，两者缺一不可。掌握问题解决推进方法，加之对方法和技术的理解与信任，是改善人员和管理者解决企业生产运行中异常的关键。

1．怀有问题意识

怀有问题意识，简单来说就是即使没问题也要找问题，找到问题必须解决问题的态度。但这样的态度一是难贯彻，二是难维持，尤其是作为当事人时，更容易麻痹和放弃。

我们希望改善人员和管理者对待企业中出现的每一个问题都以"出大事儿了"的心态去处理，然而现实中更多的时候是产生了诸如"这个问题是偶然发生的，随它去吧""这个问题解决到这儿就行了""这个问题以目前的技术是解决不了的""这个事情是由不可抗力引发的"等借口，来逃避对问题进行现地现物的调查和剖析，只是简单地采取对应措施，把问题糊弄过去。这种不彻底的问题意识不但解决不了问题，还错过了使企业状况得到改善的机会。

在异常尚未出现时，难点就演变成了如何保持住怀有问题意识，并坚定地去寻找和发现问题的态度。对企业而言，问题是由差距演化而来的，是从比较中产生的。因此，为了超越对手，并且不被对手超越，企业必须要做到以下三点（见图4-2）：第一是追赶对手。了解竞争对手，比较对方与自身状态上的差距，对自身的问题和状态进行分析，采取对策，努力追赶对手。第二是自我改进和提升。描绘出理想状态，并与现状进行对比，确定实现目标的障碍和可行的措施，通过

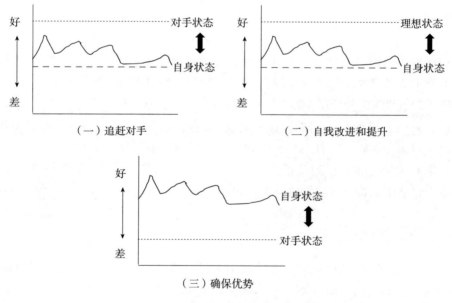

图 4-2　企业怀有问题意识的三种状态

解决问题不断向理想状态靠近。第三是确保优势。即使自身状态已经超越了竞争对手，也不能松懈，仍然需要挖掘和重视可能存在的问题，必须牢记对手也是在不断进步的。这三点之间的递进关系也表明了无论企业处于什么状态，都有需要解决的问题，"没有问题"的状态是不可能出现的。改善人员和管理者必须始终怀有问题意识，绝不轻易说没有问题，必须有理有据才能对事实进行评价。

很多时候，即使满怀问题意识，但问题不出现也是无从下手的，这时就需要掌握一定的发现问题的技巧。没有明显的问题出现，并不意味着企业的生产运营过程全都很顺利，有可能只是问题没能暴露出来而已。因此需要将潜在的问题显性化，可行的思路是重新审视现有的评价指标，并对其进行调整，从新的视角出发，找到问题切入点。举例来说，如图4-3所示，一家企业的员工离职率始终稳定在3%，未出现异常，数值也不算高，看不出问题。但是真的不存在问题吗？改变评价指标再看看。将员工按年龄分成三组，重新计算离职率，

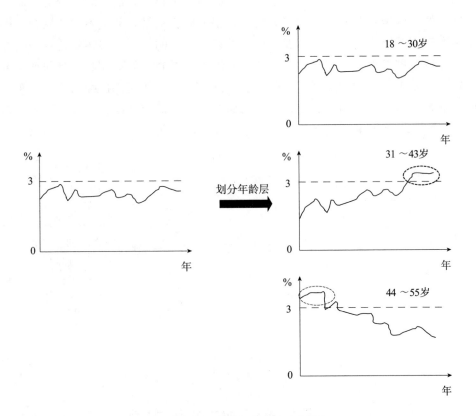

图4-3　调整指标的离职率问题

结果显示 31～43 岁的骨干人才的离职率逐年升高，且远高于其他年龄层。骨干人才的大量离职势必会造成企业的不稳定。同时，骨干人才的大量流失还会增加企业的人力成本和竞争压力，是阻碍企业发展的重大问题。在这个例子中，当评价指标设置不当时，骨干人才离职率高的问题就隐藏在了平稳的离职率之下，而当适当调整评价指标后，问题便一下就暴露了出来，可见评价指标的界定和调整对发现企业的潜在问题是多么重要。

2. 生产现场问题解决的预处理

在对问题进行剖析和解决之前，需要先进行一些预处理工作，例如：对问题进行整理，确定问题的发生地点，判断问题发生的特性等。

在我们寻找和挖掘问题的过程中，会发现突然出现了很多相似但又不完全相同的问题，难以确定究竟哪个问题是核心，哪个问题是具体表现。这种混乱的问题呈现形式使得我们无从下手，因此必须先进行问题的整理和分类。需要将同类的问题聚集起来，分析其异同，并根据分析的结果分出不同的层级，确定出属于不同层级的问题。一般来说，颗粒度最细的一层的问题就是我们改善的切入点。接下来，我们通过一个简单的例子来说明（见图 4-4）。当前存在的问题为：汽车车身上划痕多，车门把手上部有划痕，车底部边缘划痕多，车门框后部有划痕，右车门划痕多，左车门划痕多，防擦装饰条下部有划痕等。稍作分析即可发现这些问题既有并列关系，又有因果关系。分层来看，突出问题

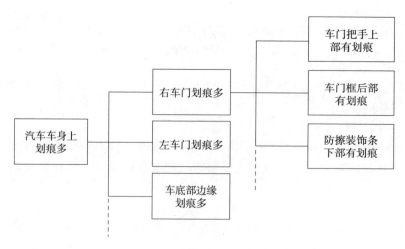

图 4-4　汽车车身划痕问题的整理分类举例

的总述就是车身上划痕多；接下来的一层则是右车门划痕多、左车门划痕多、车底部边缘划痕多；再继续探究右车门划痕多，是因为车门把手上部有划痕、车门框后部有划痕、防擦装饰条下部有划痕等。对问题整理至此，突出问题已经被分解成若干个独立的问题，每一处问题的原因都不尽相同，则可以进行下一阶段的预处理工作了。

对于每一个独立的问题，都需要先确定其实际发生的地点，只有现地现物地调查，才可能找到真因。问题发生地点的追溯应遵循一定的方法和流程，图4-5展示了针对上文提到的汽车车身划痕问题应该如何追溯其发生的地点。

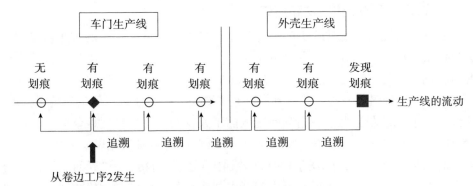

图4-5 车身划痕问题发生地点追溯

从发现问题的地点开始向前工序追溯，这个工作若是在丰田或是精益管理水平较高的企业是比较容易完成的，因为它们有着确定的物流流动线路和先进先出的存储机制，甚至在自工序完结的作用下根本无须追溯，因为有问题的物品几乎不可能流出。然而，对于没有建立起物料流动和存储机制，又有很多分流、合流的制造企业，想要准确追溯到发生问题的工序是很困难的。因此，对于生产混乱、机制不健全的企业来说，在问题解决前，需要先做好库存机制建立、整流化、标准化等改善工作。

对于已经确定了发生地点的问题，就可以现地现物地观察现实情况，了解问题究竟是如何发生的，也就是需要判断问题表现的属性，即问题或异常的出现是突然发生的，还是以前就存在；问题的出现是离散的，还是连续的，若是离散的，是否存在周期性等。这一系列的属性调查，实际上是非常复杂的过程。改善人员和管理者需要非常细致地综合各方面的信息，绝不能片面地听取信息、下结论，防止被"突然发生"这样的说辞所欺骗。因为"突然发生"的现象很可能不是真实的，它可能是慢慢改变但突然被注意到的；也可能是换了检查员，才突然注意到的；还可能是之前就存在问题，但刚刚接到投诉等。所以改善人员和管理者在进行问题属性调查时，一定要非常的耐心和细心，准确把握问题发生的趋势，为后续的问题分析和采取对策做准备。

问题集中整理、问题发生地点追溯、问题属性判断这三个预处理工作，是问题得以解决的重要保障。只有分析并找到能够直接解决的独立问题，现地现物地进行调查，确定问题的属性，才能够进行准确的分析，并采取可行的措施，否则将是真因难求，问题再次发生。

3. 追求真因的推进方法和要点

正如前文所述，问题解决的关键是追求真因，而追求真因的方法就是"五次为什么分析法"。"五次为什么分析法"，又称"五问法"，由丰田前社长大野耐一首创。"五问法"来源于一次新闻发布会，有人问，丰田的汽车质量为什么这么好？大野耐一回答：我碰到问题至少要问五个为什么。他崇尚现场管理，总是爱在车间走来走去，一遇到问题就向工人发问，反反复复地就问一个问题"为什么"，直到回答令他满意，被问到的人心里也明白为止。实际上，"五问法"的思想古已有之，也就是"打破砂锅问到底"的精神。"五问法"的关键就在于鼓励改善人员和管理者努力避开主观或自负的假设和逻辑陷阱，从结果着手，沿着因果关系的链条，突破不同的事实层面，直至找出原有问题的根本原因。

接下来，我们通过一个简单的流程图来讲述寻找真因的推进方法（见图4-6）。当发现不合格情况的事实后，首先需要推定可能是原因的事实，这部分的工作主要依靠改善人员和管理者的经验。改善人员和管理者需要对不合格情况现场的机器设备、物料、信息等进行观察，人员也需要向现场的员工寻求一些帮助，才能举出有依据的可能成为原因的事实。当可能的原因确定后，则需要对事实进行确认。所谓对事实的确认，必须是改善人员和管理者现地现物地对事实进行调查研究，其所有结论源于实物，而不是别人的叙述，所有调查始于足下，而不是仅靠双眼，当一件事情想不明白的时候，就动手去做，去搞明白，只有秉持这样一丝不苟的、执着的态度才可能找到真因。

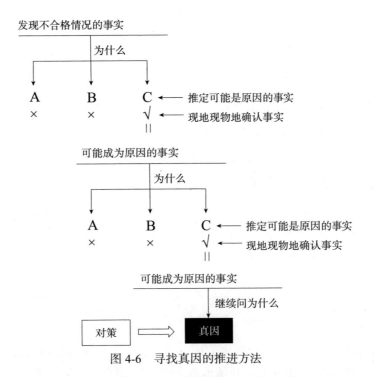

图 4-6　寻找真因的推进方法

举一个实际的例子来进行说明（见图 4-7），在企业生产过程中一台设备突然停止运转，观察发现其加工单元偏离原定位置，设备加工超时。确定设备故障的事实后，就需要对其原因进行分析。根据设备加工单元偏离原定位置可以发现其限位开关没有工作，若将此作为原因，直接更换限位开关，可以暂时处理好这次异常。然而正确的思路应是继续向下探究：限位开关为什么没有工作？是因为冷却液进入限位开关。为什么冷却液会进去？是因为限位开关安装在了冷却液的出口处。若将此作为原因，将限位开关移动到远离冷却液出口的地方，则限位开关失效的可能性就会降低很多，设备也不会反复停止运转了。在这个例子中，直接更换限位开关，是针对问"为什么"不彻底时获得的原因，而实施的对应措施。移动限位开关的位置则是针对真因而采取的对策，能够有效防止限位开关再次失效而造成的设备故障。由此也能够看出，只有多问几个为什么才能够彻底解决问题，防止再发生类似问题。

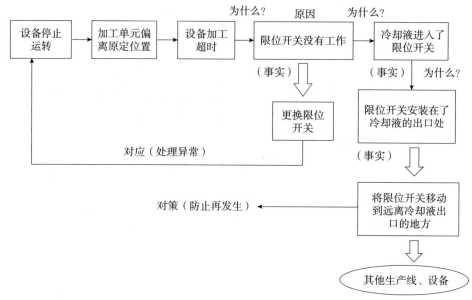

图 4-7　设备故障的真因寻找过程

　　追问为什么的过程并不是随便问问就可以的，必须遵循一些要点进行描述，准确确定因果关系，才可能顺利地推进，直至找到真因。第一个要点就是单纯地描述事实，即在给出的原因中不能包含因果关系，同时尽量做到大致用 10 个字把事实忠实地描述出来。比如说异常情况是"手被卡扣夹住了"，对其提问，找到的原因是操作人员慌乱了。他在按下开关后，才注意到工件放歪了而想要去纠正，慌乱之中把手伸了进去。对于这样的事实再提问，可能就只能问为什么会慌乱了，追问到这里就难以继续推进。然而，如果对原因的描述是卡扣松动了，再继续追问的话也能够找到对应的事实。仅是描述上的偏差，就可能造成追问的中断，可见单纯描述事实对"五问法"推进的重要性。

　　第二个要点是关于因果关系的建立，因果关系逆向也要成立。为了使因果关系正向和逆向都成立，需要保证给出原因的准确和直接，切忌模糊表达。例如，关于为什么打高尔夫球时，打出了曲球，给出的原因是棒头击打球面角度太大。然而棒头击打球面角度大并不一定会打出曲球，逆向来看，这个因果关系不一定不成立。由于逆向并不一定成立，且原因表述模糊，追问很难再继续向下推进。如果准确而直接地给出原因，打出曲球是因为给球加了横向力，继续往下追问可分析横向力的来源，或许就可以找到真因了。

　　第三个要点，也是最为重要的，须保证所有的问题都基于事实，不扩展。所谓的基于事实就是要落实到能够通过自己的眼睛和手去确认的对象，所谓的不扩展就是不基于主观感受提出问题。之所以强调基于事实，不扩展，是因为只有这样，问题问完后才能找到解决问题的对策。由主观感受引导而找到的原因可能是本质原因，但在精益思想下我们更倾向于去寻找能够在生产现场解决的真因。举例来说（见图4-8），工厂的减速机烧了，原因是润滑油不足，润滑油不足是因为某个设备忘记给油了。有设备存在忘记给油的情况反映了工厂的给油管理体制不完善。实际上，追问至此已经是一个独立、可解决的问题了，我们可以设计可目视化管理的给油工具，并设置定期检查单，做好日常维护来防止再发生故障。然而，如果对问题进行扩展，继续向下追问为什么给油管理体制不完善，是因为管理者对现场不够熟知，那为什么管理者对现场不够熟知，是因为经营者选错了管理者，归根结底是因为经营者不好。对于这样基于主观感受向下扩展的三级问题，并不能完全肯定或否定存在管理者知识体系不完善、经验不足、经营者能力欠缺的问题，因为既没有指标可以衡量，也没有标准可进行判断，倘若将其认定为真因，那相应的对策就应该是更换经营者。但这样的对策，一不能保证实施，二可能会给企业带来不必要的动荡，可以说基本是无效的，也完全失去了我们寻找真因、实施改善的意义。

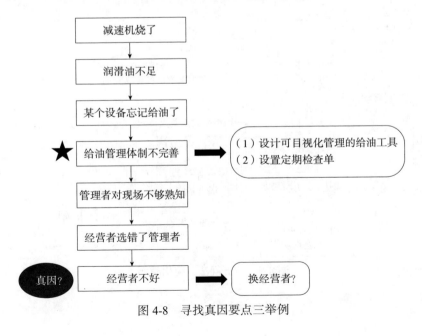

图4-8　寻找真因要点三举例

　　接下来利用一个事例来介绍"五问法"在实际中的应用，如图 4-9 所示，问题出现在汽车涂装过程中的干燥炉处，燃烧室内发生爆炸。首先，针对该问题进行现地现物调查。干燥炉的作业循环为引火枪点火，确认点火，向主火枪供应燃气，10 分钟后火枪灭火。针对爆炸问题，首先列出两个可能的直接原因：①有易爆物；②有火种。接下来继续对两个可能的直接原因进行追问，再根据现实情况找到一个可能的直接原因，即主火枪未能点着火，导致燃气一直喷出，使得燃烧室内存在大量易爆物。继续对该问题进行追问，给出三个可能导致主火枪点火失败的原因：①引火枪未点着火；②燃气与空气的混合不好；③引火枪正常点火了，但是火种太小。接下来再进行现地现物调查，根据火焰监视系统所反映的情况，发现原因①和②都不成立，则原因③被确认为可能的原因。继续向下追问，并利用一个简单的实验来确定火种小对主火枪点火带来的影响，即不断改变引火枪火焰的大小来确认主火枪的点火性，于是确定出了燃气量小是造成该问题的原因。继续追问为何燃气量会小，最终发现燃气调整阀门不合格，针对此事实采取相应对策，更换调整阀门，防止再发生类似问题。

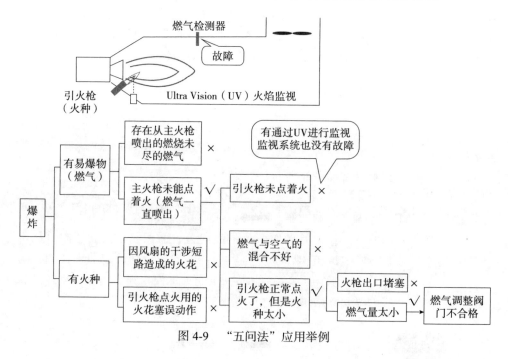

图 4-9　"五问法"应用举例

"五问法"作为解决问题的核心，需要的是"打破砂锅问到底"的精神，以及对要点的理解和把握。掌握"五问法"，从容面对异常情况，在稳定中寻求企业精益管理水平的提升。

4. 派生问题的解决

当异常发生时，我们直觉上都会问为什么会发生，但在实际中还可以间接考虑，从侧面入手去解决问题，这样做不但能够解决本次异常，还能防止类似异常现象的发生，实现整体管理水平的提升。就企业实际而言，间接考虑主要包括四个方面：停止、流出、复原和质量条件保证。

其中，停止是问为什么出现异常了，设备却没有停止运行。这一考虑体现了自働化的思想，表现为一旦发生异常，设备就会自动停止，避免继续犯错的质量管理模式。

流出是问为什么出现异常了，工件还是流出到后工序了。这同样体现了质量管理的要求，其中的自工序完结要求各工序不生产、不传递、不流出异常品，每一道工序结束时都需要进行质量检查。如果能够做到一旦出现异常，设备就立即停止不再生产，且生产出的异常品不会流出该工序，则无须追溯问题发生的地点，便于问题的解决，同时实现问题损失最小化。然而，当设备不能自动停止且有异常品流出时，就需要考虑究竟是什么原因造成了这种局面。

例如，一个未钻孔的四驱（4WD）车型转向节流到了总装生产线上，对此需要考虑为什么没有钻孔，结果发现是因为进给过快，钻头断了。钻头断了，设备却没有自动停止，这样的状况使得不合格的转向节被大批地生产出来，造成了巨大的损失。经调查发现，刀具折断的检查装置一直在工作，但由于其上附着了大量切削粉末而并未起作用，因此追加了排斥反复电路来避免切削粉末的影响。同样，对于异常品流出到总装生产线的问题，主要是因为定期抽样检查的比例数恰好与混线生产的两驱（2WD）车型和四驱车型的数量比例成倍数关系，所有抽查到的转向节总是两驱车型的转向节，而四驱车型的转向节从未被抽查，这导致了异常品的流出，为此要对两种转向节分别设定抽查比例，防止不合格产品流出（见图4-10）。在这个例子里面，不仅找到了四驱车型转向节未钻孔的真因——设备循环时间（MCT）设定过短，同时也对设备的异常停止装置失效和抽检方式不合理导致流出这样的间接或衍生问题进行了解决和改善。这样对异常进行管理，可以在解决一个问题的同时解决多个现实存在的派生问题，大大提高问题解决和改善的速度。

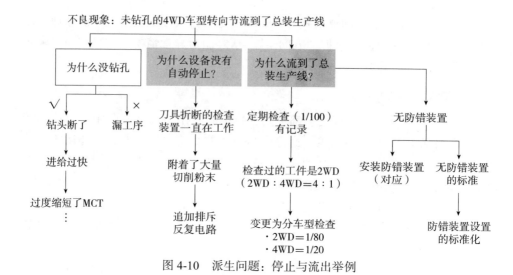

图 4-10　派生问题：停止与流出举例

关于复原为什么从异常状态恢复到正常状态需要很长的时间。这一追问是对全员质量维护应有状态的质疑。在全员参与质量管理、设备保全完善的情况下，对异常状况的处理应能够做到快速反应并有序解决。例如，焊机故障，生产线停了 2 小时之久，通过追查停线时长原因，完善了设备保全机制。对于原本由焊机故障带来的问题，从复原效率低入手，收获了比彻底解决焊机问题更为有效的全员设备维护水平的提升，这是一个比追求真因还重要的解决派生问题的例子，其基本原理就是"复原"（见图 4-11）。在丰田，更有人把这样的工

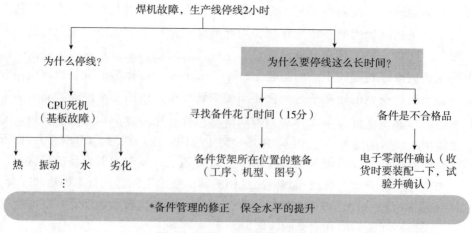

图 4-11　派生问题：复原举例

作方法称为"挽回力"，其适用范围更广，包括生产进度（计划）落后的挽回、销售量不理想的挽回等。

关于质量条件保证，同样体现了精益质量管理中的自工序完结原则，保证不生产、不传递、不流动异常品，对各工序设计自働化的质检工具、方法、设备的参数、环境条件等进行保证，在前期对制造产品的各类要件（设计要件、工艺要件、制造要件）条件进行全要素管理，这会大大避免因异常品已经产生甚至扩散带来的召回、返工等有形损失，以及客户满意度下降、商誉受损等无形损失。

派生问题实际上就是根据精益管理的基本原理对异常问题进行扩展分析，解决派生问题能够提高组织的自働化、设备保全和自工序完结水平，让问题解决成为企业真正走向精益的先导。

4.1.3　总结

精益管理下的问题解决，是真因指向型的问题解决，需要基于现实，实现本质的改善，将生产中的质量问题、设备故障等一个一个、尽早快速地解决掉。问题解决分三个步骤进行：首先现地现物地把握现实情况，确认问题；接下来，通过"五问法"追查真因；最后，迅速有效地实施改善，其中包括针对异常的本质对策，以及派生问题解决的措施。虽然问题解决的实施步骤简单明了，但实际操作中存在着非常多的注意点。第一，问题解决前必须对问题进行整理和集中，将问题进行分层归类，确定最后一层为独立有因的问题。第二，对问题的源头进行追溯，对于不可追溯的问题，先将其变得可追溯，再继续解决问题。同时，需要明确问题的属性，是属于突发事件，还是慢性事件，绝不可被貌似突发的假象所欺骗。第三，关于"五问法"所需明确的要点，包括单纯描述事实，因果关系逆向成立，问题须基于事实、不扩展，只有做到以上三点才有可能找到能够直接采取措施的真因，使问题不再发生。第四，仅仅解决问题本身是不够的，必须把握每一次异常出现的机会，将派生问题也一并解决，实现企业整体精益水平的提升。

精益管理下的问题解决不仅仅指解决问题的工具方法，更彰显了对异常追究到底进行本质改善的精神。

4.2　准时化生产的机制

4.2.1　准时化生产的历史背景

　　丰田汽车公司的前身是"丰田自动织机制作所"汽车部。丰田汽车创始人丰田喜一郎在与父亲丰田佐吉一起开发丰田自动织机（G 型机）时，看到父亲努力的身影，开始思考日本需要追求什么，应该做什么的问题。他认为资源匮乏的日本应该走工业立国的道路，即大力发展制造业。1929 年，丰田喜一郎在美国传播 G 型机，美国通用汽车的发展让丰田喜一郎深受触动，于是他下定了开发汽车的决心。丰田喜一郎不顾其他人的强烈反对，在织机工厂设立了汽车研究室，购入了生产设备，带领员工反复拆解和组装欧美汽车，研究汽车零部件的组装和生产，开始了日本本土汽车的研发和生产。丰田喜一郎发现，由于一旦后工序不能有计划地只领取必要的物料，就可能因超量接收导致过量生产而出现滞销，于是丰田喜一郎提出为了企业的存续，不能生产卖不掉的产品，只允许配送必需的部分，这种适合小规模生产、避免原料存储和浪费的办法就是准时化生产的原始构想。1937 年丰田成功实现了丰田 AA 型轿车的量产化后，因战争需要，丰田汽车不得已转向生产军用卡车。第二次世界大战结束后，日本经济也随着日本战败而跌至谷底，日本银行实施财政紧缩政策，日本汽车行业很难从银行获得贷款，丰田汽车公司生产出的汽车也卖不出去。原材料缺乏和周转资金不足的压力带给不愿裁员的丰田汽车公司巨大的经济危机和劳资矛盾。身处困境的丰田汽车公司加大了生产工艺改进和对员工培养的力度，立足于小型轿车的研制和开发，相继推出了 AE、KB、BM 等多种型号的汽车，包括丰田第一台真正意义上的自主研发的小型轿车 SA 型轿车。这给身在危机中的丰田带来了希望，丰田也逐渐步入正轨。贷款困难的现实也使丰田更加意识到保有现金流和不制造过剩产品的重要性。

　　丰田喜一郎致力于生产日本的国产汽车，为了实现汽车工业立国的愿望，请来了时任丰田汽车总部第二制造部部长的大野耐一。大野耐一为了提高生产效率反复思索，既然短时间内无法通过效仿欧美汽车企业来缩短与其之间的差距，那么就改变意识，另辟蹊径，提出了"消除浪费"的理念，并促使其发展成为丰田生产方式的基石。大野耐一受到了美国杂货连锁超市营销方法的启发，将传统的"推进方式"转变为"拉动方式"，即产品生产是根据需求从装配线的组装开始拉动的。大野耐一根据丰田喜一郎准时化生产的构想，为了创造只即时生产必要产品的环境，开始使用同期化方式管理，后来经过演变成为看板方式。1950年大野耐一带领员工在机加工工厂内建立货店，从装配工厂开始使用领取看板进行后工序领取管理。1953年开始使用生产指示看板进行后补充生产管理。大野耐一作为总部工厂厂长于1963年开始在铸造、机加工和装配线等公司内的全部工厂采用看板方式，并在1965年开始向供应商推广看板方式，通过对外购零部件采用领取看板，开始了包括供应商在内的后工序领取管理。直到20世纪70年代前期总结成丰田生产方式的准时化。

4.2.2　准时化与过程周期时间

1. 什么是准时化

所谓准时化是在必要的时候生产必要数量的必要产品，而不是在想要的时候想生产多少产品就生产多少产品。企业组织生产需要制订相应的生产计划，而生产计划不会是一成不变的，企业的生产计划会受到许多变化因素的影响，包括计划预测不准确性、市场需求的变化、不合格品的产生、原材料的短缺、员工出勤率的变化以及设备故障等。因此，企业应该使生产计划保持柔性以应对生产的波动，除此之外，生产系统本身也应具有足够的柔性，以使生产计划能够实现。

传统的计划式生产组织与控制方式是将生产计划和顺序计划下达至生产过程中的每一道工序，市场需求发生变动的时候需要各工序的生产计划均随之调整。对各工序生产计划频繁地调整不仅工作量较大、难度较高，还会造成生产现场的混乱。为了应对需求的变动，企业在各生产工序间储备在制品库存。但生产现场的大量在制品库存掩盖了生产现场存在的问题，无法区分正常和异常状态。而且当产品需求或产品设计发生更改时，已经生产的在制品可能因不再被需要而成为浪费。除此之外，把生产计划分别下达给各个工序的做法，其结果是把一个内部联系紧密的生产系统整体分割成了若干独立的个体。按计划生产的各工序只负责完成各自的生产任务，若后工序出现异常情况导致停产，前工序不去关心，仍然继续按照自己的计划生产的话，结果就会产生后工序产量不足，前工序的生产过剩，从而造成生产混乱，使生产计划与生产实绩脱离，生产不出产品的同时，生产线却存在大量不需要的在制品，导致生产效率严重下降。

　　另外，在传统的计划式生产组织与控制方式中，前工序将生产出的在制品送至后工序，这种做法往往会使后工序前存在大量在制品。由于前工序并不清楚后工序何时需要多少数量的何种在制品，前工序为了使自己处于"忙碌"状态，往往会盲目地过量生产。在不需要的时候生产出超量的零部件或在制品，并在不需要的时候不断把这些在制品送至下道工序，就会造成生产混乱。

　　因此，如果仍采取原有传统的计划式生产组织与控制方式，即生产计划下达至每一道工序，前工序生产的零部件送至后工序的方法是无法实现"在必要的时候生产必要数量的必要产品"式的准时化生产的。那么，究竟应该如何使企业生产过程中各道工序生产协调一致？如何做到根据市场需求，灵活调整生产过程？如何保证后工序在必要时刻能保有必要数量的必要在制品？

　　以大野耐一为代表的丰田管理人员受到了超市运作方式的启发，萌发出了把生产组织与控制过程倒过来的设想。在丰田的生产系统中，前后工序之间的关系是一种顾客与供应商之间的关系。后工序作为顾客，在需要生产的时刻，到前工序领取必要数量的必要在制品；而前工序作为供应商，根据后道工序领取在制品的数量，只需生产被后工序领取走的同样数量的在制品以及时补充。

2. 过程周期时间决定准时化水平

　　准时化是丰田在资金短缺的情况下为了对抗资本雄厚的美国汽车公司而想出来的办法。若想以少量资金保证生产的持续性，维持企业的生存，只能靠缩短过程周期时间，缩短从原材料购买至产品出货之间的时间来加快资金周转。缩短过程周期时间不仅能够减少资金的占用，而且与竞争公司相比能够更快地将产品交付至顾客手中。因此，过程周期时间是决定企业准时化水平高低的标准。

　　对于生产部门来说，缩短过程周期时间主要包括两个方面：①顾客从订货至收货的过程时间；②本企业从材料购买、生产、交货、资金回收的过程周期时间。

　　从顾客的角度来看，顾客根据自己企业的库存量，以定期订货或者定量订货的方式向其供应商下订单，顾客依据其从发出订单至收到货物之间的过程时间长短来决定最低库存量。如果从发出订单到收到货物间隔1个月，则需要1个月的最低库存，而如果发出订单的第二天即可收到货物，则只需要保有1天的库存就足够。库存量越少，占据的流动资金也就越少，在产品质量和价格相同的前提下，过程周期时间短的供应商更具有竞争力。

从企业本身来看，从原材料购买、产品生产到交付至顾客手中的整个过程可分为厂内生产过程和厂外物流配送过程。厂外物流配送过程根据顾客与供应商之间的距离，判断产品配送形式应选择直送、循环取货还是越库。而厂内生产过程从接收到顾客的订单开始到出货结束，包括原材料的采购、生产计划的下达、在制品在各工序环节的生产，以及最终成品的出货。如图 4-12 所示，假设一条生产线由加工、焊接和装配三道工序组成，三道工序的前后均留有 1 天的在制品库存。生产计划下达后，原材料需经过 3 天的生产和 4 天的停滞等待，7 天后才能成为最终成品发货。

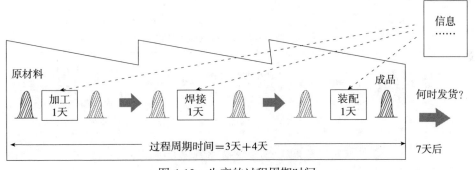

图 4-12　生产的过程周期时间

从上例可以看出，过程周期时间是由生产时间和停滞时间组成的，与生产时间相比，停滞时间非常长，这是企业运营中巨大的浪费。

3. 过程周期时间长的劣势

过程周期时间长究竟会带来哪些问题呢？在传统的生产方式下，会给企业的不同部门带来各种各样的问题。过程周期时间长需要营销部门进行长期需求预测，但长期需求预测的精度又无法得到保证。过程周期时间长往往会使营销部门不相信生产现场，为了防止机会损失，就会在需求预测过程中过多预测。过多预测需求容易产生过剩库存，最终导致过剩产品廉价出售或废弃。在传统的生产方式下，生产计划由生产管理部下达至各工序，通常以天为单位。生产计划过早地下达至前工序会造成过早地制订外购零部件采购计划。生产现场每时每刻都在变化，顾客需求、产品设计等变化因素的不确定使生产计划变更无法避免，在传统生产方式下，由于生产计划被分别下达至各工序，各工序间信息传递不及时，无法保证变更信息的正确和及时沟通。生产现场根据传统生产方式进行生产，为了不耽误正常生产，通常会过早排产且伴有生产过剩的浪费。

而当出现某种产品不合格的情况时，会选择先生产其他产品，反复变更和修改排产计划。在传统生产方式下，前工序生产出的产品直接送至后工序，无法保证在必要时间将必要量的在制品送至后工序，且无法保证制品的先进先出。除此之外，工序间储存的大量在制品会增加库存管理和盘点的工作量和难度，也会增加管理单据和票据的使用，产生额外成本。

　　总的来说，传统生产方式是在不知道生产线应该是什么样的情况下就直接进行了生产，导致了在制品、作业人员、管理难度的增加，导致了过程周期时间长，难以有效应对需求的变动。通常来说，过程周期时间越长的企业，越难以盈利，如图 4-13 所示。

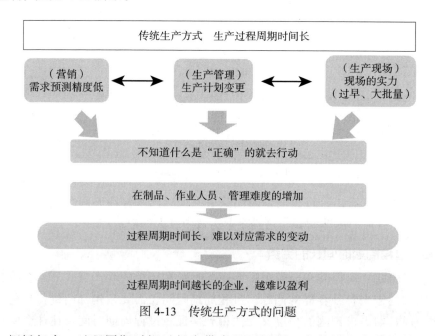

图 4-13　传统生产方式的问题

　　概括起来，过程周期时间过长会带来以下问题：容易按生产部门的需求变成大批量生产；按照长期需求预测制订生产计划，导致对需求变动的应对不够灵活，停滞现象严重。以某取暖炉企业为例，其产品分为 12 个种类，改善生产方式前每月只加工生产一类产品，而根据取暖炉企业所在地区的气候条件，每年 3 月至 10 月为销售淡季，11 月至次年 2 月为销售旺季。取暖炉企业过去依靠预测进行计划生产，但常常因预测需求量不准确而造成生产过剩，为了实现资金的回笼不得不低价销售，但低价销售的产品数量并不能反映消费者的真正需求，因此尽管这一年度依靠低价销售处理了过剩产品，却又会给第二年的预测增加难度，导致预测更加不准确。改善生产方式后，不再是每月仅加工生产一类产品，而是在每月生产所有种类的产品，在淡季完成所有种类产品预测需求量 70% 的生产，进入旺季之后，根据旺季不同产品的销售状况再确定生产数量，实现不用生产不必要的库存，生产过程中物料的流动和周转速度加快，缩短了过程周期时间。

过程周期时间变长的原因除物料的流动关系复杂且生产搬运批量较大外，更重要的是物流转运批量增加而频次减少，使得后工序销售状况无法快速传递到前工序。

4.2.3　作为准时化前提的均衡化

1. 什么是均衡化

均衡化生产在精益生产方式中具有极其重要的地位，它是实现准时化生产的前提条件，也是实现准时化生产体系目标的重要手段。通过均衡化生产，实现随时生产顾客所需要的任何种类的产品后，企业就不再需要大量的产品库存来应对顾客需求的变动。

什么是均衡化？均衡化是指把生产的产品（能够卖出去的产品）的数量和种类均衡化，目的是消除人和设备的浪费，减少原材料和成品的库存，如图 4-14 所示。需要注意的是均衡化不仅要做到当日生产产品种类和数量的均衡化，而且要做到每日生产均衡化。精益生产方式认为不均衡现象包括很多种，比如工作负荷量的不均衡、忙碌程度的不均衡、设备使用方法的不均衡、等待设备时空手等待的不均衡，甚至是心情的不均衡。

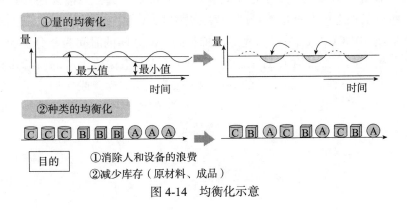

图 4-14　均衡化示意

2. 均衡化生产

生产现场物料流动和信息传递的过程越混乱越容易产生浪费，尤其是对于拉动式生产方式的现场，如果缺少数量和时间上的均衡，会导致后工序可能在任意时间到前工序领取不同数量的零部件。为了保证后工序能够领取到零部件，前工序不得不配置足够的员工和加工设备以应付后工序领取数量的波峰。当生产数量达不到波峰时，前工序配置的人员和设备就会出现闲置，从而造成等待浪费。因此后工序必须在每个工作日的近似时间到前工序领取近似数量的零部件。由此，均衡化就是非常必要的手段了。

企业应根据上年订单数和预测销售数量制订年度生产计划，依次确定每个月的平均生产数量，并根据不同月份出现的销售数量波动情况和上月生产数量动态调整各月的实际生产数量。再结合每月的实际工作日数，确定每日的平均生产数量。例如，汽车生产线本月工作日数为 22 天，本月计划生产汽车数为 22 000 辆，那么每天的平均产量为 1000 辆。这就是产品数量的均衡化。

仅产品的数量均衡化是不够的，因为顾客的需求丰富多样，且对各种产品的需求量并不相同。生产系统应在单位时间内生产出尽可能多种类的产品，以满足市场丰富多样的需求。比如，生产线共生产 A、B、C 三种车型，这三种车型每月的需求量分别为 11 000 辆、5500 辆和 5500 辆，每月的工作日数为 22 天，则三种车型每天的平均生产量为 500 辆、250 辆和 250 辆，共 1000 辆，将这 1000 辆汽车在生产线上按照 2∶1∶1 的比例进行混线排布，这就是产品种类的均衡化。

3. 均衡化的含义

（1）后工序均衡化。后工序不均衡生产会带来什么？当前工序保持均衡化生产，而后工序进行大批量生产时，后工序装配线 A、B、C 三种产品的生产顺序为 AAABBBCCCAAA……，完成两批相同产品之间的时间为 9 分。因前后工序生产节拍不同，必然存在后工序等待的情况。若想保持生产的持续进行，只能将 A、B、C 三种产品加工线的生产能力改为 1 分 / 辆，或在加工工序和装配工序间保留相当于装配线连续生产时产生的量的库存，无论采用哪种方式都会产生浪费。后工序大批量生产如图 4-15 所示。

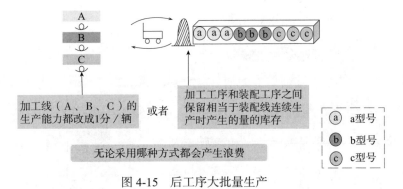

加工工序（前工序）节拍时间 3分/辆　装配工序（后工序）节拍时间1分/辆

加工线（A、B、C）的生产能力都改成1分／辆

或者

加工工序和装配工序之间保留相当于装配线连续生产时产生的量的库存

无论采用哪种方式都会产生浪费

ⓐ a型号
ⓑ b型号
ⓒ c型号

图 4-15　后工序大批量生产

如果后工序不再批量生产，而是实现了均衡化生产，则三种产品的生产顺序调整为 ABCABCABCABC……，后工序生产节拍仍旧保持 1 分 / 辆，而同类产品均按照 3 分 / 辆的速度均衡生产，后工序与前工序生产节拍吻合。此时不需要多余的库存，且 A、B、C 三条加工线的能力依旧保持为 3 分 / 辆的生产节拍即可。通过后工序均衡化生产，不需要扩大产能和增加库存，即可实现低成本的生产制造。后工序均衡化生产如图 4-16 所示。

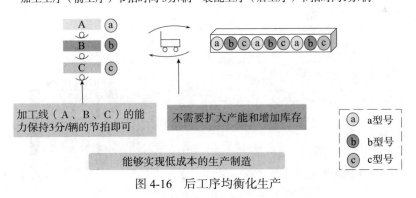

加工工序（前工序）节拍时间 3分/辆　装配工序（后工序）节拍时间1分/辆

加工线（A、B、C）的能力保持3分/辆的节拍即可

不需要扩大产能和增加库存

能够实现低成本的生产制造

ⓐ a型号
ⓑ b型号
ⓒ c型号

图 4-16　后工序均衡化生产

（2）本工序均衡化。均衡化生产同样能对本工序带来积极影响。以相同生产线为例，装配 A、B、C 三种产品所需要的作业时间分别为 1.2 分、0.8 分和 1.0 分，装配线生产节拍是 1.0 分 / 辆。当连续生产 A 车时，生产人员无法及时按照 1.0 分 / 辆的节拍进行装配导致生产线停止。要想保证装配线持续生产，就只能按照 1.2 分 / 辆的节拍，这时生产 C 车型又会造成工作人员空手等待，生

产线整体效率降低。本工序大批量生产如图 4-17 所示。

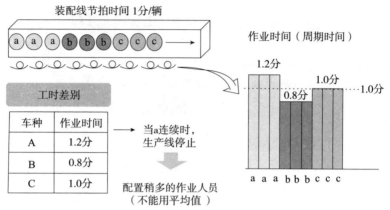

图 4-17　本工序大批量生产

实现装配工序均衡化后，A、B、C 三种产品依次循环生产，装配 A 产品多花费的 0.2 分的装配时间可以与 B 产品 0.8 分的装配时间结合起来，在两分钟内依然能够完成 A 和 B 两种产品的装配，满足装配线 1 分 / 辆的生产节拍。此时各装配作业人员只需按照平均值 1.0 分 / 辆的生产节拍工作就能保证生产持续进行，可以做到只配置合理数量的作业人员，不存在多余的人工成本。本工序均衡化生产如图 4-18 所示。

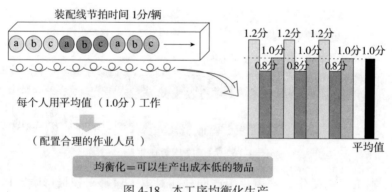

图 4-18　本工序均衡化生产

（3）工序间领取均衡化。不仅生产过程需要均衡化，工序间领取过程同样需要均衡化。以整车厂和其供应商为例，整车厂发往供应商的领取物料的车为 1 车次 / 日，则整车厂和供应商都必须存有 1 日的库存量。而如果每 2 小时领取一次的话，则整车厂和供应商都只需要有 2 小时的库存量就足够了。因此有必要构建小时间刻度、等时间间隔的卡车物流体系。

产品从原材料开始经过不同厂家许多道工序后才能加工成为成品交付至顾客手上，本工序与后工序间的领取波动性是由顾客决定的，而要修正顾客的需求波动是很难的，只能通过与顾客认真彻底地沟通对话，并且通过减少收容数，在一定程度上抑制顾客需求的波动。同样，如果自工序的可靠性低，则自工序的生产量也会出现波动并使其与前工序间的领取工作产生更大波动，因此要加强自工序的保全实力并且严格管理好出勤率，努力抑制因自工序可靠性不足而带来的波动。

均衡化是实现精益制造和生产的前提。均衡化使生产的产品（能卖出的产品）的数量和种类均衡化。以总装线的均衡化生产为标准（基准），决定了前工序零部件（生产线）生产和物流的速度，最终确定了生产过程周期时间。在均衡化的前提下，为了最小化人力、物料和设备等资源的投入，可开展生产效率提升活动；为了缩短生产过程周期时间，消除物流的停滞，可努力实现前后工序同期化；确立标准后，把不符合标准的异常点和问题点目视化。正是因为有了均衡化，才产生了改善的需求。

4.2.4　提高准时化水平

生产过程周期时间是决定企业准时化水平高低的标准。提高准时化水平就是缩短生产过程周期时间。缩短生产过程周期时间须遵循 JIT 的四原则：工序的流动化、根据需求量决定节拍时间、后工序领取和小批量化。

1. 工序的流动化

工序的流动化是指按工序顺序，一个一个地加工产品，并向下一道工序传递的方式。工序流动化的目的是使工厂间、工序间和工序内的库存最小化，消除作业中的浪费，缩短生产过程周期时间。

工序的流动化可分为：工厂间流动简单化、工序间消除分歧合流、工序内按工序顺序单件传递。

（1）工厂间流动简单化。物流的水平决定了生产过程周期时间。举例来说，原料经过机械加工、热处理、研磨、电镀、分装和装配六道工序后出成品，其中机械加工、研磨和装配工序为企业内部工序，热处理、电镀和分装为外协工序，外协物流频次为 1 班车 / 日，各工序均存放 1 日的生产量，其生产过程周期时间为 11 日。因生产过程中部分工序为外协工序，导致上述过程中物料并没有保持持续的流动，在各工序均发生了停滞现象，延长了生产过程周期时间。若利用廉价的设备进行外协工序的内制化，因工序空间距离缩短，不再需要按班车的批量进行搬运，可以以箱为单位进行转运，每箱在各工序的加工时间不超过 2 小时，则过程周期时间可缩短为 1 日。因此，宏观物料流动的简单化会带来过程周期时间的明显缩短。工厂间物料流动简单化如图 4-19 所示。

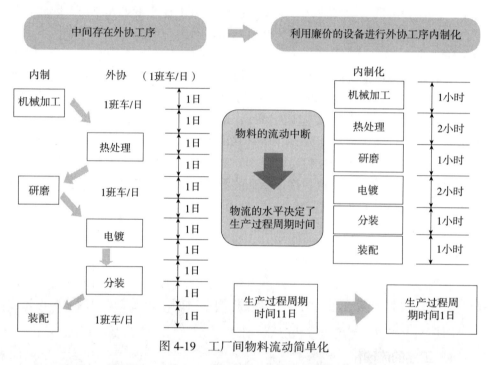

图 4-19　工厂间物料流动简单化

（2）工序间消除分歧合流。工序间的物流复杂程度和分歧合流状况也会对生产过程周期时间产生影响。以锻造生产线为例（见图 4-20），该生产线共有 4 道工序，分别为锻造、热处理、喷砂和检验。其中锻造工序有 3 台加工设备，喷砂工序有 2 台喷砂机，热处理和检验工序分别有 4 台设备。生产线产品种类共 16 种，不同产品原材料在各工序并没有指定由某台设备加工，因此各产品物流路径中分流、合流很多，在各工序前后到处存在停滞的在制品，在制品库存很多。各工序中不同设备的工作量不同，且从原材料投入至产品产出的过程周期时间不确定。

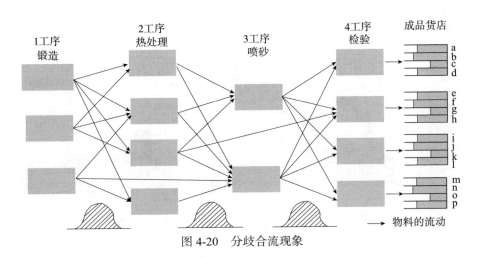

图 4-20 分歧合流现象

对锻造工序和喷砂工序分别补充设备至 4 台，利用各工序相同数量的设备进行整流化改进，消除物流路径中的分歧合流，使物流过程清晰明了、简单化。简单的物料流动保证了产品的先进先出，减少了工序间停滞的在制品库存，缩短了生产过程周期时间，同时使生产现场的情况一目了然，便于现场人员进行管理，整流化后的生产线如图 4-21 所示。

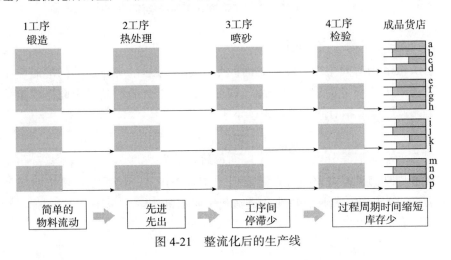

图 4-21 整流化后的生产线

（3）工序内按工序顺序单件传递。在传统生产方式中，各作业人员生产出一定量的在制品后传递给同一道工序的下一个作业人员，如图 4-22 所示。精益生产提倡使工序流动起来，工序内的不同作业人员之间在制品的传递是单件流转，因此更加容易保证质量且能够显著降低在制品库存，进而可以缩短生产过程周期时间。丰田生产方式工序内物流如图 4-23 所示。

图 4-22 传统生产方式工序内物流

图 4-23 丰田生产方式工序内物流

2. 根据需求量决定节拍时间

（1）按节拍时间生产。在必要时间生产必要数量的必要产品的准时化生产方式要求只生产顾客需求量的产品，即能够卖得出去的产品。因此需求量确定后，生产速度（节拍时间）也就定了下来。

$$节拍时间 = \frac{每日定时工作时间}{每日需求量}$$

例如，根据顾客需求，每日需要生产 450 个产品，生产线每日定时工作时间为 7.5 小时（450 分钟），则该生产线的节拍时间为：

$$节拍时间 = \frac{450分}{450个} = 1分 / 个$$

上述生产线只需要满足 1 分 / 个的生产速度即可，比节拍时间更快地生产就会导致制造过量与停滞的浪费。

传统生产方式认为，生产应该尽可能地在已有设备和人员配置下满负荷开动运转，保证生产的持续运行。但从精益生产的角度看，生产销售不出去的产品本身就是浪费。根据顾客真正的需求量计算生产的节拍时间，考虑为了满足生产节拍时间所应配置的最小必要设备和人员数量，生产不应该是为迎合设备和人的能力而展开的。

（2）定出标准作业。在确定了生产节拍时间后，通过对员工的操作作业进行测时分析，确定各员工的工作量和工作范围，从而确定各工序究竟需要几个员工才能保证按照节拍时间生产。确定了员工数量、工作内容和范围，就具备了制定标准作业的基本条件。

根据节拍时间确定设备能力的需求量，可以避免不必要的设备能力浪费和高额设备投入。另外，按照节拍时间生产还可以有效防止过度生产，不产生多余的库存，提高原料的使用率。

3. 后工序领取

（1）材料、成品场地的设置。在传统生产方式下，生产指示下达至生产线的起始工序，从第一道工序开始推动生产，至最后一道工序产出成品，在制品数量很多，过程周期时间长且不明确。而按照精益生产方式，成品库存会立刻发货至顾客，领取指示下达至最后一道工序，各工序到前工序的库存处领取必要数量的零部件，前工序只生产被领取的零部件，过程周期时间大大缩短。可见，通过调整材料、成品场地的设置，可改变生产结构，进而缩短面向顾客的生产过程周期时间。不同场地设置对生产过程周期时间的影响如图 4-24 所示。

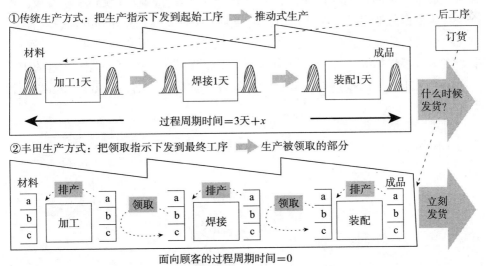

图 4-24　不同场地设置对生产过程周期时间的影响

也许有人会问：设立成品库存的话，库存量不就增加了吗？其实不然，因为库存量是可以设定的。库存量应根据领取频次和数量来设定。如图 4-25 所示，生产线共生产 A、B、C 三种产品，后工序去前工序领取物料的频次为 1 次 / 天，每次领取 1 天的量，则前工序的成品库存中应有 A、B、C 三种产品各 1 天的量。库存量的减少需要通过小批量搬运和小批量生产进行改进，即为了能使得库存量减少，可将每天 1 次的领取频次改为每小时 1 次，同时前道工序在每小时内均衡生产 a、b、c 三种材料，这样材料的库存量就可以从 1 天的量降低至 1 小时的量。

图 4-25 设立成品库存

（2）看板的导入。

1）看板的种类。根据用途不同，看板主要分为两类：领取看板和生产指示看板。根据看板的可循环使用性，领取看板可分为可回收看板和单向看板。可回收看板根据前工序是否在公司内，可分为工序间领取看板和外购件领取看板。单向看板根据零部件调配方式，又可分为后补充的电传看板和前补充的 e 看板。生产指示看板根据换产能力可分为用于本工序指示多品种生产顺序和量的工序内看板和用于指示因换产时间较长而必须较大批量生产的信号看板。看板的种类如图 4-26 所示。

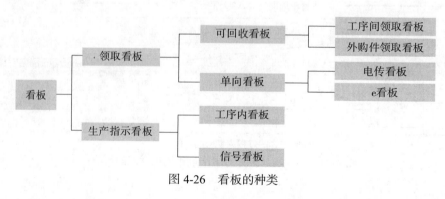

图 4-26 看板的种类

2）看板的作用。看板是实现准时化生产方式的重要手段，能够起到调节和控制生产进度的作用，是实现必要时生产必要数量的必要产品的信息化工具。看板管理并不等于准时化生产，准时化生产是生产系统运行方式，而看板管理则是生产控制和调节方式。可以说，看板管理是支撑准时化生产的工具，也是准时化生产的外在表现形式。

看板作为精益生产方式中实现后工序领取和后补充生产的工具，具有显示生产指示、转运指示信息的作业提示功能，可以调节和控制生产时间、生产种类和生产顺序，同时具有防止生产过剩和搬运过剩的库存管理功能。看板使管理者更加容易控制和调整生产线的运行状态，而不需要多余的生产管理业务。

通过领取看板和生产指示看板的使用，可实现后工序领取和后补充生产。后工序开始生产后，从后工序的材料存放地拿取材料，同时摘下材料上的领取看板，看板转运人员拿着取下的领取看板和空箱到前工序的成品存放地领取成品，将成品上的生产指示看板摘下放入指定看板箱，同时将随身携带的领取看板附在对应种类和数量的成品上转运至后工序材料存放地存放。领取看板的循环方式如图 4-27 所示。

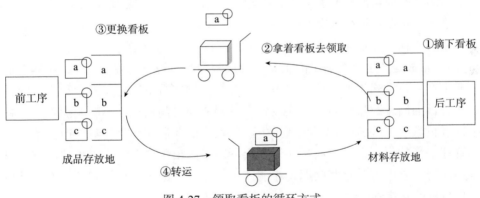

图 4-27　领取看板的循环方式

对于前工序来说，成品被领走后，成品上的生产指示看板按照摘下来的顺序摆放，工序生产按照生产指示看板的顺序，依次进行生产指示看板上必要数量的物料生产。生产指示看板的循环方式如图 4-28 所示。

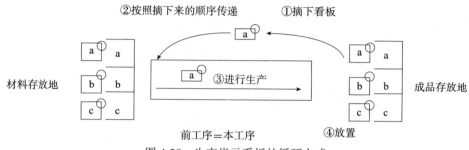

图 4-28　生产指示看板的循环方式

　　看板可以使生产管理者和监督者的工作更加轻松，职责更加明确。另外，看板的运行过程伴随着对生产和领取的详细信息的目视化，因此有利于发现生产运行中的问题，并提示管理者进行改善，寻求解决问题的办法。

　　看板的使用具有一定的前提条件和规则。只有当后工序生产初步均衡且前工序生产相对稳定时才可以使用看板。在使用看板的过程中需努力做到以下几点：

　　第一，不让不合格品流到后工序；

　　第二，由后工序来领取；

　　第三，前工序只生产后工序领取的量；

　　第四，没有看板时不生产、不搬运；

　　第五，看板要附在实物上；

　　第六，看板上显示数量要和收容数量（一箱产品）一致。

　　3）看板是产生改善需求的工具。看板管理是目视化管理的工具，是实现后补充生产（拉动式生产）的一种手段。看板的周转数量决定了搬运和生产的数量，看板的周转数量越多，就代表生产过程周期时间越长。不断减少生产过程中的看板数量，就意味着不断减少生产过程中的在制品数量，对生产技术水平和管理水平的要求也会更高，这样就会不断暴露出生产系统中隐藏的问题。只有不断努力着手解决这些问题，才能使生产系统不断合理化。因此，不断减少看板数量就意味着持续改善。

　　看板的使用是精益生产方式的直观体现。打个比方，藏在水面下的暗礁往往不易引起人们的注意，只有当水面下降的时候，人们才能够发现暗礁。精益管理的改善思路就如同发现暗礁的过程，水面代表看板数量，只有不断减少看板数量，不断降低库存量，使"水面"降低，才能够使生产过程中隐藏的生产批量过大、设备故障、质量不合格、领取有偏差等异常和问题逐渐显现出来，才能引起人们注意并不断解决，如图 4-29 所示。

看板张数＝生产与转运所需的过程周期时间的部分＋α（偏差部分）

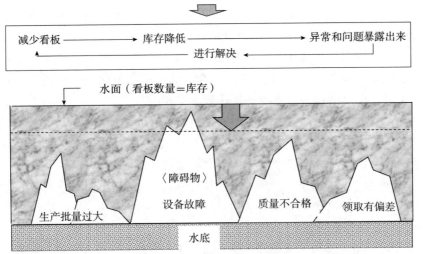

图 4-29 看板产生改善需求

4. 小批量化

企业生产能力不足时，首先考虑的不应该是增加人员和设备，而是应该首先想到从小批量化入手。这是为什么呢？举个例子来说，有一个容积一定的盒子，另有一堆石块、一堆石子和一堆沙子。分别把密度相同的石块、石子和沙子装至盒中，要求不能超过盒子上沿。那么用同样的盒子装三种形态不同、密度相同的东西，到底装满哪种材料的盒子更重呢？毋庸置疑，装满沙子的盒子更重。

企业的生产能力就像盒子的容积一样是一定的，但是由于下达计划量的单位不同，就会产生不同的结果。如果下达计划量的单位是大批量（石块），或下达计划量的单位是小批量（小石子），或更小的单位（沙子），那么最终生产出来（称出来）的量的差异就会非常大。下达生产计划的单位（一般都是生产管理部门）如果不对顾客订单进行任何加工，直接把顾客订单量当作生产的批量，就相当于往生产车间这个容器里放石块，放不了几块就满了，而实际上石块和石块之间还有很大的缝隙无法填满。如果将生产计划批量拆解成小批量，就像往生产车间放小石子，石子间的缝隙小了，装的量必然增加。如果将生产计划拆解成更小的批量以便于进行生产车间调度和工序间转运，就像往生产车间放沙子，沙子间的缝隙更小，结果重量（产出）就更大。因此，当企业发觉生产能力不足时，不要盲目增加生产资源（人、设备），而要先判断生产计划批量是否足够小，工序间的转运量是否足够小。

小批量化不是提高了设备的最高运转能力，而是充分利用了设备的运转能力，是产能利用效率的体现。而当订单量确定时，如果能小批量化（装沙子）生产，那么就可以使用更少的资源（人、设备），也就是节约了成本。这种小批量化带来的成本节约，不是以降低原料价格牺牲质量为代价的，也不是靠克扣员工的工资，而是通过提升资源的使用效率实现的。

生产过程中，生产批量容易变大的原因究竟有哪些？主要包括以下几点。

1）只追求部分指标。不做其他任何改善只减少换产次数就能够提升可动率、能率等参数。而减少换产次数，生产批量自然就会变大。

2）换产水平差。生产过程的换产时间由模具、吊架、工装、材料、零部件和加工条件等各种换产因素决定。在换产水平差的情况下，为保证较高的设备开动率，只好减少换产次数，导致生产批量变大。

3）宁可保留库存也不愿停线。企业通常认为库存成本是直接的，而换产作业成本是无法改善的，这样的想法是造成批量变大的原因之一，因此许多企业宁可保留库存也不愿意停止设备换产。但事实上，库存成本的代价是巨大的，会带来无法保证先进先出、生产过程周期时间长等一系列问题，而换产成本也是可以改善的。

4）不愿改变已有的生产条件。换产后需要重新调整精度和生产条件，并且换产可能会出现工件卡住等设备故障。很多企业不愿意改变好不容易稳定的生产条件，所以选择大批量生产的思路。

小批量化主要包括：小批量搬运改善和小批量生产改善。

（1）小批量搬运改善。

1）尽量避免物流的缺点。物流原本是不产生附加价值的，且物流的缺点是产生滞留，因此最好的物流是不进行搬运。但如果搬运过程无法避免的话，那么进行准时化搬运就非常重要了，即在必要时搬运必要数量的必要物品。多频次搬运减少了物流停滞，可以提高产品的周转效率，缩短生产过程周期时间。

2）停滞少、效率高的物流。什么样的物流是停滞少、效率高的物流？以采购物流为例，假设整车工厂需要从 A、B、C 三家工厂分别采购零部件，原有的物流方式是整车工厂利用三辆车分别到 A、B、C 三家工厂领取零部件，转运量为 1 天所需要的量（每车 10 吨），领取频次为 1 次 / 天。为保证物流顺畅，降低物流车辆的等待时间，三家工厂应分别存有整车工厂 1 天的需求量（10 吨），整车工厂存有 3 种零部件各 1 天的量（共 30 吨）。原有物流方式如图 4-30 所示。

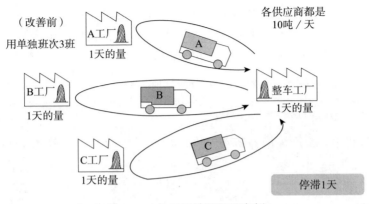

图 4-30　各工厂单独配送案例

通过对物流转运车辆取货方式的改进，使转运车辆每次只搭载各工厂 1/3 天的需求量，增加转运频次至 3 次 / 天，则各工厂零部件存量只需 1/3 天的量即可，整车单次转运的各产品量也同样降至 1/3 天的需求量，如图 4-31 所示。通过改进车辆取货方法，采用多频次混载的方式，使物流停滞从 1 天变为 1/3 天。

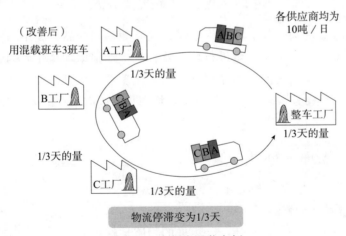

图 4-31　多频次混载案例

3）减少前工序的停滞。仅仅实现供应商与顾客间的多频次混载是不够的，对于生产系统来说，前后工序之间也存在物流停滞。以成品库存集货发货过程为例，供应商同时为三家工厂提供零部件，三家工厂领取零部件周期分别为 1 小时 / 次、1.5 小时 / 次和 2 小时 / 次。传统生产方式的集货方法是以班车为单位进行集货，每次每车只装一种产品，考虑到领取班车的重叠，成品库存处每种产品均存有 2 小时以上的库存；生产计划是根据班车集中摘下的看板进行生产，没有进行均衡化；生产也是根据班车搭载量进行大批量生产，大批量生产造成线旁的采购件数量较多，如图 4-32 所示。

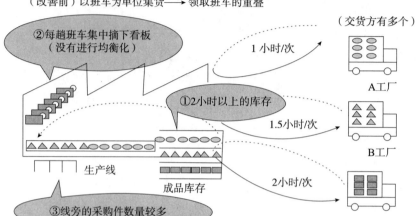

图 4-32　以班车为单位的集货状态

通过设置集货场，各工厂取货车辆每次装载不同产品，利用均衡化看板箱将不同工厂对各产品的需求量进行均衡化，生产线根据均衡化后的看板进行均衡化生产，同时集货场向成品库存进行均衡化多频次集货，大大减少了成品库存量，也减少了线旁所需采购件的数量。均衡化多频次集货如图 4-33 所示。

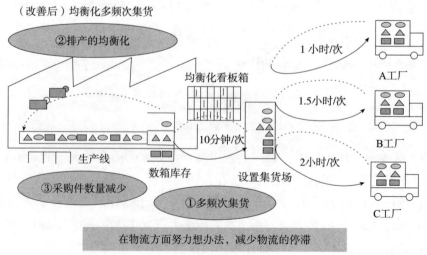

图 4-33　均衡化多频次集货

（2）小批量生产改善。为了实现小批量多品种的生产和搬运，每天必须生产各类零部件或产品，这就要求生产线的各工序能够快速应对产品种类的频繁切换，于是必须缩短设备的换产时间，对换产作业本身和换产机制进行改善。在进行工序整流化的同时，对整流后设备的加工品种及数量进行整理、整顿，实现设备的快速换产才能降低生产批量。

1）何谓换产作业和换产时间。设备的快速换产是准时化生产的重要技术支撑，也是精益生产方式成功的关键因素之一。丰田在设备快速换产方面投入了大量的精力进行研究和改善，最终取得了不可思议的成果。1970年，丰田就成功将发动机盖冲压设备的换产时间由原来的4小时缩短为3分钟！而现在，丰田的所有加工设备的换产时间都已缩短至10分钟以内。

换产作业是指切换生产品种的时候必要的模具、刀具、工装、材料等的更换和加工条件的变更等作业。换产时间包括三个部分：外换产时间、内换产时间和调整时间。所谓外换产时间，指的是不停止设备就能进行的换产的时间。内换产时间是指不停止设备就无法进行的换产作业和首件确认的时间。换产中和换产后为确保质量精度以及进行问题处理而停止设备的时间称为调整时间。

以A、B两种产品的换产过程为例，在两种产品的生产的过程中不需要停止设备就可进行模具、检具、材料的准备、清扫、整理和点检工作，因此消耗的时间属于外换产时间。当A产品加工完成后，需要停止设备更换B产品模具，此期间为内换产时间。为了保证加工精度，在模具更换完成后，需要对设备进行精度校准和调整，调整后即可开始生产B产品，其间耗费的时间为调整时间。内换产时间和调整时间为真正意义上的换产时间，即生产过程中止损耗的时间。换产时间的构成如图4-34所示。

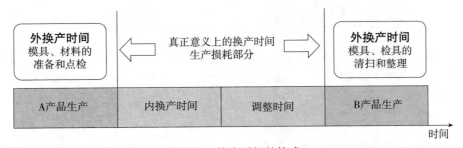

图4-34　换产时间的构成

2）换产时间与换产作业工时。换产时间即为了换产，停止设备（生产线）的生产时间，也就是从一种合格品的生产结束到另一种合格品开始生产的时间。

$$换产时间＝内换产时间＋调整时间＋外换产时间$$

换产作业工时是指为了完成换产所需员工的全部工时。

$$换产作业工时＝内换产作业工时＋调整作业工时＋外换产作业工时$$

在换产过程中，内换产作业占用了设备停机时间。换句话说，当设备停止时，操作人员只能去做那些停机后才能进行的作业，而不要离开设备去做外换产作业。因此，内换产作业与外换产作业、换产时间与换产作业工时之间应正确地严格区分，这是实现快速换产的基础。

3）换产改善准备。在进行换产改善之前，首先明确换产改善的瓶颈是什么，瓶颈不同，改善的内容也不同。换产改善的瓶颈通常包括换产时间、换产作业工时、外换产等待、重复调整、材料损耗等。要反复思考是否把握了生产线的真正生产能力，换产是否按照规定的步骤操作，是否能在规定时间内完成，是否以高效率的顺序进行。只有充分把握现状，明确换产改善的瓶颈，才能更好地解决遇到的问题。

4）换产改善步骤。以改善目标为缩短换产时间为例，缩短换产时间即缩短内换产时间和调整时间。

换产改善的步骤如下：

第一步：制定"表准"，明确区分作业内容。即在未改善前，我们将未经改善、初步制定的标准作业称为"表准"。管理人员和相关技术人员对生产现场所用到的模具、刀具、工装、夹具及材料准备工作的操作步骤和工具摆放位置和方法进行详细规定，明确换产规则，并整理换产作业内容，划分作业内容属于内换产作业、外换产作业还是调整作业。制定"表准"，明确区分作业内容如图 4-35 所示。

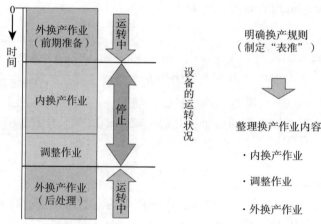

图 4-35　制定"表准"，明确区分作业内容

第二步：将内换产作业转换为外换产作业，缩短设备停止时间。通过提前准备相应的材料，将模具、工装、刀具和检具的点检整备调整至前期准备和后处理环节，并将部分调整作业移至前期准备等操作环节，以实现内换产作业和调整作业的前期准备及后处理。要反复思索，内换产作业和调整作业中哪些可以调整为外换产作业。例如，可自主设计辅助工具，刀具或模具不再需要在设备停止时花费大量时间装夹到设备上。而是在设备保持运转时，提前将刀具或模具固定在辅助工具上，在设备停止后将带有刀具或模具的辅助工具迅速卡到设备上，将内换产作业调整为外换产作业，如图4-36所示。

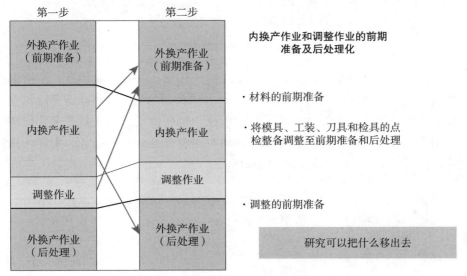

图4-36　内换产作业转换为外换产作业

第三步：改善内换产作业，缩短内换产时间。通过将换产所用模具、工装和刀具等改造为单触式结构或通用化，缩短首件确认时间，将换产作业由1人作业改为2人作业实现平行换产，利用作业组合修正多数人作业的情况，来实现对内换产作业的改善，缩短内换产时间，如图4-37所示。通用工具通常技术水平都不高，要思考能不能通过整流化等方式取消内换产作业。例如通过改善工装更换形式，将原有各产品工装用螺母固定的方式改为旋转工作台上固定不同产品的工装，减少了螺母旋紧和拆卸的工作，内换产作业变为只需手动旋转工作台即可，实现了单触式换产。

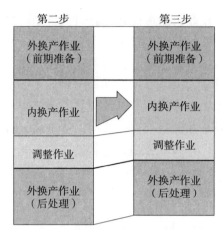

图 4-37   缩短内换产时间

第四步：缩短调整时间。通过调整内换产作业，制定作业标准，缩短调整时间，如图 4-38 所示。调整的标准涉及产品质量的稳定性，因此调整的作业标准变更要更为慎重，须经过多次再现和验证。例如使用特殊夹具或卡具代替原有常用螺栓，或采用气压和液压装置，同时锁紧产品的几个位置，实现产品的快速定位和固定，缩短产品调整对准时间。

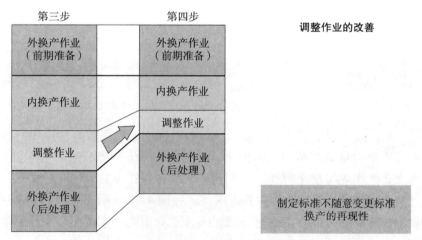

图 4-38   缩短调整时间

第五步：改善外换产作业，缩短外换产时间。通过指定准备成品放置场所，将使用完毕的模具、工装、刀具等整备标准化，并继续推进作业改善。推进小批量化后，换产的次数可能会增多，同时内换产时间也不断转化为外换产时间，这会最终导致外换产作业成为改善瓶颈，这就有必要对外换产时间进行缩短改善，如图 4-39 所示。

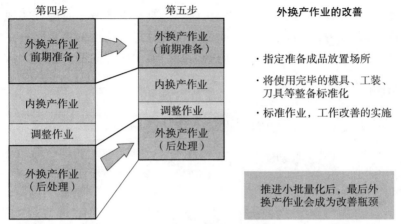

图 4-39　缩短外换产时间

以上是进行换产改善的五大步骤，深刻理解每一个步骤的作用，就能逐步理解换产工作对小批量化、对缩短生产过程周期时间以及对经营的意义。应该说进行换产改善的目的不是提高设备的开动率，而是更好地满足多品种小批量化的顾客要求。以缩短换产时间为目标的换产改善过程总结如图 4-40 所示。

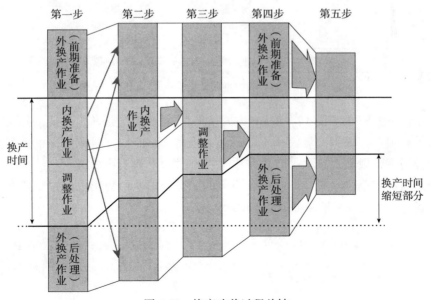

图 4-40　换产改善过程总结

4.2.5 准时化生产总结

通过后工序领取、工序的流动化和根据必要量决定节拍时间，实现均衡化的多频次领取、小批量生产，以及质量和可动率等可信度的提高，最终实现准时化生产。准时化生产是持续解决阻碍流动停滞和库存问题的活动，达到降低成本的目的。准时化生产总结如图 4-41 所示。

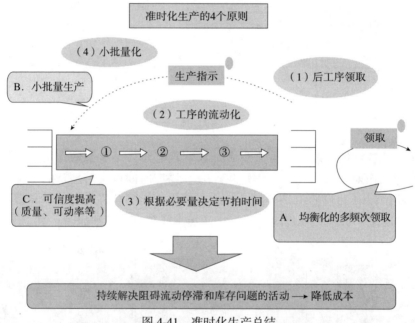

图 4-41   准时化生产总结

准时化水平可以通过物的持有方式（库存）、转运方法（从货店的集货时间间隔）和生产方法（批量大小）等不同的项目去诊断。准时化水平由低到高可以划分为：无规则、日水平、班车水平、小时水平和销售单位水平。准时化水平最高为销售单位水平，即准时化应有的状态是按照销售出去的单位进行生产和搬运。准时化水平诊断如表 4-1 所示。

表 4-1　准时化水平诊断

水平	物的持有方式（库存）	转运方法（从货店的集货时间间隔）	生产方法（批量大小）
无规则	无货店（库存无管理）	生产出来的产品全部转运（推动式转运）	按照月度计划进行生产（根据生产部门的情况集中生产）
日水平	设置以 1 天（班）为单位的货店	以 1 天（班）为单位的后工序领取	以 1 天（班）为单位的后补充生产
班车水平	1 班车的量+x	班车为单位	班车为单位
小时水平	1 小时以下	多次领取（1 小时以下）	小批量（1 小时以下）
销售单位水平	1 箱（1 个）	1 箱（1 个）	1 箱（1 个）

通过明确改善目标和标准，为企业生产和运营过程制定出一整套应有的正常运行机制，通过将其中存在的异常问题可视化，并利用"五问法"一步步找到异常问题发生的真正原因，并加以改善，进而提升企业整体的管理水平。

4.3　带人字旁的自働化

4.3.1　自働化

1. 丰田佐吉的自働化

丰田生产方式的两大支柱分别是准时化生产和自働化，关于自働化的由来，需要从丰田创始人丰田佐吉说起。百余年前，布匹都是手工纺出来的。小时候，丰田佐吉看到妈妈纺纱织布很辛苦，就决心要找到一种更加省时省力的纺织方法。通过不停地实践与改进，在 1890 年，丰田佐吉首次发明了丰田式木制人力织布机。这种织布机只要用一只手前后推拉就能将纱横插，这样一来，不仅操作变得简单，效率也提高了 40%～50%。但在后续的使用中，丰田佐吉发现，当织布中纱线断了，如果不能及时发现，就会产生不合格品，造成损失。于是他在每根纱线上吊了一个金属环，一旦纱线断了，金属环就会掉下来发出响声，工人就能听到警报。可是，万一工人不小心错了警报声，依然会产生不合格品。于是丰田佐吉改进了机器，通过设计使掉下来的金属环恰好落在一个开关上，实现了自动停机并通过灯光和声音进行故障报警，今天可以理解为现场防呆（不用担心线断了还会继续生产）和目视化管理（灯光）。丰田自动织机（G型机）如图 4-42 所示。

图 4-42　丰田自动织机（G 型机）

后来，丰田佐吉通过自己的思考与实践，将工作中的智慧转化为制造的方法，并用简单明了的语言表达了出来，就是"如果出现了异常情况，机器自己就会检查出来并停止运转"，即自働化。丰田佐吉所定义的自働化是一种把"人的智慧"彻底地赋予机器的思考方式。只有将人的智慧赋予机器，机器才能真正变成为人服务的工具。丰田佐吉所提倡的自働化，日后作为丰田汽车生产制造的基本思想之一——自工序完结型质量保证，即力求做到在自己的工序中彻底实现"不制造不合格品，不流出不合格品"，被代代传承了下来。

2. 自働化与自动化的不同

通常意义上的自动化，表示从手工作业加工向机械作业加工的转变，一旦按下开关，设备就会自动运转。这里的自动化只是设备一直运转，出现异常后，会产生大量不合格品，甚至弄坏机器（所以，作为异常对策，不得不找人在旁边监视机器）。而精益管理所倡导的自働化，机器设备能够自己检查出异常，并自动停止运行，使异常暴露出来，做到防止再发。在精益管理中，要做的就是把"动"尽可能转化为"働"，如图 4-43 所示。

图 4-43　把"动"转化为"働"

自働化与自动化的具体差别如表 4-2 所示。

表 4-2 自働化与自动化的具体差别

自働化	自动化
出现异常后，机器自行判断，停止运转	出现异常后，只要没人去关开关，机器就会一直运转下去
不会出现不合格品，对于机器、模具、工装的故障，都能够防患于未然	产生了不合格品，会发现得比较晚
便于查找异常的原因，采取措施防止异常再发生	不能及时发现异常的原因，难以防止异常再发生

采取措施防止异常再发生，是自働化生产制造的竞争力源泉。这有以下几个好处：第一，复原速度的提高，可以节约生产时间。时间是一种抽象的、看不见的事物，如果我们无视它，那么它就会成为一种凶器，但若是活用它，那么它就会变为一种武器。自働化就是活用时间，将人与机器的工作分离，节省人的时间，提高生产效率，创造价值。第二，依据防止异常再发生的要求可以促进生产技术能力的提高，这是对工序设计的有效反馈。第三，它可以促进产品设计能力的提高，这是对产品设计的有效反馈。如果企业一直以防止异常再发生为目标进行改进和生产，这样做的结果就是在严格的要求下，生产时间缩短，工厂的工序设计和产品设计能力都得到提高，这又将进一步促进产品质量的提升。

3. 省人化与省力化

在制造现场，改善可以分为三个层次，最低层次是省力化，第二层次是省人化，最高层次是少人化。它们之间的具体关系如图 4-44 所示。

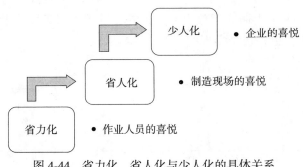

图 4-44 省力化、省人化与少人化的具体关系

（1）省力化：用装置、自动（働）化代替人的作业，减少作业工数，具体如图 4-45 所示。在设备与设备之间设置滑道，这样就省去了由人来做的工件搬

运工作。如图 4-46 所示，通过由机器人来做工件的安装，减少人的作业工数，达到省力的目的。

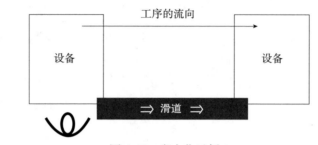

图 4-45 省力化示例 1

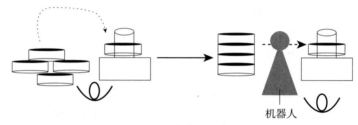

图 4-46 省力化示例 2

（2）省人化：通过作业的标准化，以及不同工序作业的合并，以一个人的人工为单位，节省人员。自働化是省人化的必要条件。

在如图 4-47 所示的例子中，首先通过省力化，缩短了 3 号机的作业时间，然后再将 3 号机的作业和其他工序的作业合并，省下一个人。在省人化的推进中，自働化是必要条件。只有将"动"变成"働"，才能将人与机器的工作分离，让一个或若干个人彻底解放出来。另外，对于不同工序作业的合并，如果作业没有标准化，也是很难实现的。

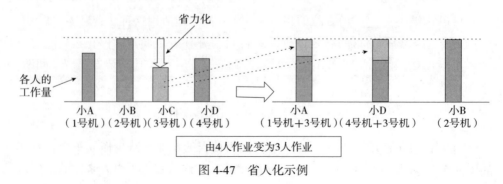

图 4-47 省人化示例

（3）少人化：少人化的生产线是指能够顺应生产的变动，自由地增减人的生产线。由于生产线上会根据顾客需求的变动来调整生产量和工人，每个工人面临的操作工序不定，因此"多能工"化就成为少人化的必要条件。如图 4-48 所示，在生产量增加或者减少时，通过多能工和自働化实现自由增减工人的情况。

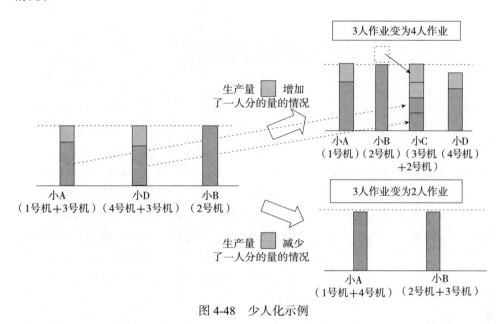

图 4-48　少人化示例

4.3.2　目视化管理

1. 安灯

自働化被称为"现场智慧的集合"，但是若不能活用这种"智慧"，就没有任何意义。自働化的目的就是让机器进行自检并在发生异常时停止运转，可是如果机器停止运转后，人若不能及时知道到底是生产线的什么地方出现了问题，那么这种设计就没有意义。所谓"安灯"，即在机器停止运转后或者说在必要的时候，能让人及时知道发生异常及异常的具体位置，以便采取下一步行动的工具。

（1）安灯的目的及种类。使用安灯的目的就是使人能够及时感知，以便采取必要的行动。需要注意的是，使用安灯本身不是目的，安灯只是一种使人知道异常发生的手段，它的存在是为了更好地推进改善活动的进行。如果不明确这种想法的话，使用安灯本身就会不自觉地被管理者当成一种目的，这一点在改善过程中要尤其注意。要配合不同改善目的，设计不同形式及不同使用方法的安灯。

在实际的生产现场，安灯有两种形式，具体如表 4-3 所示。

表 4-3　安灯的两种形式

| 1 | 用于设备自己检知出异常时，发出信号 | 比如物的异常（产品不合格）、设备的异常（故障）、量的异常（材料短缺、生产过量） |
| 2 | 用于设备自身检知出必要时候时，发出信号 | 比如换产、零部件搬运、质量检查（人）、刀具更换等必要操作 |

通常来说，实施自働化时，在各组装线、加工线上，都装有安灯。安灯几乎在所有的生产线上或天棚上吊着，或者安装在监督者能够看到的任何地方。当设备自检出现异常或者需要借助人力进行必要操作时，与该设备相对应的安灯就会亮灯。这样一来，出现问题的是哪一条生产线的哪一台设备也就一目了然了。监督者就可立刻赶到出现问题的设备旁，根据不同的问题，采取不同的措施，及时解决该问题，让生产线迅速恢复正常运转。在生产现场，不同颜色的安灯对应着不同的问题。比如，某生产现场的 K 型发动机的机加工工序的安灯，当亮起红色的灯时，表示该设备的运转出现了异常，也就是表 4-3 中的形式 1；当亮起黄色的灯时，表示更换工具与确认质量，即表 4-3 中的形式 2；亮起白色的灯时，表示设备在正常作业中。在实际生产中，根据生产现场的差别，还可以点亮更多不同颜色的安灯，生产现场使用的安灯如图 4-49 所示。

图 4-49　生产现场使用的安灯

（2）安灯的使用方法。使用安灯的目的是让监督者知道设备产生了异常，因此一旦安灯亮起，监督者应该遵循以下原则，完成自己的工作。

首先，要根据安灯亮起的位置，迅速前往该处。监督者切不可在看到安灯亮起的时候，盲目根据安灯的颜色以及自身的经验得出"好像是这样吧"的结论，更不可以让别人代替自己过去检查。对于监督者来说，安灯一旦亮起，最重要的是前往现场，亲自去确认事实，而不是靠经验猜测或者靠别人的观察。

其次，确认事实要通过物和设备，而不是人。监督者在确认事实时，不要到处转着问现场的作业人员出现了什么问题。作业人员的回答往往掺杂个人的感情和想法，因此有造成误判的危险性。而设备是客观的、不会说谎的，它们会展示出真实的情况。所以，在确认事实的时候，监督者应该认真检查设备和生产物料，从中发现问题，并找出产生问题的真正原因。

最后，按照制定好的规则进行处置。监督者在明确了设备产生的问题，以及产生问题的原因后，要按照之前制定好的规则进行处置。

（3）安灯使用的注意事项。

1）致力于将在机器停止运转后才亮起的安灯，改善为在机器停止运转之前就会发出信号的安灯。

改善活动的目标状态之一就是"消除物与信息、与时间的停滞，创造没有停滞的流"。而安灯作为"信息"的一种，在亮灯后会产生作业人员前往出现问题设备处的时间停滞，让设备等着也是一种"浪费"，这是在使用安灯的过程中需要改善的地方。同样用上文使用过的某生产现场的 K 型发动机的机加工工序的安灯例子来说明，当该设备需要更换工具时，会亮起黄灯。考虑到作业人员从看到黄灯到到达设备处需要一定的时间，那么在设计时，就应该让黄灯在设备停止前亮起。这样一来，安灯亮起后，作业人员到达现场时，设备刚好停止运转，然后作业人员就可以直接更换工具，确认质量，省去了机器停工等待的时间。

2）致力于将安灯改善为能用得着的安灯。在生产现场，有一些安灯只是一种摆设，由于其安装的位置或形式不合理，无法发挥出其应有的作用。在改善活动中，必须形成"以现场的作业人员为中心"的风气，因为在实际生产中，现场的作业人员才是主角，管理者、监督者以及相关的职能业务人员都应肩负着给作业人员创造更方便的作业环境的职责。在这种风气的带动下，对于某些无法发挥出实际作用的安灯，监督者应站在作业人员的视角，重新构建安灯。争取达到以下几个状态：第一，重新构建的安灯使各个立场的人都乐于接受，做到目的、目标的公有化；第二，安灯要便于观察，监督者要能一眼就看到安灯以及通过亮起的安灯颜色迅速明白设备出现了哪种情况，要达到这种效果，需要通过工艺规划和设备设计来改善；第三，实现作业分配与作业的标准化。

以 A 公司"无人生产线上安灯的使用"为例,该公司拥有大概包含 30 台设备的无人生产线,由于设备的高矮和大小都不相同,有的设备上的安灯会被其他设备挡住,现场几乎漆黑一片,监督者在远处看不见安灯,也听不见声音。在这种情况下,安灯就形同虚设,无法发挥出应有的作用。A 公司安灯改善示意图如图 4-50 所示。

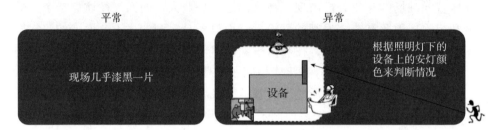

图 4-50　A 公司安灯改善示意图

在分析了现场的具体情况后,改善人员在每台设备顶部的天棚上面都安上一盏照明灯,当设备正常工作时,设备顶部的照明灯是关闭的。一旦设备出现异常或者换产自动停止时,照明灯就会打开。由于现场几乎一片漆黑,打开一盏照明灯就变得非常明亮,而且照明灯在天棚上,不会出现被其他设备挡住的情况。这样监督者即使在很远的地方,也能发现无人生产线的异常。监督者赶到停止运转的设备处后,会根据设备上的安灯颜色来判断情况,并采取相应的措施。

2. 指示灯牌和呼叫灯

如果说安灯是为了在机器产生故障停止运转前自动亮起,提醒人们生产线或者设备出故障的话,那么指示灯牌和呼叫灯就需要在出现故障或者生产线停线时人为点亮。在生产现场,与安灯一样,各生产线上都装有指示灯牌和呼叫灯,它们被安装在监督者容易看见的地方。

指示灯牌是在作业人员停止生产线时,显示具体情况的表示牌。生产现场想要实施自働化,就需要赋予作业人员停止生产线的权力,也就是当作业人员自己的工作出现了延迟或者其他问题时,作业人员都可以将生产线停下来。在实际中,一旦生产线停下来,相应的指示灯牌上的红灯就会被点亮。同时,指示灯牌上面还会显示具体是因为哪个工位造成的停止。监督者看到指示灯牌亮起红灯后，会立即赶往该工位处，调查原因并进行改善。

呼叫灯是在作业人员需要人员帮助时使用的，比如监督者、其他作业人员或者保全人员。根据呼叫对象的不同，呼叫灯亮起的颜色也有所不同。生产现场使用的指示灯牌和呼叫灯见图 4-51 和图 4-52。

图 4-51　生产现场使用的指示灯牌

图 4-52　生产现场使用的呼叫灯

3．标准作业票

在生产现场，为了让作业人员能够在工作时立刻看到包含了这三个要素的标准作业票，就将标准作业票公布在生产线上。如果哪名作业人员不能在节拍时间内完成分配给自己的标准化作业，他就必须停下生产线，寻求监督者及其他作业人员的帮助。标准作业票和其他的目视化工具结合起来，可以起到实现标准化作业、消除浪费、防止发生不正常情况的作用，如图 4-53 所示（详细内容参照后续部分）。

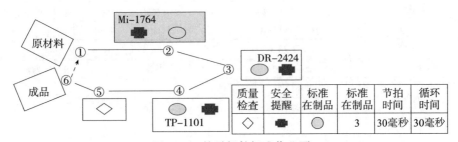
图 4-53　某零部件标准作业票

4．生产管理板

生产管理板是用来记录各工序、生产线每个时段的必要数量、生产实绩与异常内容等的公示板。监督者每个时段需要检查一次生产管理板，以防止异常再发生，并做好改善效果的确认。

如图 4-54 和图 4-55 所示，在生产管理板上，显示着每天的生产目标和到点为止的生产数量。因此，对于作业人员而言，他们通过观察生产管理板上面的生产目标，来判断目前的生产进度是否过慢。同时，一旦生产线的速度过慢或者生产出现了故障，都会反映在生产管理板上面，这对监督者也起着一种警示作用。

生产管理板

| 工序名 | ○○○ |

| 月度计划 ○○○○台 | 每班台数○○○台 | 节拍时间 ○○秒 |

时间	生产计划 每小时/累计	生产实绩（台）				过去最高纪录 ○/○ ○○○台
		赤		白		特别事项
		每小时/累计	停线	每小时/累计	停线	
8～9	60/60	50/50	5秒	50/50	9秒	
9～10	60/120	55/105	8秒	58/108	6秒	

图 4-54　某工序生产管理板

生产管理板

09/08/31　星期一　09:50

级别	BX05	今日计划型号	数量	订单量	累计量	人员	标准	85
定子	●	SMITH0123456	654	4567	7835		实际	85
转子	○	AO.SH5678902	234	5468	8798	标准产能		4503
班次	中班	AABBI9876543	123	411	3124			

| 正在生产型号 | AO.SH5678902 | 生产线运行状况 | 正常 ● |

时间段	目标		实际		备注
	小时	累计	小时	累计	
08:30—09:00	50	324	65	76	
09:00—10:00	78	134	23	242	
10:00—11:00	90	105	423	423	
11:00—12:00	90	135	43	121	

| 下一型号AABBI9876543 | 换产时间11:30 | 距换产100分钟 |

图 4-55　生产现场生产管理板

实行目视化管理的目的是无论谁都能一眼就分清当前状态是正常还是异常。而对于目视化管理来说，最重要的是制定一个判断标准，明确什么是正常的状态。目视化管理是找出改善切入口的步骤之一。通过目视化管理，现场人员能够自主发现问题，形成问题意识，自觉努力改善。

目视化管理的推进可以分成三个步骤，目视化管理步骤如图 4-56 所示。

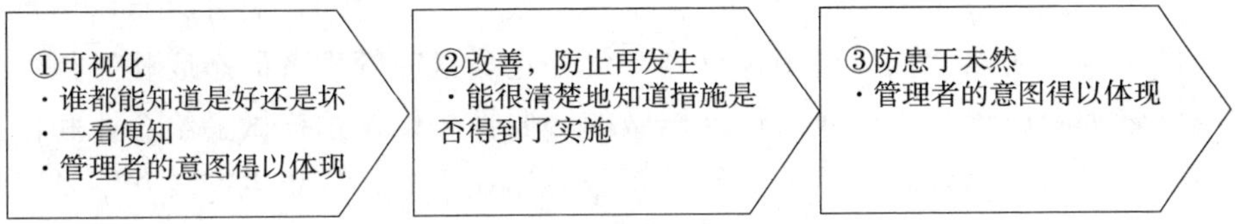

①可视化
·谁都能知道是好还是坏
·一看便知
·管理者的意图得以体现

②改善，防止再发生
·能很清楚地知道措施是否得到了实施

③防患于未然
·管理者的意图得以体现

图 4-56 目视化管理步骤

虽然目视化管理是实行自働化的工具之一，但是它只是单纯地起着查明异常情况的作用。对于不正常的情况，还是需要监督者和其他作业人员解决。因此，在目视化管理的推进过程中，需要与步骤②和步骤③相结合，才能发挥其应有的效果，其中"防患于未然"是特别重要的一步。所谓"防患于未然"，就是"标准化"和"管理的固化"。"标准化"就是作业人员需要切实遵守标准化作业和作业顺序书等。"管理的固化"则要求经常点检是否遵守了已确定的规则，如果无法严格遵守，就需要找到其中的原因，并设法改善。

4.3.3 实施自働化的方法

1. 有异常就停止

在异常情况发生后，需要停止生产线时，一般有设备自动停止和人为判断停止两种方式。

在整个作业没有或者不能按照标准作业票作业时，每名作业人员都应有把生产线停下来的权力和责任。出现这种问题的原因有两种，要么是出现了不合格产品，要么是由于分配的工作完成时间大于节拍时间。把生产线停下来，可以让问题暴露出来，有助于改善该问题。比如，节拍时间为 50 秒，但是某工序被分到的工作需要 80 秒才能完成，因此当该工序的作业人员不能在节拍时间内完成工作时，就应将生产线停下来。此时，监督者和技术人员就要进行调查，着手进行改善活动，将该工序时间从 80 秒缩短到 50 秒。对于出现不合格品也是相同的道理，之所以工序中的不合格品会暴露在生产线上，是因为在实现了以看板为工具后，在制品库存减少了。当工序中出现不合格品时，作业人员再也不能像以往那样用库存中的在制品替换缺陷在制品，就不得不将生产线停下来。这样一来，质量不合格的问题也暴露了出来，方便对其进行改进。

在生产现场，为了减少异常情况，管理者肩负着两个责任。第一，要不停地给作业人员灌输一旦有异常就停止生产线的思想。一开始，作业人员可能认为一旦生产线停下来，不但会耽误整个生产线的操作时间，而且会暴露出自己工序的问题，所以他们会抗拒一有异常就停止。这时管理者的态度就显得尤为重要。管理者应该告诉作业人员这样做的必要性，以及这样做会给企业和作业人员自身带来什么好处。最重要的是要告诉作业人员，停止生产线并不是因为他们做得不好，恰恰相反，如果他们能在出现异常时将生产线停下来，让问题暴露出来，才是工作认真的表现。第二，必须亲自查找问题的原因。例如，作业人员接收到了来自前工序的不合格品，在将不合格品送回前工序的时候，管理者就应找出产生不合格品的原因，而不是等着别人来做。

（1）设备自动停止生产线。

设备自动停止生产线有很多种方式方法，在这里介绍一种 AB 控制方法，也称为满工件控制方法。这种控制方法是为了使工序间或者工序内标准在制品持有量总是保持在一定量，通过设置两个控制点（A 点、B 点），将这两点有无产品作为控制传送部分是否可以运转的条件，以及能否从工序传送产品的条件。对于 A、B 两个控制点，A 点是 B 点的前工序，具体情况如图 4-57 所示。

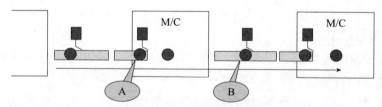

图 4-57　AB 控制方法示意图

在这条生产线上，如果 B 点有工件，但是 A 点没有，生产线就不能启动。即使 A 点有工件，但 B 点不空的话，生产线也不能启动。这样做是为了保证生产线上标准在制品持有量一致。对于第一种情况，如果 A 点没有正在加工的工件，而此时生产线依旧照常运转，将 A 点 M/C 中的在制品运给 B 点，由于 A 点 M/C 中的在制品不能得到补给，那么 A 点 M/C 中就不能保持标准在制品持有量。当 A 点有工件，但 B 点不空时，如果生产线运转，将 A 点的在制品运给

B 点，那么 B 点就会出现多于标准数的在制品。只有在 A 点有在制品在加工，B 点没有在制品在加工时，生产线才会自动启动，将 A 点 M/C 中的在制品搬运到 B 点进行加工，A 点工件的搬运条件如表 4-4 所示。

表 4-4　A 点工件的搬运条件

A 点工件	B 点工件	（M/C）运转条件
○	×	运转○
	○	停止×
×	×	停止×
	○	停止×

注：○代表有工件，×代表无工件。

（2）人为判断停止生产线（定位置停止方式）。

在生产现场，首先确定作业人员在节拍时间内的作业范围，即一个工作位间距。在确定工作位间距后，在生产线旁边的地板上用白线做好标记，如图 4-58 所示。

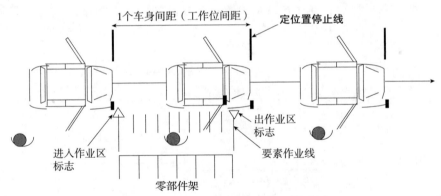

图 4-58　汽车总装线定位置停止线示例

不同的记号代表着不同的操作工序，比如走到记号 1 的位置代表安装座椅，走到记号 2 的位置代表安装门把手，同时相应的工序名称也会标记在记号旁边。零部件的存放处以及工具的位置都要和相应的作业位置相对应。当作业人员在某个循环内的工作不能按时结束时，作业人员可以通过按下信号指示灯，呼叫支援人员前来协助。如果支援人员在一个节拍时间内仍旧不能完成作业的话，生产线就自动停止在固定停止线处，这就是定位置停止方式。一旦超出作业区就自动停止的功能，可以通过多种方式实现。比如在出作业区的标志处铺上一个垫子，作业人员一旦超出标准的作业区，一脚踩在垫子上，生产线就自动停止。采取定位置停止方式，当作业人员不能完成规定的工作时，就将生产线停下来，这样做不会让作业人员的作业落后形成堆积，而是让他们回到正规的作业位置。采用定位置停止方式，作业中的异常，比如作业落后、发现质量不合格等情况，都会被暴露出来，然后相关监督者和技术人员再着手对其进行改善。

2. 设置防错装置

防错装置是指能够防止异常发生的、便宜且可靠的工具和机制。它专门用于排除因作业人员疏忽而造成的不正常情况，由于节拍时间不够等客观条件限制造成的异常情况不属于此范围。在生产现场，想要尽量减少异常情况，需要满足以下四个条件：①明确遵守的标准；②标准易于遵守；③作业人员熟知标准；④作业人员技术过硬。但是实际情况是，人与机器不同，人是会失误的。对于人的失误的改善，可以从两个方面着手：面向人的改善和面向作业方法的改善。面向人的改善具体措施有：提醒作业人员进一步小心注意，增强标准意识；定期举办反思会；在生产现场设置不合格品展示台；制作每个人的不合格品件数表；设立防止失误特别月等。改善人的失误示意图如图4-59所示。

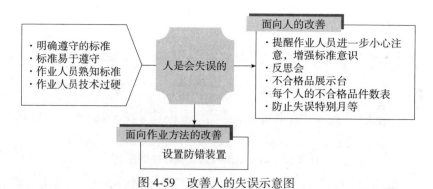

图4-59 改善人的失误示意图

设置防错装置可以达到以下目的：取消容易出现失误的作业；不再让人去做容易失误的作业；把作业改成人容易操作的；检知因失误导致的异常；尽量减少因失误带来的影响。

可以根据工序和零件的不同，采取不同的防错装置。例如，利用零件形状的不同，防止装反零件的例子，如图4-60所示。

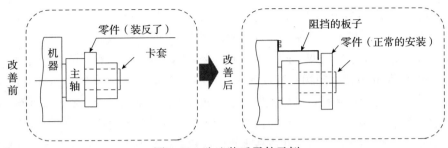

图 4-60　防止装反零件示例

　　另外还有防止焊接螺母缺件的例子，如图 4-61 所示。在焊接时，作业人员有可能会因为疏忽而忘记将螺母放在加工物上面，直接进行焊接。为了防止这种现象发生，人为地在加工物旁边加上一个停止按钮，一旦忘记放螺母，焊接机在接触到加工物之前，停止按钮就会与焊接机相连的上下运动的连杆先接触，与停止按钮相连的灯和喇叭就会被触发，机器自动停止，提示作业人员异常发生，让作业人员及时纠正错误。

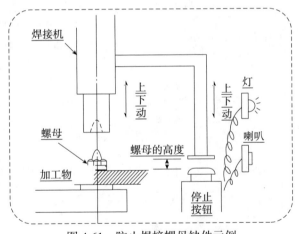

图 4-61　防止焊接螺母缺件示例

3. 防止再发

　　防止再发就是要找到异常问题产生的根本原因，彻底解决它。在以往的生产中，人们遇到异常问题，仅仅将表面的问题解决，就认为已经完成了改善任务。没有深究产生异常问题的根本原因，其结果就是问题的症结依然存在，下次可能会以不同形式的异常问题再次表现出来。防止再发的最有效方法就是 4.1 中提的"五问法"（五个"为什么"），其使用中要遵循以下几个原则：第一，问题分析不能受到先入为主的观念的影响；第二，改善人员要根据信息"到现场去观察"，必须遵守现地现物的原则；第三，不能根据自己的推测去追溯问题的根源，一切改善活动和原因的追寻都要基于自己调查得来的事实，经由别人转述的信息不可信；第四，生产现场的问题分为技术问题和管理问题，有些异常问题乍一看像是很难的技术问题，其实往往是管理问题。比如，当异常问题发生，如果是因为技术难度太高，那么这是一个技术问题。但如果因为技术难度太高，这个问题再次发生了，那么这就是管理问题。因为管理人员在知道技术难度太高会使生产操作出现问题后，就应该着手对技术进行改进，防止其再次发生。防止再发寻求对策的流程见图 4-62，是追求真因的"五问法"的具体应用，举两个例子如图 4-63 和图 4-64 所示。

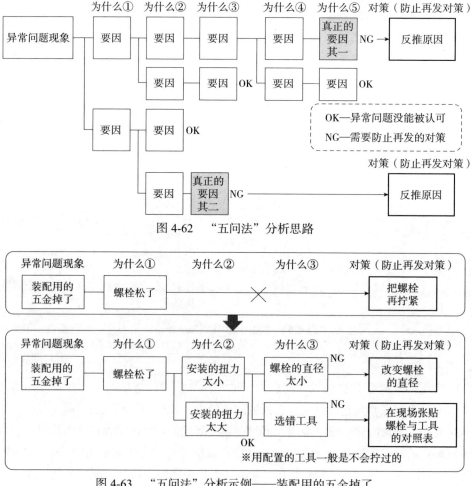

图 4-62   "五问法"分析思路

图 4-63   "五问法"分析示例——装配用的五金掉了

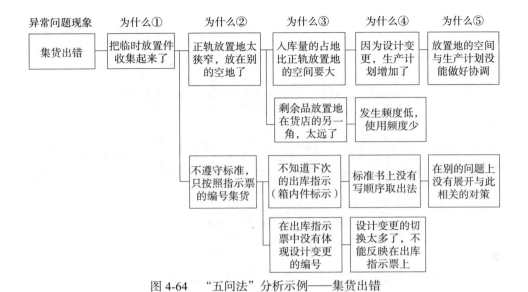

图 4-64　"五问法"分析示例——集货出错

　　一个问题产生的原因往往是多重的，在寻求原因时，可以采用5M因素法进行评价，找出真正的问题点。5M是指作业人员（Manpower）、机器（Machines）、原材料（Materials）、方法（Methods）、测量（Measurements）。任何与5M有关的异常问题，都必须以可视化的形式呈现出来，也就是在这五个方面，需详细视察使之可视化。所谓"5M因素法"，就是人们常说的从企业经营的5M环节，逐一认真分析，寻找企业的"症结"并进行改进。在对这五个因素进行分析时，可以从以下分析要点着手，找出产生异常问题的根本原因，如表4-5所示。

表 4-5　5M 因素分析要点

因素	分析要点
作业人员	①是否遵守标准；②作业效率是否良好；③是否具有问题意识；④是否具有高度的责任感；⑤是否具有过硬的技术；⑥是否具有经验；⑦配置是否适当；⑧是否有改善意愿；⑨人际关系是否良好；⑩健康状况是否良好
机器	①是否有足够的生产能力；②是否具备充分制造能力；③给油是否适当；④有无充分的检点；⑤是否发生故障停止；⑥是否有精度不足的现象；⑦是否会发生异常；⑧配置是否适当；⑨数量是否有过多或不足的现象；⑩整理与整顿是否做好

（续）

因素	分析要点
原材料	①数量是否有误；②等级是否发生错误；③厂牌是否发生错误；④是否混入异质材料；⑤在库量是否合适；⑥有无浪费的现象；⑦处理情形是否良好；⑧配置情形是否良好；⑨品质水准是否良好
方法	①作业标准是否良好；②这种作业方法是否安全；③这种方法是否可做出质量合格的商品；④这种方法是否提高效率；⑤作业顺序是否正确；⑥相互协调是否良好；⑦温度、湿度是否良好；⑧照明、通风设备是否正常；⑨前后工程之间连接是否良好
测量	①量具的精确度如何；②是否定期保养；③是否定期校正；④操作方法是否正确；⑤再现性是否良好

在采取措施防止再发时，改善人员不能有先入为主的观念，要像白纸一样去观察现场。与"原因"相比，改善人员应该更注重真因，而"真因"往往藏在原因的另一侧。对于真因的寻找，要反复询问为什么，直到找到真因为止。在此引用大野耐一的一句话——"我当然很重视生产现场的数据，但我最重视的是事实"。

4.3.4　省人化的推进

1. 一人多台与一人多序

自働化的实施将人的工作与机器的工作分离，使一人控制多台机器（一人多台）和一人控制多个工序（一人多序）成为可能，进而省下人手，做到降低成本。比如在使用自働化之前，作业人员操作钻床需要手动加工，要经过取下加工物、安装材料、启动机器、加工中的保持和监视、加工完后机器停止、复原到原位置这几个步骤（见图 4-65），其中加工中的保持和监视是作业人员的等待时间。在实施了自働化改造后，让机器可以自动加工，同时机器在加工完成后可以自动停止，那么机器在加工时作业人员就可以离开去操作别的机器或者工序，做到一人多台或一人多序，进而实现省人化，如图 4-66 所示。

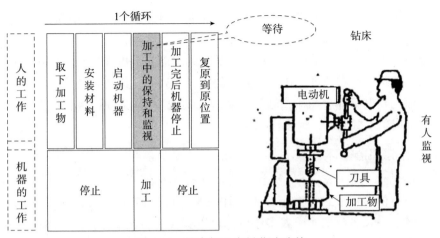

图 4-65 钻床加工自働化改造前

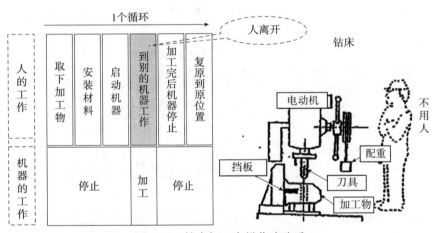

图 4-66 钻床加工自働化改造后

一人多台与一人多序的操作模式，如图 4-67 所示。

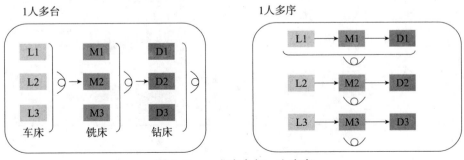

图 4-67 一人多台与一人多序

在一人多台的操作模式下，由于每个作业人员都操作好几台相同的机器，他们并不知道整条生产线对于半成品的需求是多少，也不知道上下游工序的生产进度，很容易生产出多于下游工序需要的数量的在制品，出现过量生产导致库存浪费增加的情况。相对而言，在一人多序的操作模式下，作业人员能够清楚地知道各个工序的在制品库存与生产速度，更容易实现均衡化。所以，与"一人多台"相比，更应追求做到"一人多序"。

2. 缩短机器循环时间

在自働化实施中，一人多序可以做到省人化。那么，如何推进一人多序呢？在原有的一人多台模式下，工人往往是大批量加工，对换产时间的要求并不高。但是一人多台变成一人多序后，可以实现均衡化、小批量、多品种生产，这就对企业的换产时间和机器循环时间提出了较高要求。因此，想要通过自働化实行一人多序来进一步省人，就要在缩短换产时间的基础上继续缩短机器循环时间。

关于缩短换产时间，在 4.2.4 中已经进行了较为详细的说明，此处只给出简单的步骤整理和时间分析工具，如表 4-6、图 4-68 所示。

表 4-6　缩短换产时间步骤

第 1 步	制作"标准"，明确区分作业内容	总换产时间 内换产　调整　外换产
第 2 步	将内换产作业变为外换产作业	内换产作业　调整　外换产作业
第 3 步	改善内换产作业，缩短内换产时间	内换产　调整　外换产
第 4 步	缩短调整时间	内换产　调整　外换产
第 5 步	改善外换产作业，缩短外换产时间	内换产　调整　外换产

缩短换产时间

生产线		换产时间分析表（要素作业，时间点，改革方案一览表）						换产人员	调查日期		批准		制作	
零件									制作日期					
工序名		机器名				机器编号			新编号			旧编号		
NO.	换产要素作业 作业开始	实测时间		换产区分			问题点	改革方案	削减（秒）	本次实施方案 时间（秒）	新的工装 工具设备名	主业	预定 完成	确认 实施
		读取	有效	内换	外换	浪费								

图 4-68　换产时间分析表

机器循环时间包括人的时间和机器的时间，因此缩短机器循环时间就包括了缩短人的时间和缩短机器的时间两个方面。

第一，缩短人的时间（人的动作时间）。要缩短人的时间，就要基于人的动作经济原则，做到以下四点：①同时使用双手，避免一手操作一手空闲；②力求减少动作单位数，避免不必要的动作；③尽可能减少动作距离，避免出现全身性活动；④追求舒适的工作环境，降低动作难度，避免不合理的工作姿势或操作方式。在动作经济的原则上，需要通过改善达到消除等待的目的。

第二，缩短机器的时间（设备的动作时间）。缩短机器的时间，可以从以下几个方面入手：①找出动作的重叠部分，考虑这些重复的、相同的动作能不能同时在机器上进行操作；②记录各个要素动作的开始时间，目的是找出各个工序间是否有等待时间；③最小化间隔时间；④确认各个动作之间是否存在干涉，如果不存在干涉，就考虑能不能在上一个动作还在进行的时候，就开始下一个动作。

下面以机器"仅装夹"改善为例，介绍缩短机器循环时间。在传统机器设备的运转周期中，作业人员操作机器的动作包括停止机器、装夹、从机器加工区域退出材料、取下材料、启动机器，以及将材料送入机器加工区域，如此周而复始。而"仅装夹"是指在操作机器时，作业人员需要做的仅仅是取下材料和需要细致动作的装夹工作，其他工作都由机器完成。由于作业人员的一部分工作由机器取代，作业人员就被解放出来进行其他的工作，进而就做到了一人多台、一人多序。如图 4-69 所示，通过"仅装夹"改善，2 人作业变成了 1 人作业，节约了成本。

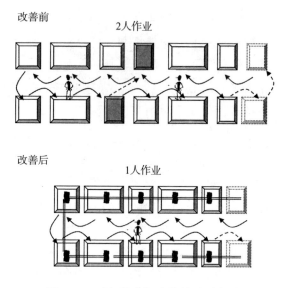

图 4-69   "仅装夹"改善前后示意图

值得注意的是，实现"仅装夹"的前提是"出现异常后，机器设备能自动停机"，否则一旦出现异常，就会生产出不合格的产品，使企业产品质量水平降低。一般情况下，对于"仅装夹"的改善，可以通过改善机器设备，做到机器能够自动弹出、自动投送到后工序的滑道等，这样就能保证实现不依靠作业人员而依靠机器的自动运转。

作为 TPS 的两大支柱之一，自働化通过赋予机器以人的智慧，实现节约成本以及自动监控质量，不生产不合格品的目的。关于自働化的具体内容及思路如图 4-70 所示。

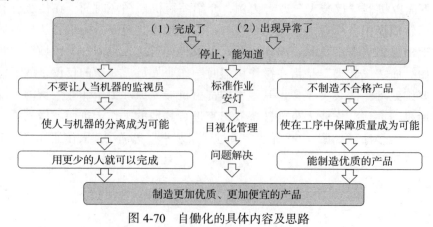

图 4-70   自働化的具体内容及思路

综上，自働化的实施不仅可以为企业减少员工、降低成本，而且由于赋予了机器以人的智慧，使其在出现异常时能自动停止，并且将异常通知给作业人员及监管人员，保证了产品质量，从而使企业能够制造更加优质、更加便宜的产品。

4.4　标准作业与改善

4.4.1　作业标准与标准作业概述

1. 作业标准

标准起初有目的的含义，后来衍生出区别于其他事物规则的意义。其目的是促进产品、过程、服务和材料符合要求。标准也指依据，代表对过程和结果进行衡量的参数。过程如果无标准可依就会导致错误的结果，结果如果无标准可对照就会达不到要求。

作业标准，是指保证作业人员在工作位置上完成用户所要求的合格产品生产的各种规定。进行作业标准化时的重要工作，不是把最终的质量特性规定成标准，而是规定得到质量特性的主要作业因素，目的是保证在规定的成本和时间内完成规定质量的产品生产。

作业标准的一般要求具体包括：各种材料按时、按质、按量到位，工装设备、工模夹具都需具有可靠的稳定性，明确的工艺流程与布局，明确的人员配置要求，明确的作业方法与手段，明确的工作程序与作业步骤，明确的标准工时、质量标准及检验方法、包装要求，规范的作业现场（环境）等。

2. 标准作业

标准作业是指为了在一定时间内生产必要数量的产品，将使用的每台机器与作业顺序、要素作业所需的标准时间，以及每台机器所需的在制品等按照作业标准进行最适当的配合，达到生产目标而制定的作业方法。它是以人的动作为中心，按照没有浪费的顺序，保证安全和质量的、高效率的生产方法。

标准作业的前提：①标准作业应以人的动作为中心，②标准作业应以反复、相同顺序的作业为前提。若每个循环变化较大，就难以制作标准作业。

标准作业与作业标准的区别是：

标准作业是以人的动作为中心，按照没有浪费的顺序进行的最有效的生产方法，是对人、物、设备进行最有效的组合，追求品质、成本、安全、作业性等各方面有综合的改善和提高。

作业标准是指导作业人员进行标准作业的基础，是为了进行标准作业，制定的关于设备、物、方法等的各项生产技术要素的标准。作业标准是对作业人员的作业要求，强调的是作业的过程和结果；作业标准是每个作业人员进行作业的基本行动准则，具有代表性的作业标准书有作业要领书、操作要领书、换产要领书、搬运作业指导书、检查作业指导书、安全操作要领书等。

3. 标准作业的目的与目标

了解标准作业的目的和目标，对于了解改善方向、持续改善具有重要意义。

（1）标准作业的目的。标准作业的目的具体包括：

1）明确制造方法的规则：基于安全、质量、成本、数量的考虑制定的制造方法的规则。

2）作为改善的工具：

①没有标准就没有改善，通过标准作业研究，不断改善标准作业，提高效率。

②有利于找到生产超负荷、生产不均衡和浪费等问题。

（2）标准作业的目标。标准作业的目标具体包括：

1）没有浪费地高效生产。标准作业的第一个目标是通过减少动作的浪费，进行高效的生产，这样有助于标准作业的确定与改善。

2）保证各工序的平衡。节拍时间贯穿于标准作业的改善中，根据节拍时间进行工序的平衡，有利于准时化生产的实现。

3）限定最小标准持有量。最小标准持有量限制了每名作业人员执行标准作业所持有的绝对数量，有助于消除在制品库存的浪费。

4.4.2 标准作业内容及工具

1. 标准作业的三要素

节拍时间、作业顺序和标准在制品是构成标准作业的三要素，如图 4-71 所示。

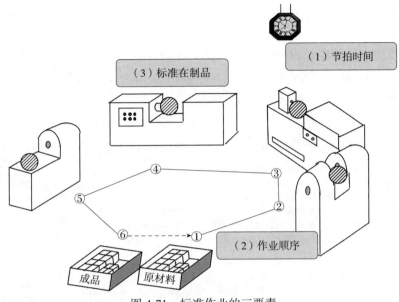

图 4-71 标准作业的三要素

（1）节拍时间（TT）。节拍时间的相关概念和计算方法在前文中已经进行了介绍，现把其他相关的概念进行说明。

1）循环时间（CT）：1 个作业人员在其负责的工序用确定的作业顺序完成 1 次作业循环所需要的时间。

CT 是指一次作业循环的周期时间，因此，在考虑 TT 与 CT 的关系时，要用必要数量的 TT 与 CT 比较。例如：当一次作业循环生产 3 件时，要用 TT 乘 3 之后的值和 CT 进行比较。

当 CT 大于 TT 时，代表作业产生延迟；CT 小于 TT 时，作业就会产生等待，可以针对具体问题进行改善。

2）设备循环时间（MCT）：设备加工 1 个零部件所需要的时间（完成时间）。

3）实际节拍时间（ATT）：节拍时间是按照定时计算的，因能力不足而不得不补充定时以外（超出）的时间来完成工作，这时采用的生产节拍时间为实际节拍时间。

（2）作业顺序。标准作业的作业顺序是高效率的保证，它能够保障作业人员安全、高效地生产合格品。若作业顺序没有统一的标准，每个人都按照自己的喜好去做，就会发生丢序、漏序、损坏设备等情况，停线现象极有可能发生。

需要注意的是作业顺序指作业人员进行作业的动作顺序，不是工序顺序、制品流程。

合理的作业顺序是没有多余动作和步行的作业顺序，是最高效率的作业顺序。如图 4-72 所示，上方作业人员较多的步行，造成了不合理的作业顺序，下方是合理的作业顺序，减少了不合理路径。

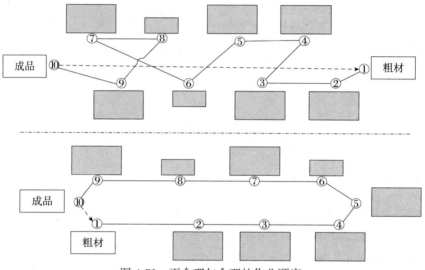

图 4-72　不合理与合理的作业顺序

确定作业顺序需要的表格工具是标准作业组合票，后文会详细介绍。需要注意的是，使用标准作业组合票的前提是工序能力表。好的作业顺序会有较好的效果，如作业效率高，避免将漏加工、安装错误放到后工序，不易出现损坏设备、停止组装生产线等现象。

（3）标准在制品。所谓标准在制品，指为了形成安全高效的作业顺序，工序内持有的最低限度储备量的在制品，包括正在加工的在制品。若没有标准在制品，作业人员就不能进行循环作业。标准在制品不包括前后的材料和成品，最低限度的在制品储备量有助于减少浪费现象，有助于发现改善线索。

不同条件下确定标准在制品储备量的思路也不尽相同，对条件的区分一是从作业方向和物流方向来考虑，二是从有无自动加工设备来考虑，根据不同条件及组合确定标准在制品储备量的具体思路及示例如表 4-7、图 4-73 所示。

表 4-7　确定标准在制品储备量的具体思路

区分	条件	标准在制品数
作业方向和物流方向	顺物流方向作业	0个
	逆物流方向作业	各设备前1个
有无自动加工设备	有自动加工设备	各设备中1个（一次加工1个）
	无自动加工设备	0个

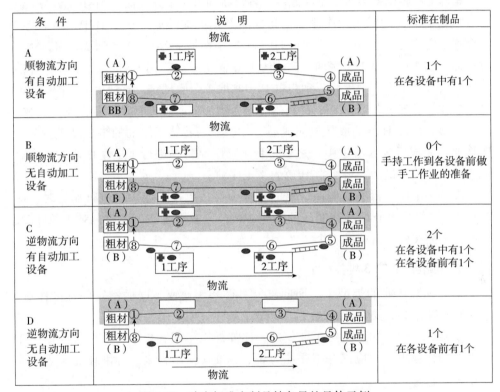

图 4-73　确定标准在制品储备量的具体示例

　　条件 A：1工序、2工序分别有1个标准在制品。当有自动加工设备且顺物流方向的时候，作业人员从粗材A中拿取1个原料，持有这个原料至1工序，这时1工序的半成品已经完成，作业人员将这个半成品放置到2工序，同时对1工序的原料进行加工。之后，作业人员将2工序的成品放置于成品A中，再对放置在2工序的半成品进行加工。

　　假设1工序设备没有标准在制品，这时作业人员按上述作业顺序进行作业，为了 2 工序能够有材料加工，会在 1 工序产生空手等待，标准作业不成立。因此，对于条件 A，标准在制品数为各设备中有 1 个。

条件 B：0 个标准在制品。对于顺物流方向且无自动加工设备的一般情况，作业人员只需一边加工，一边移动，由于没有自动加工设备，不会产生空手等待的现象，保证了没有浪费的顺序，标准作业成立。因此，对于条件 B，标准在制品数为 0 个。

条件 C：各设备中有 1 个在制品，各设备前有 1 个在制品。当有自动加工设备且逆物流方向的时候，作业人员将成品 B 前的成品放入成品 B 中，然后将 2 工序加工完成的成品放入滑道，同时，将 2 工序前的半成品放置到 2 工序，对其进行加工。之后，将 1 工序加工完成的半成品放入 2 工序前，同时，将 1 工序前的原料放置到 1 工序。最后，到粗材 B 中拿取 1 个原材料，放到 1 工序前。

条件 D：各设备前有 1 个在制品。当逆物流方向且无自动加工设备的时候，作业人员将成品 B 前的成品放入成品 B 中。然后将 2 工序前的半成品进行 2 工序作业，完成后放入滑道中。之后，将 1 工序原材料进行 1 工序作业，完成后放入 2 工序前。最后，将粗材 B 放入 1 工序前。

假设 2 工序前没有在制品，这时作业人员按上述作业顺序进行作业时，在 2 工序就会发生没有标准在制品的情况，标准作业不成立。因此，对于条件 D，标准在制品在各设备前有 1 个。

2. 标准作业的 3 种类型

（1）标准作业的类型 Ⅰ。面向重复可循环作业或工序而制定的标准作业，常利用标准作业三要素来表达。

该类型一般在加工类的工序使用，比如加工车间、焊接、成型等操作。在该类型的作业现场，应该有工序能力表、标准作业组合表、标准作业票等标准作业文件。

（2）标准作业的类型 Ⅱ。对于可计算出节拍时间，但因为工序或工步多，需要分配给多名作业人员，可形成多种组合的工作，而形成的标准作业就是标准作业的类型 Ⅱ。类型 Ⅱ 主要存在于总装车间、涂装车间等。

该类型主要涉及的表格有要素作业表、山积表（工序编制板）、作业顺序书、要素作业连接表、标准作业票。

（3）标准作业的类型 Ⅲ。不容易确定节拍的线外工作，工作往往不具有规律的重复性，需要用安灯等来指示作业顺序而形成的标准作业。具体如更换刀具、品质检查、换型准备、搬运等。

　　类型Ⅲ涉及的表格主要有要素作业一览表、山积表（负荷表）、类型Ⅲ要素作业票。

　　3 种标准作业类型具体涉及工序、工种、要点、表格，如表 4-8 所示。

表 4-8　标准作业类型及具体内容

	类型 Ⅰ	类型 Ⅱ	类型 Ⅲ
工序	利用三要素，可以编制成循环的标准作业工序	虽然能算出节拍时间，但是组合种类过多，很难表达出一人份的作业量，作业难度较高的工序	很难按照节拍时间作业，通过安灯等指示进行作业的工序
工种	如机加工车间、冲压、锻压、焊接、成型等操作	流水线、分装线等	更换刀具、品质检查、换型准备、搬运等
要点	CT＝TT	CT 的加权平均＝TT	总负重量＝定时
表格	工序能力表 标准作业组合票 标准作业票	要素作业票 山积表（工序编制板） 作业顺序书 要素作业连接表 标准作业票	要素作业一览表 山积表（负荷表） 类型Ⅲ要素作业票

3. 标准作业与改善的工具（表格）

　　根据上述 3 种标准作业类型，以及不同改善工具（表格）的相关特点进行归类，结果如表 4-9 所示。

表 4-9　3 种标准作业类型相关工具（表格）

功能	类型 Ⅰ	类型 Ⅱ	类型 Ⅲ
1. 把握能力	工序能力表	要素作业票	要素作业一览表（作业原单位一览表）
2. 作业组合、探讨作业的动作	标准作业票 标准作业组合票	山积表（工序编制板） 作业顺序书 要素作业连接表 标准作业票（类型Ⅱ）	山积表（负荷表） 类型Ⅲ要素作业票（作业原单位表）
3. 现场张贴表格，让作业人员清楚工作任务、工作标准等	标准作业票	山积表（工序编制板）	山积表（负荷表）

　　（1）类型Ⅰ常用改善工具（表格）。

　　1）工序能力表。工序能力表指用于确认各个工序设备能力的工具，需要填写手工作业时间、机器自动运转时间及刀具更换时间等。从所填数据可以分辨出该工序拖延时间的是手工作业还是机器自动加工作业，并从中找出改善点。若生产能力不够，可以减少换刀时间，同时做好动作改善。

　　工序能力表是做标准作业组合票时的基准，可用于发现生产线中的瓶颈工序。需要注意准确测定并填写时间值。

　　加工能力计算公式如下：

$$加工能力＝每班的运转时间/（完成时间/件＋换刀时间/件）$$

　　需要对手工作业、机器自动加工及换刀时间进行测时并记录，同时记录各工序换刀一次的加工个数。

　　工序能力表示例如表 4-10 所示。

表 4-10　工序能力表示例

制作	年 月 日			
修改	年 月 日		印	

工序能力表		编号	35372-1600	生产线名	MH-0221	所属	姓名
		名称	油泵罩				

工序	工序名称	机器编号	基本时间（分）			附带时间						附带时间合计	单个作业时间合计	加工能力	图示时间 手工作业 ━━ 自动加工 ┅┅
			手工作业时间	自动加工时间	完成时间	刀具更换			质量检验						
						个数	时间（秒）	单个时间（秒）	个数	时间（秒）	单个时间（秒）				
1	下料	LS-023	5	28	33	600	120	0.2				0.2	33.2	813	5 28
2	蹦切	LS-024	3	25	28	600	120	0.2				0.2	28.2	957	3 25
3	Φ10孔 打孔	DR-085	5	19	24	500	300	0.6	100	15	0.2	0.8	24.8	1088	5 19
4	Φ5孔 打孔	DR-086	6	21	27	500	300	0.6	100	25	0.3	0.9	27.9	967	6 21
5	Φ20孔 打孔	DR-060	7	25	32	500	300	0.6				0.6	32.6	828	7 25
6	清洗	CL-034	5	30	35	-	-	-					35.0	771	5 30

说明：

1. 工序名称——记录各工序名称（用多个设备加工同一工序时，换行分别填写；用 1 台设备同时加工多个产品时，在工序名称栏中加括号，并填写个数；存在以一定的频率定期进行的作业时，包括频率一并填写）；

2. 手工作业时间——测定并填写作业人员在设备（工序）上进行的手工作业的时间，不包含步行时间；

3. 自动加工时间——填写设备启动工件加工后，恢复到原位置的时间；

4. 完成时间——记录手工作业与自动加工的总时间（完成时间＝手工作业时间＋自动加工时间）；

5. 刀具更换单个时间——填写刀具更换时间除以刀具更换个数的值，例：$120÷600＝0.2$；

6. 质量检验单个时间——填写质量检验时间除以质量检验个数的值，例：$15÷100≈0.2$；

7. 附带时间合计——记录更换刀具、质量检验时间的合计；

8. 单个作业时间合计——记录附带时间与完成时间的合计；

9. 图示时间——记录手动作业时间与自动运行时间的关系。

具体的人与机器工作组合的图示方法如图 4-74 所示。

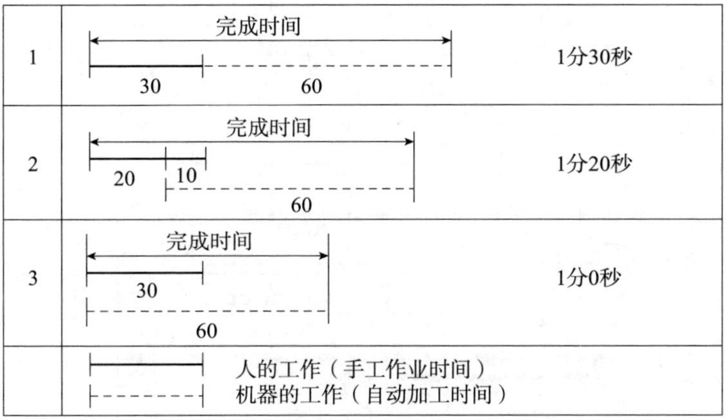

图 4-74　人与机器工作组合的图示方法

2）标准作业组合票。标准作业组合票的作用是通过明确每个工序的手工作业时间、步行时间和设备自动运转时间的前提下，通过作业顺序的调整和组合，探讨一个人能承担的最大工序范围。标准作业组合票能够容易地找出作业顺序、时间以及返回等动作，也活用于找出作业改善的必要点上。需要注意的是在改善前称为表准作业组合票，改善后才确立为标准作业组合票。

标准作业组合票主要用来确定人承担的工作的范围和进行作业的顺序，也用来使作业顺序和作业的过程更容易判断，以发现需要进行作业改善的地方。

使得分配作业量的组合时间等于 TT，是比较理想的；小于 TT，会产生生产过剩或等待的现象；大于 TT，则会难以达到必要的数量，通常要通过加班的方式完成。

标准作业组合票示例如表 4-11 所示。

注意几种组合线图的画法：

①自动加工时间的返回方法如图 4-75 所示。

当 TT≥CT 时，作业一周所用循环时间比节拍时间短，虚线画线要画到节拍时间线，长度不够的部分再从开始加画出来。

当 TT<CT 时，作业一周所用循环时间比节拍时间长，虚线画线要画到循环时间线，长度不够的部分再从开始加画出来。

表 4-11 标准作业组合票示例

生产线名		MH-0221	分解编号	1/1	标准作业组合票	年 月 日		印
机器编号	35372-1600		必要数	552个/班				
产品名	油泵罩		节拍时间	50秒/个				

作业顺序	作业内容	时间(秒)			组合线路图
		手工	自动	步行	
1	取材料 LS-023	1		2	
2	安装 启动 LS-024	5	28	3	
3	安装 启动 DR-085	3	25	2	
4	安装 启动 DR-086	5	19	2	
5	安装 启动 DR-060	6	21	2	
6	取下 安装 启动 CL-034	7	25	2	
7	取下 安装 启动	5	30	2	
8	放成品	1		1	
合计		33		16	
		等待		1	

图例:
—— 手工作业
········ 自动加工
〜〜〜 步行
⟹ 空手等待

说明:

1. 分解编号——记录作业人员第几个人 / 在几个人中(例如:1/1 表示第一个作业人员;5/6 表示第 6 个作业人员中的第 5 个;

2. 必要数——记录每班必要数;

3. 节拍时间——算出节拍时间并记录。另外,在时间图示栏的时间轴上用红线画出节拍时间的时间值;

4. 组合线路图——将手工作业时间自动加工时间画入时间轴中,手工作业时间用实粗线表示,自动加工时间用虚线表示,步行时间用波浪线表示。

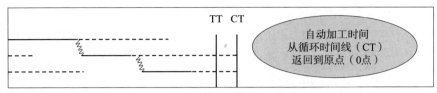

图 4-75　自动加工时间的返回方法

②工序中的空手等待＋返回作业如图 4-76 所示。

作业途中发生空手等待的现象时，在发生空手等待的地方用◀▶表示，出现返回作业时需步行返回到相应工序。

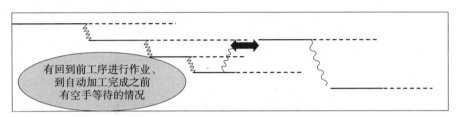

图 4-76　工序中的空手等待＋返回作业

③绕两圈回到原点的作业（同一工序的两台机器交互进行排产）如图 4-77 所示。

当同一工序的两台机器交互进行排产时，不能在一条水平线上画线，错开画线使两台机器的工作情况更加清晰。

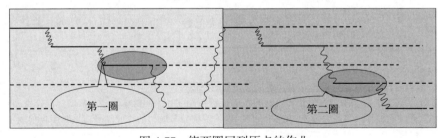

图 4-77　绕两圈回到原点的作业

3）标准作业票。标准作业票显示每个作业人员的作业范围，记录标准作业三要素（节拍时间、作业顺序、标准在制品），以及安全注意事项（有自动送件的情况）、质量确认（频度）等。

标准作业票作为管理、改善的工具，能够让他人得到生产线作业状况的信息。需要注意的是，标准作业票需要张贴在现场的对象工序处。另外，在改善前称为表准作业票，改善后才确立为标准作业票。

　　标准作业票是张贴在现场的相应的工序资料，表示监督如何进行作业，是管理者进行管理的工具，用于确认作业人员的作业是否正确。另外，标准作业票也用于发现各条生产线潜在的问题，以便对作业人员进行指导。

　　标准作业票示例如表 4-12 所示。

表 4-12　标准作业票示例

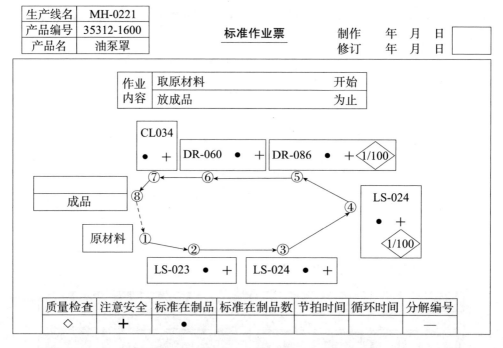

说明：

　　1. 作业内容——记录标准作业组合票的最初与最终作业。

　　2. 工序配置图——画出作业台和机械配置的工程布局图、注明机械编号。依据标准作业组合票，写上作业顺序的编号，并用实线连接起来。最后的作业编号与最初的作业编号连接时用点线表示，并将瓶颈工序标红。

　　3. 质量检查——在需要进行质量检查的机器标记上质量检查的符号，用质量检查记号（◇）记录，检查频用 1/n 表示。

　　4. 注意安全——在需要注意安全的机器上标记注意安全的符号，用安全十字记号记录。

　　5. 标准在制品——为了按照作业顺序进行作业，必要的在制品量叫作标准手持，标记出放在机器上的位置。

（2）类型Ⅱ常用改善工具（表格）。

1）要素作业票。要素作业票中的要素作业表示组装作业中分隔作业的最小单位，用作业顺序和时间来表示。要素作业票用于记录作业中的安全、质量、方便程度的关键点，也用于作业人员的培训（作业标准的一种）。要素作业票是根据工序能力表、作业组合票做成的，是对一名作业人员的作业顺序、作业内容、品质和安全重点进行明示的文件，作业人员按照要素作业票进行作业，便能够做到准确无误地、快速地、安全地进行。

2）作业顺序书。作业顺序书是表示各个工序作业顺序的管理工具，用以明确作业顺序、作业时间等，以便管理人员进行直观管理和确认作业人员的作业是否正确。每当节拍时间发生变更、改善时，管理人员都要修改作业顺序书。

作业顺序书示例如表 4-13 所示，其中，对于要素作业的实测时间，要考虑要素作业时间的设置是否得当，同类产品会不会因为型号不同而差别很大。对于作业部分，要考虑作业部位的个数多不多，作业部位有没有来回走动，注意步行时间和附带时间的长短

表 4-13　作业顺序书示例

TT＝42　　　　单位：秒

班组	所属工序	作业顺序	要素作业名	有效作业时间	附带作业时间	步行时间	合计作业时间	作业难度	车型 A	车型 B	车型 C	人员划分
sps1 组	左侧 1 工序	第 1 步	查看 FIS 单		2.0		2.0	C	√	√	√	
sps1 组	左侧 1 工序	第 2 步	走到货位前			3.0	3.0	D	√	√	√	
sps1 组	左侧 1 工序	第 3 步	拿取零件 1	2.0			2.0	C	√	√	√	
sps1 组	左侧 1 工序	第 4 步	走到下一货位			1.0	1.0	D	√	√	√	
sps1 组	左侧 1 工序	第 5 步	拿取零件 2	2.0			2.0	C	√	√		
sps1 组	左侧 1 工序	第 6 步	返回筐车前			4.0	4.0	D	√	√	√	
sps1 组	左侧 1 工序	第 7 步	放入零件 1	2.0			2.0	C	√	√	√	
sps1 组	左侧 1 工序	第 8 步	放入零件 2	2.0			2.0	C	√	√	√	
sps1 组	左侧 1 工序	第 9 步	确定 FIS 单		3.0		3.0	C	√	√	√	
sps1 组	左侧 1 工序	第 10 步	走到 FIS 单			1.0	1.0	D	√	√	√	22.0

（续）

班组	所属工序	作业顺序	要素作业名	有效作业时间	附带作业时间	步行时间	合计作业时间	作业难度	车型A	车型B	车型C	人员划分
sps1组	左侧2工序	第11步	查看FIS单		3.0		3.0	C	√	√	√	
sps1组	左侧2工序	第12步	走到货位前			4.0	4.0	D	√	√	√	
sps1组	左侧2工序	第13步	拿取零件1	3.0			3.0	C	√	√	√	
sps1组	左侧2工序	第14步	拿取零件2	3.0			3.0	C	√	√	√	
sps1组	左侧2工序	第15步	返回筐车前			4.0	4.0	D	√	√	√	
sps1组	左侧2工序	第16步	放入零件	2.0			2.0	C	√	√	√	
sps1组	左侧2工序	第17步	走到货位前			3.0	3.0	D	√	√	√	
sps1组	左侧2工序	第18步	拿取零件3	2.0			2.0	C	√	√	√	
sps1组	左侧2工序	第19步	返回筐车前			3.0	3.0	D	√	√	√	
sps1组	左侧2工序	第20步	放入零件	2.0			2.0	C	√	√	√	
sps1组	左侧2工序	第21步	核对FIS单		3.0		3.0	C	√	√	√	
sps1组	左侧2工序	第22步	走到FIS单前			1.0	1.0	D	√	√	√	33.0
sps1组	左侧3工序	第23步	查看FIS单		2.0		2.0	C	√	√	√	
sps1组	左侧3工序	第24步	走到货位前			2.0	2.0	D	√	√	√	
sps1组	左侧3工序	第25步	拿取零件1	1.0			1.0	C	√	√	√	
sps1组	左侧3工序	第26步	走到下一货位			1.0	0.0	D	√	√	√	
sps1组	左侧3工序	第27步	拿取零件2	1.0			1.0	C	√	√	√	
sps1组	左侧3工序	第28步	走到下一货位			0.5	0.5	D	√	√	√	
sps1组	左侧3工序	第29步	拿取零件3				1.0	C	√	√	√	
sps1组	左侧3工序	第30步	走到下一货位			0.5	0.5	D	√	√	√	
sps1组	左侧3工序	第31步	拿取零件4	1.0			1.0	C	√	√	√	
sps1组	左侧3工序	第32步	走到下一货位			0.5	0.5	D	√	√	√	
sps1组	左侧3工序	第33步	拿取零件5	1.0			1.0	C	√	√	√	
sps1组	左侧3工序	第34步	走到下一货位			0.5	0.5	D	√	√	
sps1组	左侧3工序	第35步	拿取零件6	1.0			1.0	C	√	√	
sps1组	左侧3工序	第36步	返回筐车前			2.0	2.0	D	√	√	√	
sps1组	左侧3工序	第37步	放入全部零件	3.0			3.0	C	√	√	√	
sps1组	左侧3工序	第38步	确定FIS单		3.0		3.0	C	√	√	√	
sps1组	左侧3工序	第39步	走到FIS单前			1.0	1.0	C	√	√	√	21.0

　　3）山积表（工序编制板）。山积表（工序编制板）是指将要素作业按照节拍时间尽量组合工作量，把每名作业人员、每个产品的工作量积累起来，就能够看出 1 名作业人员的达成度以及作业人员之间的负荷不均衡，山积表（工序编制板）可用于均衡作业量和改善。

　　进一步能看出作业人员之间、产品之间作业量的差异，可以作为探讨装配线均衡化的工具使用。山积表（工序编制板）示例如图 4-78 所示。

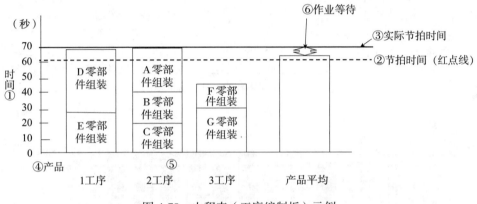

图 4-78　山积表（工序编制板）示例

　　山积表（工序编制板）一般有两种形式，如图 4-79、图 4-80 所示。第一种是分工序的情况，以工序为横轴，在每个工序中分不同产品，对同一工序的不同产品的要素作业进行累计，并按照不同零件类别累计要素作业，用横线将时间划分为不同区域。对不同产品的作业时间进行加权平均，并将结果附在相应工序的最右侧。第二种是分产品的情况，以产品为横轴，在每个产品中分不同工序，对同一产品的不同工序的要素作业进行累计，并按照不同工序类别累计要素作业，用横线将时间划分为不同区域。对不同工序的作业时间进行加权平均，并将结果附在相应产品的最右侧。两种形式的目标都是减少起伏，第一种形式能够减少各工序的工时差，主要用于不同工序的内部平衡。第二种形式能够减少各产品的工时差，主要用于不同产品的工序间平衡，具体的改善方向可以考虑改进工艺、改进产品本身的设计，使得产品的工艺与工序间平衡相匹配，实施方法可以根据实际需求灵活应用。

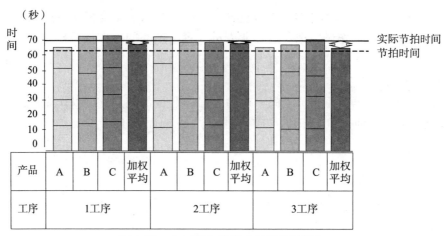

图 4-79 分工序山积表（工序编制板）

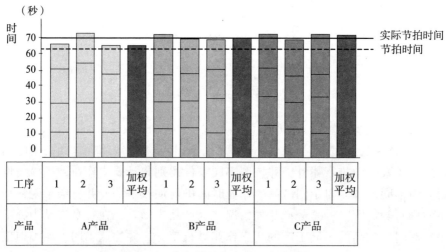

图 4-80 分产品山积表（工序编制板）

4）标准作业票（类型Ⅱ）。

类型Ⅱ标准作业票基本上与类型Ⅰ的相同，为了在同一要素作业内对应传送带（工件）的动作，操作人员需要做很多动作，因此要将作业人员的动线清楚地表示出来，针对不同型号的产品的动线发生变化的情况也要明确表示。

标准作业票（类型Ⅱ）示例如表4-14所示，中间表示产品的生产线，上下部分是存取零部件的区域，两端竖线表示超时，不同线路代表作业人员的作业顺序。标准作业票（类型Ⅱ）可以使作业人员和其他人员更明确生产线作业状况的信息。

表 4-14　标准作业票（类型Ⅱ）示例

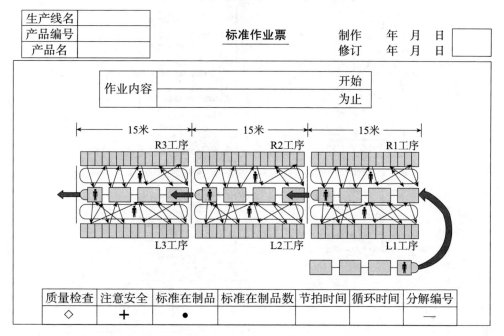

5）要素作业连接表。

为了使流水线上的作业量、作业顺序、作业人员往返次数、作业部位、不同型号产品工时差等一目了然，使正常情况、生产变动时现场的状态能够快速被把握，需要将这些信息落实到表格中，寻找出问题点（计算必要人员，制作工序编制方案，制作不同作业部位要素作业票，实施工序编制评价等）的工具。

要素作业连接表示例如表 4-15 所示，此要素作业连接表表示的是拣选流水作业，左边放入作业顺序书，用来将要素作业分配给相应作业员，根据节拍时间可以帮助管理者确定工作人员数量。位于要素作业连接表的右上方的标准作业票指示了每个作业人员的要素作业动线；要素作业连接表右下方，显示了每个作业员面对五种类型产品的工时差，这些信息可以用于日常工作监督和改善工作的开展。

表 4-15　要素作业连接表示例

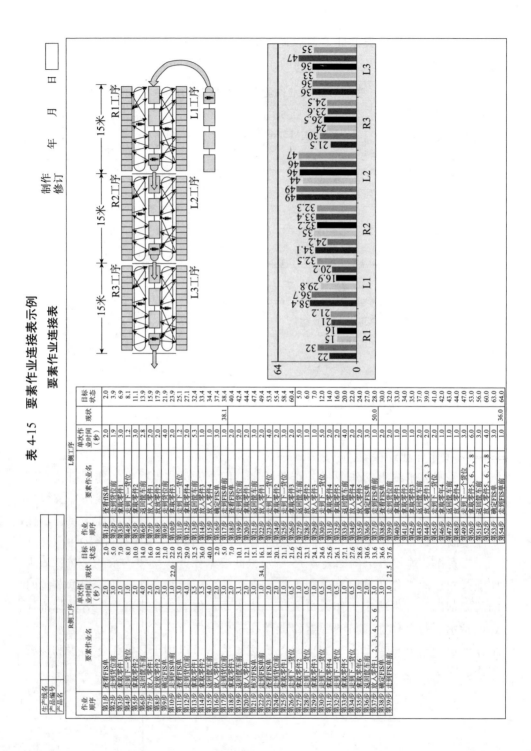

（3）类型Ⅲ的改善工具（表格）

类型Ⅲ作业基本属于生产的辅助作业，容易被忽略，却产生了大量的浪费。生产运行中此类作业繁杂，与其他作业存在交叉的情况，管理者往往把这类作业与类型Ⅰ和类型Ⅱ的作业合并，交给作业人员，严重降低了整体作业效率，必须予以重视。

1）类型Ⅲ要素作业票。类型Ⅲ要素作业票是作为作业分段的最小单位将工作方法及其时间表示出来的作业票。制作类型Ⅲ要素作业票的步骤如下：

①确认作业开始信号的有无（定时、定量）；

②按顺序梳理出作业内容，并确定作业单位（作业的分段）；

③确认1个作业单位的时间和内容（量、频率、种类等）；

④确认步行路线（手工作业与步行时间）。

注意：区分出正常作业、异常情况。

类型Ⅲ要素作业票示例如表4-16所示。

表 4-16　类型Ⅲ要素作业票示例

类型Ⅲ要素作业票		制作	年　月　日		系长	组长	制作
		修订	年　月　日				
生产线名：装配A线		技能员	A线成品转运				
			作业要领		基本时间（秒）		
		NO.	作业内容	要点	手	步	合计
		①	取出工序间领取看板		3	20	23
		②	从空箱滑槽中取出空箱	注意箱子种类	21	18	39
		③	向空箱滑槽中配送空箱		18	6	24
		④	从库存区领取产品	确认看板	25	12	37
		⑤	归还生产指示看板		3	36	39
		⑥	向B生产线投放产品	交货位置确认	16	35	51
根据什么信息开始作业	生产量	收容数	发生频率	班	合计	86	127	213
定量（每10个）	394个/班	10个/箱	39.4次/班	连续2班				

类型Ⅲ要素作业票与类型Ⅱ的要素作业票相似，具体来说，是按照作业的顺序，对生产线外作业人员的作业内容和品质、安全重点进行明示的文件；并对涉及品质、安全要点进行标注，并做出要素作业图示，以数字序号表示作业顺序。类型Ⅲ要素作业票使得管理人员更加清晰地了解作业人员的作业内容。

2）要素作业一览表。

要素作业一览表如表 4-17 所示。

表 4-17　要素作业一览表

No	要素作业	A 生产数 件/班	B 发生频率 件/次	C=A/B 每班次数 次/班	D 基本时间 秒/次			E=C×D 必要工时		G稼动时间 450 F=E/G 必要人工	必要人工	班	定量 定时
					手工作业	步行	合计	秒/班	分/班	人工	合计		
①	②	③	④	⑤	⑥	⑦	⑧	⑨	⑩	⑪	⑫	⑬	⑭

	项目		说明
①	No		给各项目标上序号
②	要素作业		填写作业内容
③	生产数		填写生产线的作业数量（件/班）
④	发生频率		填写作业按多少位单位进行
⑤	每班次数		=③/④
⑥	基本时间	手工作业	单次产生附加价值的时间（秒）
⑦		步行	单次的步行时间（秒）
⑧		合计	=⑥+⑦
⑨	必要工时	秒/班	=⑤×⑧
⑩		分/班	=⑨÷60
⑪	必要人工		=⑩÷稼动时间
⑫	必要人工合计		表示必要人工的累计值
⑬	班		要素作业发生处的工作体制
⑭	定量或定时		填写作业指示时间点

根据要素作业一览表，可以通过必要工时等数据，利用公式，计算标准作业类型Ⅲ不同生产线的必要人工数，最后根据每个月定量的变动，确认作业组合的原始数据，并落实到山积表。要素作业一览表示例如表 4-18 所示。

表 4-18　要素作业一览表示例

No	要素作业	A 生产数 件/班	B 发生频率 件/次	C=A/B 每班次数 次/班	D 基本时间 秒/次			E=C×D 必要工时		G稼动时间 450 F=E/G 必要人工	必要人工	班	定量 定时
					手工作业	步行	合计	秒/班	分/班	人工	合计		
①	②	③	④	⑤	⑥	⑦	⑧	⑨	⑩	⑪	⑫	⑬	⑭
#1	A生产线成品	394	10	39.4	86	127	213	8392	140	0.31	0.31	连2	10个
#2	B生产线成品	240	10	24	400	100	500	12000	200	0.44	0.75	连2	10个
#3													

3）山积表（负荷表）（类型Ⅲ）。山积表（负荷表）（类型Ⅲ）是指将要素作业按照工作时间尽量组合工作量，把不同作业人员的工作量积累起来，就能够看出不同作业人员之间的负荷不均衡，可用于均衡作业量和改善。

与山积表（工序编制板）（类型Ⅱ）不同的地方是山积表（负荷表）（类型Ⅲ）对不同作业人员的作业量均做研究，属于生产线外作业，不涉及具体的生产线上不同车型不同工序的作业。因此将作业人员作为横轴，合并在一张图中。而山积表（工序编制板）（类型Ⅱ）以一名作业人员为核心，以工序或车型为横轴，对作业人员的作业量进行研究。

山积表（负荷表）（类型Ⅲ）示例如图 4-81 所示。

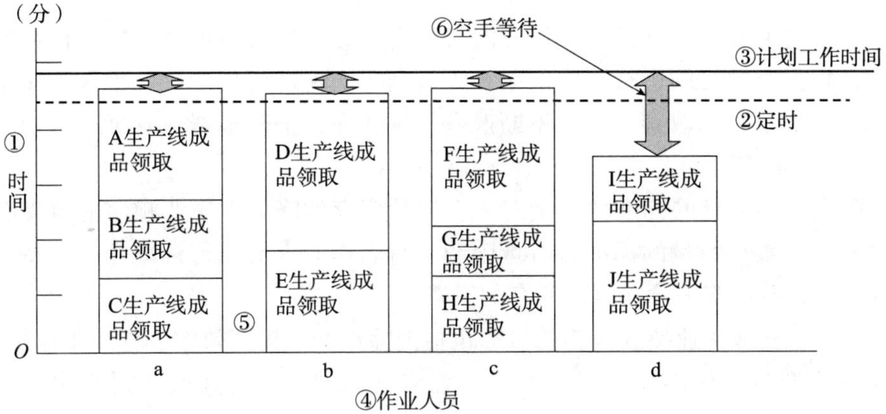

图 4-81　山积表（负荷表）（类型Ⅲ）示例

4.4.3　标准作业的改善

1. 标准作业改善的概述

标准作业不是最完美的，但在当前情况下应是最有效的，对标准作业进行持续改善，可帮助企业降低成本、提高效率。因此，标准作业的改善对于企业的发展具有重要的意义。

改善标准作业的意义与目的：

标准作业不是完美的，但目前情况下是最有效的，标准作业持续改善，有助于帮助企业降低成本、提高效率。因此，标准作业的改善对于企业的发展具有重要的意义。标准作业的目标包括：①没有浪费地高效生产；②保证各工序的平衡；③限定最小数量的标准持有量。而改善标准作业的目的就是实现标准作业的目标。

浪费的识别需要通过标准作业组合票、标准作业票等来辅助发现浪费的根源，进而达到没有浪费的目标。对于高效生产的目标，当产品需求数增加时，可以通过提高瓶颈工序的能力，满足市场的增量需求；当产品数量足够满足市场所需时，可以通过少人化生产，争取一人进行作业，来使效率得以提高。提高效率的最直观的目的就是减少相应的作业人员，省人化不仅会提高效率，还会降低人工成本。一般而言，当 CT<TT 时，就可以减少人数，并通过取消、

合并等措施使 CT 接近 TT。具体的省人化方法在后文标准作业改善的目标设定中有相应介绍。

工序的平衡也是改善标准作业的目的之一。节拍时间贯穿于标准作业的改善中，根据节拍时间进行工序的平衡，有利于实现准时化生产。平衡工序也有助于浪费的识别和改善，通过不断改善标准作业，消除浪费，有助于缩短、平衡作业循环时间。

限定最小数量的标准持有量对于在制品库存的降低、作业顺序的梳理有着重要意义。最小数量的标准持有量限制了每名作业人员执行标准作业所持有的绝对数量，有助于消除在制品库存的浪费。

总之，标准作业持续改善的目的包括消除浪费、提高效率、保证工序平衡、限定最小数量的标准持有量。上述内容应是标准作业持续改善过程中关注的重点。

2. 标准作业改善的实施步骤

标准作业的改善步骤如图 4-82 所示。

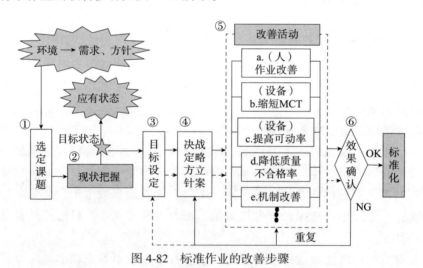

图 4-82　标准作业的改善步骤

①由企业自身或外在条件变化产生的相应需求，根据企业需求选定课题。

②根据所选课题调研现状，在充分了解现状的基础上，与应有的状态进行对比，找到目标状态的关键点。

③从目标状态出发，对改善目标进行合理设定。

④通过设定的目标对改善的方针、战略进行立案。

⑤在方针、战略的基础上,从不同的角度实施改善活动。这些角度包括:a.对作业人员进行作业改善;b.缩短设备的循环作业时间,缩短MCT;c.提高设备的可动率;d.降低质量不合格率;e.其他,如机制改善等。

⑥确认改善效果是否符合要求,若符合,向标准化迈进;若不符,重新修正改善方案和实施的改善活动,直至符合要求为止。

⑦通过持续改善,确定标准作业。

(1)现状把握。现状调查要考虑全面,从人、物、设备的现状入手,利用标准作业的使用表格,对现状有更加直观的认识,这有利于找出问题点,并进行改善。

具体内容包括:

1)生产线配置——生产线的布局情况,工序安排,物与信息的流动情况。

2)生产线基本信息——产品编号、名称、需求数、班制、产量、TT、加班情况、人员安排、不合格品数等。

3)使用时间观测表格最少测量10个循环,观测中注意把握循环时间的偏差、附带作业、换产时间,记录数据,并根据标准作业类型制作标准作业的使用表格,如:标准作业类型Ⅰ的工序能力表、标准作业组合票、标准作业票。注意数据的真实性、准确性。

(2)目标设定。企业很多员工在遇到新的要求时,会产生生产能力不够的想法。其实生产能力是可变的。

目标的设定要有依据,考虑现状及改善能力的同时,最大程度降低成本,以达到按照节拍时间生产产品的需求。

当CT>TT时,可以考虑缩短CT和偏差,目标是将CT与偏差之和缩小至小于并接近TT。

如图4-83所示,当CT>TT时,员工需要加班才能及时完成必要的量,这样就出现了如图4-83a所示山积图的情况,其中,灰色柱形代表CT,上面的虚框代表偏差。当出现此类情况时,企业管理者可以考虑缩短不同员工的CT和偏差,使得改善后CT与偏差之和接近TT,如图4-83b所示。

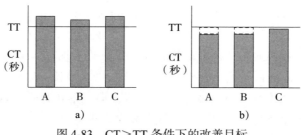

图 4-83 CT＞TT 条件下的改善目标

当 CT＜TT 时，目标是尽量省人化地通过取消、合并等措施使 CT 接近 TT。

如图 4-84 所示，当 CT＜TT 时，为了达到省人化使 CT 接近 TT，首先缩短最少的 CT，如图 4-84a 所示，尽量压缩 A 的 CT，压缩后如图 4-84b 所示，将 A 的剩余部分与 B、C 合并，合并时优先选择与较近工序和 CT 较少的工序合并。通过取消、合并后，减少了一名作业人员，变为如图 4-84c 所示的形式。此时，可通过缩短 CT 和偏差，最终通过改善使得 CT 与偏差之和接近 TT，变为如图 4-84d 所示的形式。

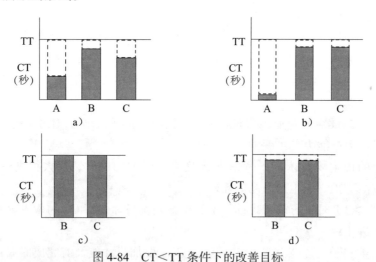

图 4-84 CT＜TT 条件下的改善目标

（3）改善活动与方法。

为达成改善目标，可以从人、物、设备等方面进行具体分析，着眼点和改善的关键点分析如下。

1）人的作业改善。首先在前文所述考虑作业人员的 CT 与 TT 的偏差的前提下，具体向 1 人作业方向改善，单手操作作业向双手操作作业方向改善，之后考虑如何顺利高效地作业。一是缩小作业的偏差要从作业人员熟练程度、经验等角度进行考量，缩短 CT 则从动作改善等角度进行考量。二是作业环境的改善，重物、高热、粉尘、照明等皆是改善的着眼点。

更具体地说明偏差的原因，比如存在困难作业，存在产生附加价值的作业之外的附带作业，设备的频发停止，质量不合格等，其对应的偏差改善措施如表 4-19 所示。

表 4-19 偏差改善措施

偏差原因		实施改善
存在困难作业（需要经验技巧、判断）	作业改善	作业训练 工装工具的改善、设计变更 零部件取出指示、定量取出的智慧
存在产生附加价值的作业之外的附带作业	附带作业改善	附带作业的标准化及改善 线外人员的作业分担修订
设备的频发停止	异常对策	真因对策、预防保全
质量不合格	防止再发、防止流出	标准作业改善、防错、自働化等 对作业标准的反馈

2）缩短设备的 MCT。首先考虑同一工序作业人员的 CT 与设备的 MCT 的差。若作业人员的 CT＞MCT，说明不存在人等设备的现象，工序的 MCT 不需要缩短。若作业人员的 CT＜MCT，则说明存在人等设备的现象，此时有必要缩短设备的 MCT。

具体缩短设备的 MCT 的着眼点首先应从缩短加工之外浪费的时间和削减加工浪费的角度去考虑。若仍然不符合目标要求，再考虑通过缩短加工时间来缩短设备的 MCT。

缩短加工之外浪费的时间可以采取缩短装卸的手工作业时间，缩短空切削的时间，缩短在各动作端的等待时间，缩短动作的行程，减少动作反复，提高加工以外的动作速度等措施。

缩短加工之外浪费的时间示例如图 4-85 所示。首先，通过认真分析动作和浪费，将原来的工装紧固和传送动作同时进行，缩短等待时间。其次，通过缩短行程、空切削时间进行提速，节省部分时间。最后，剔除重复动作，缩短等待时间。

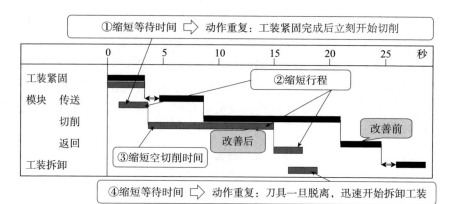

图 4-85　缩短加工之外浪费的时间示例

削减加工浪费可以着眼于不必要的部分的加工（与性能无关）、过剩的加工（清洗、温度调节）、富余材料（原材料形状的探讨）等。

缩短加工时间相当于减少设备的工作量（减少工作），可以着眼于工序分割、一部分转为手工作业或增加设备。关于改善的关键点，可以这样考虑：对于加工设备，不产生切削粉末时都是浪费；对于焊接设备，不产生火花时都是浪费。

3）提高可动率。提高可动率也是一个改善方向，换产时间的长短可以对可动率产生重要影响，缩短换产、更换刀具等作业导致的停止时间可以提高可动率。另外，设备故障也是影响可动率的主要因素，故障时间也是改善的关键点。为了能够遵守标准作业，提高生产线的可信度，即提高保全能力和质量也是必要的。

缩短换产时间可以采取的改善措施有调整作业的减少、废止，多名作业人员并行作业，工装工具的通用化、简易装卸化，无换产化，同时换产变成按顺序换产等。缩短更换刀具停滞时间可以采取的改善措施有尺寸调整的外换产化（提前设定方式），试切削尺寸调整的减少、废止，安装、拆卸的单触化，刀具、工具存放场所的接近化，多名作业人员并行作业等。

4）使用重要表格可发现的问题。以标准作业类型Ⅰ为例，所涉及的表格、可发现的问题和改善方向如表 4-20 所示。

表 4-20　标准作业类型Ⅰ所涉及的表格、可发现的问题和改善方向

所涉及的表格	可发现的问题	改善方向
工序能力表	生产线加工能力和必要数的差距 哪些是产量较差的工序	增强生产线加工能力 制作较差工序的作业组合票和作业票

（续）

所涉及的表格	可发现的问题	改善方向
表准作业组合票	根据作业人员的作业时间和 MCT 比较是人等设备还是设备等人 空手等待的工序和时间 TT 和 CT 的差距 是否有中途折返的情况	缩短作业人员动作时间还是缩短设备工作时间 消除空手等待的浪费 消除折返作业
表准作业票	是否有空步行情况 标准在制品数量是否合理 注意安全的地方是否有安全标记 注意质量检查的地方是否有标记	消除多余步行 设置最合理的在制品数量 制定合理的安全标记 制定合理的质量检查标记

（4）改善实施。流水线、人机配合是最常见的两种生产方式，对于不同的生产方式对应的不同标准作业类型，采用的表格工具也不尽相同。把握好现状并结合表格工具，确定改善方向。需要注意的是，改善实施前，需要和所有有关人员（包括管理者和参与改善的作业人员）介绍改善方案的可行性，获得相关人员的大力支持。另外，需要对参与人员进行必要的改善知识培训，只有在他们理解的基础上进行改善，改善的效果才能得以保证，由于改善后的工作对员工的素质要求更高，所以需要对员工进行多能工培训，以提高员工素质。

3. 总结

总结以上标准作业的改善内容，根据必要数量同生产线能力的关系，制定改善方针，改善方针和应有的目标状态如表 4-21 所示。

表 4-21　改善方针和应有的目标状态

步骤	现状	改善方针	目标状态
1	TT<CT	通过作业改善缩短 CT 使作业均衡	TT=CT
	TT>CT	使作业均衡，集中空手等待 通过作业改善缩短 CT，达到省人的目的 首先省人（加班），形成 TT<CT 的状态	
2	TT<MCT	通过加快 MCT 循环速度 消除 MCT 的瓶颈	TT≥MCT
3	TT>MCT>CT	通过加快 MCT 循环速度 消除空手等待 修正作业顺序 （双件加工和单件加工混在一起的情况等）	MCT<CT

对于人的作业现状，当现状 TT＜CT 的情况出现时，应考虑的是缩短 CT 和偏差，目标可以是将 CT 和偏差缩短至 TT 以下，并接近 TT，具体方针可以进行作业改善，最后使得作业均衡。当现状 TT＞CT 的情况出现时，可以考虑省人化地通过取消、合并等措施使 CT 接近 TT，具体方针可以进行作业改善缩短某工序的 CT，达到省人化的目标，省人化后，形成 TT＜CT 的状态，再通过现状为 TT＜CT 情况的方针战略方法改善。最后两种现状的目标是使得 TT＝CT。

对于设备的作业现状，当现状 TT＜MCT 的情况出现时，应考虑通过消除 MCT 瓶颈，同时加快 MCT 循环速度的方针，最后达到 TT≥MCT 的目标。

当现状 TT＞MCT＞CT 的情况出现时，表示出现人等设备的现象，应考虑加快 MCT 循环速度、消除空手等待、修正作业顺序的方针，最后达到 MCT＜CT 的目标。

通过上述分析，总结得出最后 TT、CT、MCT 的关系是 TT＝CT≥MCT，标准作业改善的目标就是通过改善形成上述关系。

4.5 精益物流与供应

4.5.1 精益物流的基础

1. 对物流的认识

物流，顾名思义，是指物的流动。在制造业的改善活动中，物流常常作为其中一个重要方面被提及。据统计，在大量生产的制造业中，加工 1 吨产品搬运量为 60 吨以上，并且物料真正处于加工状态的时间只占生产周期的 5%～10%。由此可见，改善活动对于物流的重视不无道理，物流活动的确存在极大的改善空间。

运行流畅有序的物流系统可以减少工作量，缩短生产过程周期时间，从而为企业降低物流费用。同时，还能减少企业资金的占用，加速资金流动，创造更多价值。如果能够避免盲目转运，使得转运有章可循，则在转运过程中将极少出现损毁、磕碰物料的情况，这在一定程度上也保证了产品的质量。总而言之，物流活动的改善能够使企业明显受益。

以往人们在考虑改善物流活动时，经常认为降低物流成本就是降低运输费用，因此只考虑用大型运输车、提高装载率等方法来降低物流成本。然而，在进行物流活动的改善时，不能只是提高运输效率、降低运输费用，而是要从物流整体的角度出发来降低成本。其原因在于物流费用并不等于运输费用，而是包括供应商的转运、仓库的保管和出货、运输、车间内的转运成本在内的一系列成本总和，包括库房的租借和管理费用、人员薪酬、转运成本等，物流费用与运输费用如图 4-86 所示。

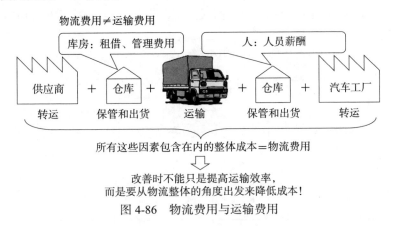

图 4-86 物流费用与运输费用

在最理想的情况下，物流的过程是不应包含转运的。因为转运过程并没有完成增值活动，所以转运过程本身是一种浪费。然而在现实生活中，由于存在种种限制条件，企业不可能完全消除转运这项活动。因此，在不得不转运的时候，企业必须遵守"只在必要的时候把必要数量的必要物品进行高效率的转运"这一原则，避免错误的转运时间、错误的转运数量、错误的转运物品以及低效率的转运活动。具体来说，就是制订以均衡化为前提的转运计划，通过后工序领取来实现，从而达到能够按照需求物品的种类和数量进行快速转运的同时，还能使前后的生产工序同步化。

总之，精益物流就是通过"只在必要的时候把必要数量的必要物品进行高效率的转运"这一原则，建立后工序"快速追随量和种类的变动"的机制，同时使前后的生产工序同步化。这样，在不断减少总库存量的同时，也能够缩短生产过程周期时间，从而整体降低物流费用，达到节省物流成本的目的。

2. 精益物流的过程

企业中物流的过程大体分为两部分，即采购物流和车间内物流（车间内转运）。采购物流是指从供应商处领取物料到工厂的物流过程，车间内物流是指物料在车间内的物流过程。具体来说，采购物流既包括多供应商将物料统一运输到中转地（库），再由中转地（库）统一运输到车间内的情况，也包括供应商直接送货到车间内的情况，采购物流需要决策的内容有供应商送货频次、送货路线、中转地（库）的设置、存放区的设置等；车间内物流包括物料从仓库到线旁及上线的转运过程，车间内物流需要决策的内容包括上线的方式、转运循环及路线、转运的工具等。

为了使读者更好地理解以上过程，以某汽车工厂为例，相关物流过程如图 4-87 所示。

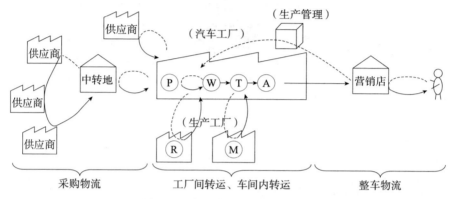

图 4-87 某汽车工厂的物流过程

图 4-87 中显示的是某汽车工厂的物流过程，除了采购物流、车间内转运，还有工厂间转运、整车物流等。该汽车工厂的采购物流包括供应商直送汽车工厂以及供应商送物料到中转地，再由中转地送物料到汽车工厂两种情况。车间内转运，在汽车工厂表现为冲压、焊接、涂装、总装等工序之间的转运过程，图 4-87 中还包含汽车工厂与其他工厂间的转运。整车物流表示的是出厂的成品汽车到顾客手中的物流过程。

3. 转运的方式

（1）推动式转运与后工序领取。推动式转运是指前工序将生产完成的产品转运到后工序的过程，遵循的原则可能是批量（生产一定数量后就转运）、空间（没有地方堆放产品就转运）、空闲（作业人员加工的间隙时间）或者完全依赖作业人员的经验。在这种推动式转运的机制下，前工序无视后工序的需要，很可能向后工序转运其根本不需要的零部件，也可能造成转运量过多或过少，这些都会影响后工序的正常生产。即使没有造成后工序缺货的问题，也会使得许多不需要的零部件堆积在后工序，增加库存量和物流费用。

与推动式转运相对应的是拉动式转运，也就是后工序领取的转运方式。采用后工序领取的转运方式要使用看板来传递种类、量和速度的信息，即使用领取看板，去前工序领取后工序需要使用的零部件。这种领取方式，只向后工序转运需要使用的零部件，也就是说后工序消耗了多少就补充多少。同时，对前工序来说，按照后工序领走的顺序来进行生产，即只生产转运走的数量的零部件，所以库存量是一定的。简而言之，通过这种后工序领取的转运方式，不需要的零部件就不会被转运，也不会被生产，从而降低库存。

因此，在企业的物流过程中，提倡使用拉动式转运进行零部件的转运和生产，而不是使用推动式转运。

（2）定量转运与定时转运。转运从货量的情况来看，分为定量和不定量两种；从时间看，又分为定时和不定时两种。因此，转运就有四种可能的情况：定时定量转运、定量不定时转运、定时不定量转运、不定时不定量转运。

1）定时定量转运。

定时定量转运指按预先计划好的时间和数量来转运。它兼有定量不定时、定时不定量两种转运方式的优点，缺点是特殊性强、计划难度大。定时定量转运是转运的最理想的情况，尽管由于现实因素的限制，一般情况下很难在工厂中实现，但仍是改善的理想目标。

2）定量不定时转运。

定量不定时转运指按照规定的数量进行转运，是 JIT 的基础。"不定时"是指由生产线的进度决定配送时间，当零部件的使用达到一定量的时候去前工序领取，因此，如果后工序停线，则不会去前工序领取。企业可以依照车辆承载能力来规定转运量，易于整车配送，所以经常是满载转运，转运效率较高，并且因为是定量转运，所以转运人员备货与卸货的工作量与时间不会发生不均衡。但这种转运方式的缺点是难以兼顾节拍时间不同的零部件和生产线。也就是说，如果是生产节拍时间不同的两条生产线，难以进行统一配货。即便如此，定量不定时转运方式仍是推进改善活动时考虑的首选。

企业经常使用配送指示安灯来提醒转运人员进行配送。例如在汽车总装线上，假设每次转运拖车装载 10 台车的零部件量，当配送指示安灯指示 0 时，拖车开始转运，配送到达后指示安灯会即刻重新显示 10，之后慢慢递减，直到再次显示 0 时，拖车才会第二次出发，定量不定时转运示例如图 4-88 所示。

3）定时不定量转运。

定时不定量转运指按照规定的时间间隔进行转运，例如每 30 分钟配送一次零部件，也就是等间隔地向前工序领取一定时间内使用的零部件的方法。每次转运的时间固定，只转运间隔时间内卸下的看板数量的零部件，即使后工序停线，也要定时去领取。定时不定量转运一般用于长距离转运或者多种零部件混装的情况，因为如果使用定量不定时进行长距离转运，难以避免因长途中的突发情况而影响生产。使用定时不定量转运，可将多种收容数、必要数不同的零部件混装转运，也能兼顾不同生产节拍生产线的作业组合。但同时，不能经常满载运输，装载效率差，转运人员每次工作量都不均衡，因此定时不定量转运不作为企业的首选。图 4-89 给出了总装线上定时不定量转运的示例。

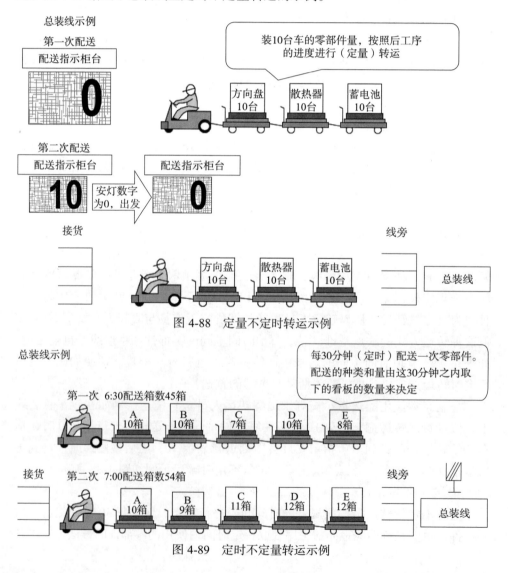

图 4-88　定量不定时转运示例

图 4-89　定时不定量转运示例

4）不定时不定量转运。

没有规则，而是交给转运人员随意转运，大多数情况下完全依靠转运人员的经验，不可避免地发生缺货、过量零部件堆积等情况，这是在企业中完全可以避免，却经常出现的一种转运方式。

以上四种转运方式，"不定时不定量"是能够并且一定要避免的，"定时定量"是最希望达成的状态，而"定量不定时"和"定时不定量"是一般使用的方式，其中，"定量不定时"是基础并且应优先使用的。

（3）空箱转运。空箱转运是指在转运过程中，领取成品时，带着看板上记录的种类和数量的空箱去领取，并且向货架配送零部件时，带回相同数量的空箱。这样只回收空箱，就排除了浪费的转运作业，同时，给供应商提出了更高的要求——送货箱不多于必要值。

使用空箱转运的具体过程为：从供应商送来的货车上卸货，并将运来的零部件装入空箱。之后将零部件放到交货路线上，进行线旁配送。配送零部件时，领取已经用完的相同零部件的空箱后，进行空箱回收，将空箱放到供应商的货车旁边，等待供应商货车回程时带走。总装工厂中的空箱转运示例如图4-90所示。

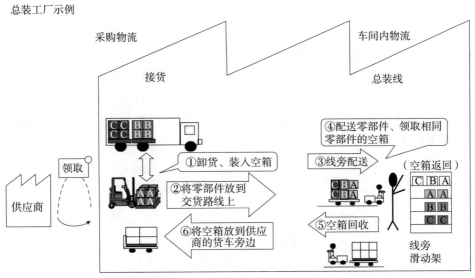

图 4-90　总装工厂中的空箱转运示例

4.5.2　车间内的转运

1. 概述

　　车间内转运是指将零部件从前工序的存放区转运到后工序生产线的过程。在降低物流成本的过程中，对车间内零部件配送进行改善是一个相当重要的方面。许多车间内的浪费，都是由转运的方式不佳所引起的。在作业过程中，空手等待、浪费作业占据了整个作业时间的很大比例，而提高效率就是需要提高有效作业所占比重（见图 4-91）。下面举例说明由转运引起的浪费是如何产生的。

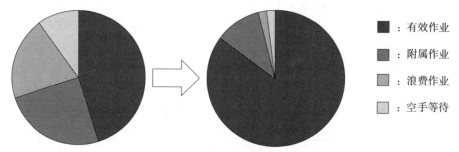

　　　　　　■：有效作业
　　　　　　■：附属作业
　　　　　　■：浪费作业
　　　　　　□：空手等待

图 4-91　作业过程中提高有效作业所占比重

　　前工序为 A，后工序为 B，A 装配完成的产品由 B 继续装配，正常情况下A、B 装配速度基本相同。然而 A 除了把箱内零部件安装在产品的相应部位外，每当消耗完一箱零部件还要负责将空箱运回。因此，当 A 进行每一次转运作业时，这次作业的 CT 就会明显延长，B 就会有一段时间的空手等待，浪费就这样产生了。这样定时产生较大规模的附属作业，不仅导致一名作业人员的效率变低，整体的效率也变低了。转运浪费的产生如图 4-92 所示。

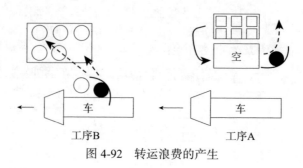

图 4-92　转运浪费的产生

　　面对此种情况，应考虑将加工作业和转运作业分开，见图 4-93，使得加工作业效率最大化的同时，转运作业效率也达到最大化。在生产现场将工作分类，分别由线内作业人员和线外作业人员完成。线外作业人员负责原材料供应、转运等工作，将改善前作业人员分散的转运作业集中起来，完成转运专人化，使得线内作业人员和线外转运人员的工作效率都得到提升。

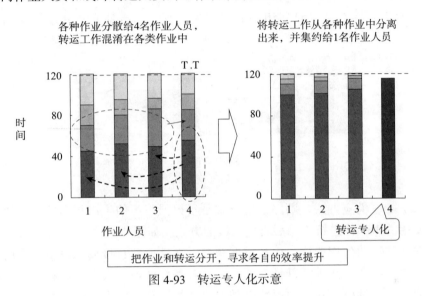

图 4-93　转运专人化示意

　　再看一个简单的车间内转运的例子：某车间生产线上，作业人员距离零部件位置较远，取某些零部件时，需要额外的步行。针对这一情况，改善目标是使零部件存放区更加紧凑，能够放得下主要产品类型用的全部零部件，从而避免额外的步行。经过调查发现：虽然一直想让线旁零部件是两小时的量，但是零部件的转运信息是一天的量一起下发，转运的时间完全交给转运人员自己判断，而转运人员为了防止缺件，会提前转运，结果是线旁放着能够使用好几个小时的零部件，现场零部件存放量过大，导致有些零部件摆放位置离作业人员较远。因此，应对转运人员的工作进行计划和安排。

　　另外，许多车间中有零部件直接堆在地上的情况，如果要拿取必须蹲下，造成了作业人员不必要的疲劳；有些零部件即使有容器盛放，也是被毫无次序地堆放着，作业人员拿取零部件的时间也被延长。

　　由此可见，如果能够做好车间内转运的改善，就能够减少工作量、减少生产过程周期时间、减少浪费、提高工作效率。

2. 转运的方式

（1）后补充方式。后补充方式是指生产线旁设有零部件存放区，只对使用完的进行补充的配送方式，具体分为容器配送和裸件配送。容器配送是指零部件配送人员以容器为单位，向线旁的零部件滑道内配送零部件。裸件配送是指配送人员把零部件从容器里取出，只取必要的数量以裸件形式进行配送。后补充方式的主要特点是只对使用完的部分进行补充。后补充方式示例如图 4-94 所示。

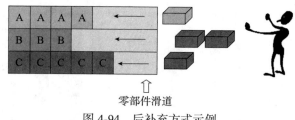

零部件滑道

图 4-94　后补充方式示例

（2）顺序供应方式。顺序供应方式是指根据工序的生产指示信息，提前对将要使用的零部件进行排序后直接上线的方式，如图 4-95 所示。零部件配送人员按照总装线的生产顺序、生产进度领取零部件，并直接放入滑道。采用这种方式是由于线旁不能设零部件存放区，或者零部件种类太多、形状太大造成拿取不便。顺序供应方式的主要特点是作业人员容易拿取零部件，并且因为已经按照生产指示的顺序排好，不用做出选择，循环时间稳定。

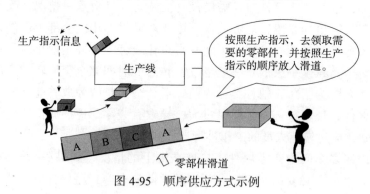

零部件滑道

图 4-95　顺序供应方式示例

（3）巡回式转运。巡回式转运是指转运人员按照确定好的顺序在几个工序间巡回，只按照确定的台数领取后工序生产所需种类的零部件的配送方式，如图 4-96 所示。生产线需要生产 A，转运人员则依据领取看板来配送生产 A 所需

的配套齿轮 a、轴 a、轴承 a。转运人员从线旁出发，在齿轮、轴、轴承的生产
线成品货店巡回，领取生产 A 所需的零部件，最后回到线旁，完成零部件的配
送。简单来说，巡回式转运是定量转运、顺序供应的组合形式。使用该转运方
式需要将前几个工序的作业完成同期化，在本例中就是使齿轮、轴、轴承这三
个工序同期化。因为这三种零件的消耗速度相同，如果不同期，则会出现一定
的等待浪费。

使用该转运方式，还需要考虑转运效率、过程周期时间以及是否满足一人
工来决定组合的种类与量。

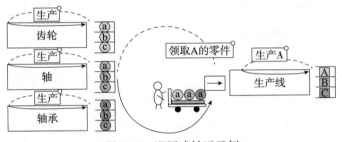

图 4-96 巡回式转运示例

（4）SPS。SPS（Set Parts Supply）即单量份配送，是需要在 SPS 准备区中
进行准备工作，再将成套的组件运送到装配线上的转运方式。例如在汽车工厂
中，事先在零部件供给场所选配出装配一辆汽车所需要的零部件，放在零部件
箱中，然后将这些零部件箱装载到流动台车上，流动台车与汽车装配线传送带
同步行走。在汽车装配线上，由装配作业人员从箱子里按顺序取出零部件安装
到汽车上，即可完成一辆汽车的装配。

由于原来堆放在装配线旁边的多种零部件大部分都已经集合在一个零件箱
内，随汽车装配线流动，减少了空间的占用。此外，同一条装配线可能生产许
多种类的产品，传统意义上变换产品时需要作业人员准确选择配套的零部件，
有时可能出现错误的选择导致产品不合格，而使用 SPS 则避免了选错零部件的
问题，因为配套的零部件已经集合完毕且与产品并行。这种方式节约了原来装
配线旁堆放零部件的空间，同时具有防错的功能。

3. 转运机制

从前工序送往后工序的零部件在转运过程需要确定每班转运循环的次数、
路线、转运工具以及维持转运机制正常运转的一些方法、手段。

（1）转运循环次数。一切改善活动都必须以了解现状为起点。同样，零部件转运的改善也是如此。表 4-22 是为了解现状使用的工具——零部件转运量调查表。通过填写该表，能知道现状下的包装数量（收容数）、包装方式、转运工具以及转运时间和转运数量。

表 4-22　零部件转运量调查表示例

序号	零部件图号	零部件名称	库区	包装数量	包装方式	转运工具	8点	9点	10点	11点	13点	14点	15点
1	1122934000012	助力缸总成	DL	2 个 / 箱	纸箱	原工具	3	1			3		
2	1131134002005	助力缸总成	DL	2 个 / 箱	纸箱	原工具			10	11		15	14
3	1424236100005	蓄电池箱前支架	DL	4 个	无包装	托盘	12	10	5	10			
4	1424236100006	蓄电池箱后支架	DL	4 个	无包装	托盘	12	10	5	10			

转运循环次数与三个量有关：转运总量、转运工具装载量与存放区容量。转运总量是指特定零部件在每班次内需要的总量，转运工具装载量是指每次转运工具能承载的零部件上限，存放区容量是指装配线旁最多能存放零部件的数量。

简单来说，转运循环次数必须大于"转运总量 ÷ 转运工具装载量"及"转运总量 ÷ 存放区容量"。例如，转运总量为 1000 个 / 班次，转运工具装载量为 50 个，存放区容量为 100 个，那么转运循环次数要大于"1000÷50＝20（次 / 班次）"，也要大于"1000÷100＝10（次 / 班次）"，即每班次的转运循环次数必须不小于 20 次，才能满足后工序的正常需求。

此外，也可以用各存放区能力表作为参考求得与存放区容量相关的转运循环次数，如表 4-23 所示。总装线上每个工序都有一个线边存放区，工序间需要由转运人员进行零部件的转运。表 4-23 中列出了零部件的每班必要数，因为每班为 8 小时，则每小时必要数为每班必要数的 1/8。存放区容量是指存放区最多能存放的零部件数量。存放区能力为存放区容量除以每小时必要数，得到不得不转运一次的间隔小时数，表 4-23 中以分为单位，在上述计算结果的基础上乘以 60（分 / 小时），则为表中的存放区能力。每班工作 8 小时，即 480 分钟，480（分）除以存放区能力（分）得出需要转运的次数，即转运次数。

表 4-23　存放区能力表示例

				总装线使用零部件				
图号	品名	箱种类	收容数（个）	每班必要数（个）	每小时必要数（个）	存放区容量（个）	存放区能力（分）	转运次数
72011-12290	A	TRI	50	320	40	130	195	3
72012-12330	B	C	50	480	60	120	120	4
72012-13030	C	C	50	1600	200	400	120	4
72011-52050	D	P	30	400	50	200	240	2
72011-52080	E	P	200	3200	400	1000	150	4
72012-52050	F	C	50	800	100	150	90	6
72012-52070	G	C	50	1000	125	100	480	1
72011-42120	H	C	10	360	45	110	188	3

（2）转运路线。例如，每班的工作时间为 460 分钟，已确定每班次需要转运 20 次，则一个转运循环的时间为 460（分）÷20（次）＝23（分/次）。按照作业的有效性，行走时间比例应在 20% 以下，即行走时间在 4.6 分钟以下，一名转运人员处理零部件的时间为 23－4.6＝18.4（分）。然后，按照一次转运的所有零部件的处理时间（可以用如表 4-24 所示的原单位表进行确定）来确定进行转运作业的必要人工数（必要人工数＝一次转运的所有零部件的处理时间 ÷18.4）；根据存放区地图，按照 4.6 分/次以下的行走时间进行实地试验，从而确定路线，存放区地图如图 4-97 所示。

如表 4-24 所示，合计时间为一个转运循环中转运特定数量特定零部件时的装车、投入、空箱处理、看板处理、附带作业的时间之和。将同时转运的所有种类的零部件的合计时间求和，得出一个转运循环中需要处理的所有零部件的时间。这个时间与行走时间加和，得到一个转运循环需要的所有时间。而一个转运循环的既定时间是已知的（23 分/次），于是将得到的一个转运循环需要的所有时间除以一个转运循环的既定时间，得出完成这些转运内容的必要人工数。同时，需要不断改变转运内容使得必要人工数尽量为整数。存放区表是路线设计中必要的基础数据收集工具，如表 4-25 所示。

表 4-24　原单位表示例

图号	品名	必要数（箱/班）	转运箱数（箱/循环）	装车（秒）	投入（秒）	空箱处理（秒）	看板处理（秒）	附带作业（秒）	合计时间(秒)	行走时间(秒)
6P-156	A	42.3	2.1	6.3	21	32	6.3	23.1	88.7	
6P-158	A	78.3	3.9	6.3	39	32	11.7	42.9	131.9	
6P-161	A	91.7	4.6	6.3	46	32	13.8	50.6	148.7	
6P-163	A	100	5	6.3	50	32	15	55	158.3	
10P-094	B	42.3	2.1	6.3	21	32	6.3	23.1	88.7	
10P-095	B	78.9	3.9	6.3	39	32	11.7	42.9	131.9	
10P-096	B	91.7	4.6	6.3	46	32	13.8	50.6	148.7	
10P-097	B	100	5	6.3	50	32	15	55	158.3	
9P-135	C	36.2	1.8	4.5	18	45	4.8	19.8	92.1	
9P-136	C	57.5	2.9	4.5	29	45	8.7	49.5	136.7	
									1284	276
									必要人工 1.13	

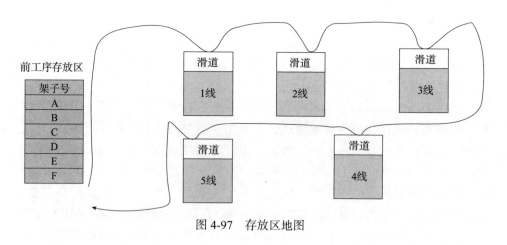

图 4-97　存放区地图

表 4-25　存放区表示例（生产线使用产品）

图号	品名	架子号	箱种类	收容数（个）	每小时必要数（个）	滑道容量（个）	使用生产线
72011-12290	箱套	A	TRI	100	40	40	1
72012-12330	箱套	A	C	50	20	40	1
72012-13030	金属板	D	C	50	20	10	2
72011-52050	箱套	E	P	30	60	20	3
72011-52080	支杆	F	P	20	20	100	2
72012-52050	箱套	B	C	50	10	10	4
72012-52070	箱套	B	C	50	30	15	3
72011-42120	箱套	C	C	10	5	5	5

（3）转运工具。

1）手推车。手推车（见图 4-98）是基本的转运工具，是一种以人力为主、只能在路面上水平输送零部件的搬运车。手推车的特点是轻巧灵活、易操作，并且回转半径小，因此是短距离输送轻型物料的一种方便、经济的转运工具。

2）牵引小车。在转运量大、转运距离远的情况下，使用手推车进行转运就会变得困难，此时，牵引小车（见图 4-99）就比较适用了。一般来说，牵引小车前有电动车牵引，降低了员工的劳动强度，但也正因为如此，电池、轮胎等方面的维护非常重要，它们对转运速度影响较大。

图 4-98　手推车　　　　　　　　　图 4-99　牵引小车

3）叉车。叉车（见图 4-100）又称铲车、装卸车。这种转运工具既可以水平运输，具有运输功能，又能够垂直升降，具有起重功能，此外还可以进行货物的装卸。叉车工作效率高、操作方便、机动灵活，在转运重物时尤其有效。

4）AGV。AGV（Automated Guided Vehicle）指自动导引车，它是能够自动行驶到指定地点的无轨搬运车辆，如图 4-101 所示。它能够自动导向、自动完成程序规定的动作，可以节省劳动力并且在减少转运工时方面有良好功效。由于不用作业人员随车操作，适用于有噪声、有空气污染、有放射性元素等有害人体健康的地方，及通道狭窄、光线较暗等不适合驾驶车辆的场所。

<table>
<tr><td>图 4-100　叉车</td><td>图 4-101　AGV</td></tr>
</table>

5）专用小车。企业根据实际需要对标准的转运工具进行改善后，得到的适用于企业具体情况的转运工具。例如，改善前的塑料托盘上堆满了零部件，由于没有按照零部件配送的顺序堆放，所以装卸耗时多，转运时用手推车不好转运，如果平铺的话，一次转运量少，转运效率差。于是企业根据实际需要设计了专用小车，将零部件放在相应的专用架上，提高了装卸效率、转运效率，只要零部件不是很重，就能够轻松地装卸。

几种转运工具的主要特点如表 4-26 所示。

表 4-26　几种转运工具的主要特点

转运工具	主要特点
手推车	基本的转运工具
牵引小车	转运量多、距离远时有效
叉车	转运重物时有效
AGV	在减少转运工时方面有效
专用小车	符合企业实际需要

（4）维持转运机制。

1）保持转运量稳定。只有保持转运量稳定，才能使转运机制得以维持，也方便对转运工作进行监督。要做到转运量稳定，需完成两项任务，分别是调整收容数和等间隔转运。

由于收容数经常大于每次需要转运的个数，所以会出现看板不是每次都取下来的问题，导致转运量不均衡，转运时间也有波动。例如，某工序每 23 分钟需要零部件的数量为15个，而每箱的收容数为40个，转运周期示意如图4-102所示。

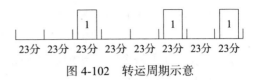

图4-102　转运周期示意

前两个循环将一箱（40个收容数）用去了30个，剩10个不足以支持一个循环，因此第三个循环又补充一箱，即40个零部件……前五个循环过后，剩余5个零部件。第六个循环再补充一箱，直到第七个循环过后，还剩余15个，则第八个循环又需要补充一箱。总体看来，转运的间隔有时是两个23分钟，有时是一个23分钟，转运时间不均衡。应减少收容数，保证每次转运都能取下一张以上的看板，也就是每次转运一箱以上。

另外，由于转运工作难以按秒进行管理，所以可能出现非等间隔的情况。如图4-103所示。某车间每班次的工作时间为462分钟，转运循环20次。那么可知每次转运时间应为23.1分钟。因为难以按秒进行管理，所以自然一个循环计为23分钟，导致最后一个循环变成了25分钟，出现了非等间隔的情况。为了保持转运量稳定，可以增加循环次数，将20次调整为21次，这样一个循环就变为22分钟，保证了等间隔转运，易于管理。

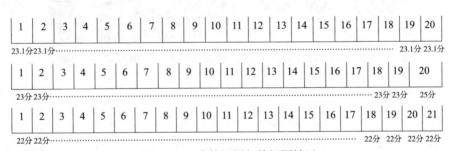

图4-103　非等间隔与等间隔转运

2）减少作业不便与重物作业。维持转运机制，实际上是让作业人员适应新的转运方法。而让作业人员乐于采用新的转运方法，就要在新的转运机制中减少作业不便与重物作业。

在零部件上线时，经常出现容器中的零部件不分方向随意堆放，拿取一个零部件时非常不便的情况。此时可以通过在容器中安放自制架子的方式，便于作业人员将零部件码放整齐，减少了作业不便。

再来看看不易被察觉的重物作业。不妨假设每班转运数为6000个，每个零部件重2千克，每班转运循环20次，那么一个循环的转运量为300个，重量为 0.6 吨，这对于转运人员来说是一个不小的负担。而且，每班需要转运 12 吨的零部件。如果每个操作台的高低相差很多，那么在转运过程中就必须多次举起零部件，会使转运人员十分劳累。

要对重物作业进行改善，首先是把握现状，可以使用高度图来明确目前各个操作台的高低，如图 4-104 所示。

明确现状后，尽可能地统一各个滑道的高度。此外，为了不用举起箱子就能作业，可以在专用小车上或传送台上加辊道，让箱子能够自动滑过去，如图 4-105 所示。

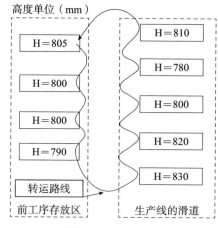

图 4-104　高度图

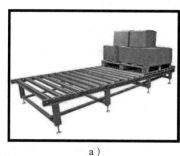

a)　　　　　　　　b)

图 4-105　辊道

3）提高作业人员的责任意识。在运行管理板（见图 4-106）上张贴作业人员的名字。作业人员进行操作的时候能够看到自己的名字，潜意识里会告诉自己要对自己的作业负责，从而更加认真地进行作业。此外，也将转运机制的运行落实到人，容易了解进度和方便管理人员进行监督。

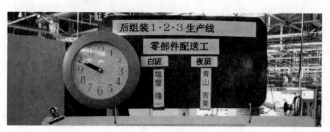

图 4-106　运行管理板

4）创建援助体制。任何转运机制都不能保证没有意外发生。在转运的过程中，有可能因为偶发事件，作业人员在一个循环时间内无法完成既定的工作。如果按照之前定制的路线去完成所有的工作内容，则回到起点时必定在时间上出现延迟，进而影响下一次循环。也就是说，意外出现之后，整个转运循环就会被打乱，无法恢复到之前的状态。因此，必须建立援助体制，对意外的后果及时进行补救。

援助体制如图4-107所示，正常情况下，转运人员从开始地点依照运行时刻表出发，依次经过几个配送工位，每个工位都是能够通过设定的时间来检查是否延迟的地点，也都配有安灯。一

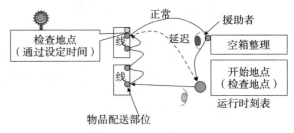

图 4-107　援助体制

旦转运人员在工位发现时间已经延迟，就按安灯的开关，之后从延迟路线回到出发点。例如，图中转运人员在第四个工位处发生延迟，因此转运人员在该工位按亮安灯，然后放弃正常情况下需要做的空箱整理任务，直接回到开始地点。同时，援助者看到安灯亮起，便代替转运人员进行空箱整理。这样，就完成了援助活动。

5）使用物流运行时刻表与标准作业票。物流运行时刻表能够表示开始作业的时间点，图4-108为转运人员的物流运行时刻表示例。表中的信息说明该转运人员进行定时转运，且标明了循环的次数，出发时间栏中没有数字表示"小时"的，则意为与上一行相比，小时数不做变化。转运人员按照最右栏的出发时间开始转运时，一般会把一块磁铁放在对应的"次数"上来帮助转运人员进行记忆。

图 4-109 是车间内物流的标准作业票，在标准作业票中记录了转运路线、转运中的配送点、转运的循环时间等信息，转运人员严格地按照标准作业票所指示的信息执行作业，以保证生产顺畅进行。

图 4-108　物流运行时刻表示例

标 准 作 业 票

路径	前组装 第1、2、3生产线
作业名称	准备零部件—配送—裸件作业

		批准	确认	制作
部门	33科 2股 412组			
制作	2008年10月20日			
修改				

作业内容	从仓库（领取零部件存放区） 至发动机前机盖裸件供应

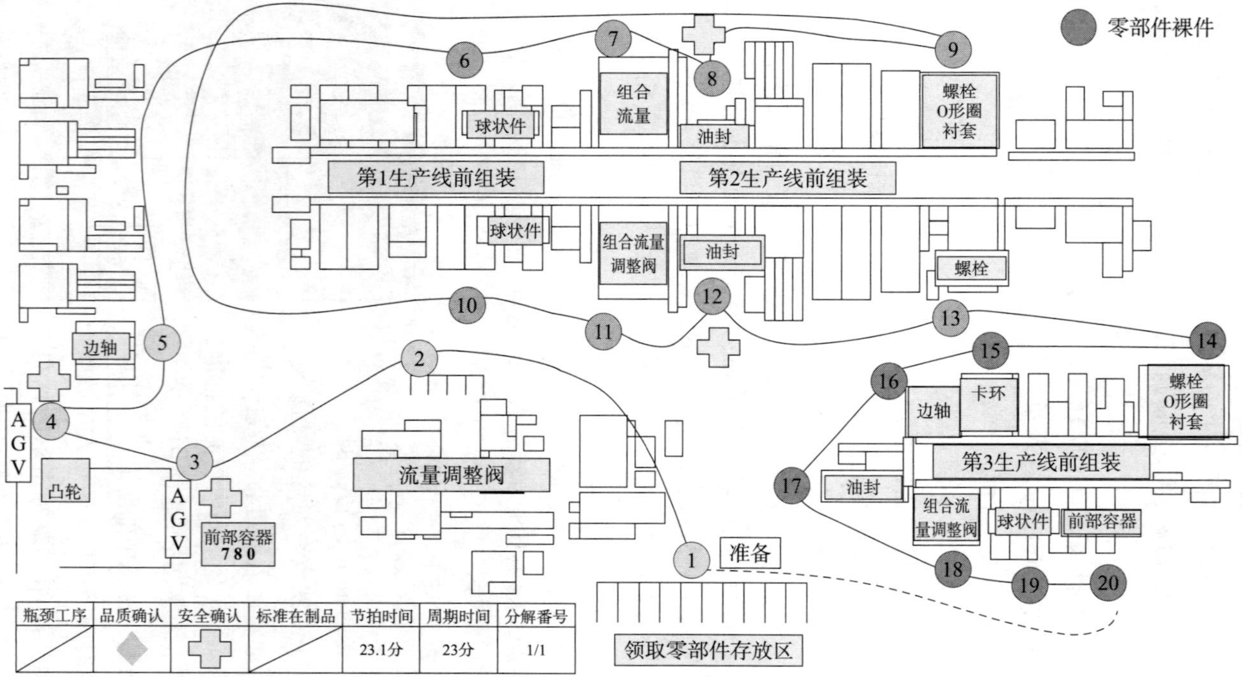

瓶颈工序	品质确认	安全确认	标准在制品	节拍时间	周期时间	分解番号
	◆	✚		23.1分	23分	1/1

图 4-109 标准作业票（现场张贴样式图）

6) 进行每月维护。每月对转运机制进行维护,根据实际运行情况和计划的变动来进行转运机制的调整和改进。

总体来说,转运机制的创建和完善也是一个 PDCA 循环,四个环节分别是转运循环和转运路线的确定,在现场验证,找出问题,制定问题的对策并执行,如图 4-110 所示。四个环节首尾相连,循环往复,不断对转运机制进行调整和改进。

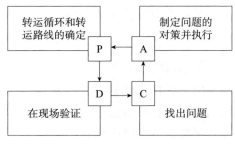

图 4-110　配送机制的 PDCA 循环

4.5.3　采购物流

1. 概述

采购物流是指物料、零部件从供应商处转运到车间内部的物流过程。采购物流的目标是高效地转运必要的物品,同时追求准时化和效率。追求准时化就需要缩短采购过程周期,使工厂和供应商同步化;追求效率就需要提高装载率,使分拣装货等手工作业最小化。采购物流的基本思路(见图 4-111)是通过实施采购物流的多频次化和供应商的多次集货,达到高效转运必要物品这一目标。具体来说,一方面供应商使用均衡化看板箱按照零部件的销售顺序和数量进行生产,对货物进行多次集货。另一方面,供应商也可向客户进行多次物流配送。

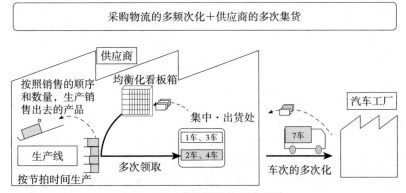

图 4-111　采购物流的基本思路

由于采购物流每次转运量较大，如果不能安排妥当，就容易出现车间内原材料断货、无法继续生产的问题，或者出现原材料在车间内堆积过多、造成不必要的资金滞留的现象。因此，合理安排采购物流，改善转运过程，对于工厂来说至关重要。

2. 转运方式

（1）多次混装转运。多次混装转运适用于供应商和工厂距离较近的情况，包括出发地混装和目的地混装，如图 4-112 所示。前者指货车从工厂出发，依次经过供应商 A、供应商 B、供应商 C……最后回到工厂的过程，在这个过程中，货车对各个供应商供应给一个工厂的零部件进行混装，一次循环经过多个供应商和一个工厂。后者指的是货车从一个供应商处将零部件装车，之后经过工厂 A、工厂 B……再回到供应商处的过程，在这个过程中，货车对一个供应商供应给多个工厂的零部件进行混装，一次循环经过一个供应商和多个工厂。

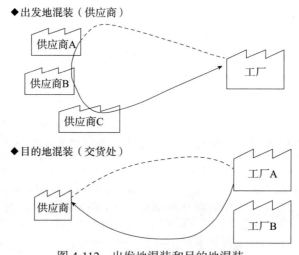

图 4-112　出发地混装和目的地混装

采取多次混装转运能够减少物料的停滞，从而减少资金占用。如图 4-113 所示，某工厂有三个供货商 A、B、C，均每日向工厂供应一次。于是，每日有 3 辆货车向工厂送货，并且物料需要在工厂停留 1 天后才能被使用。如果使用多次混装转运，将 3 辆车都加入循环，每次从工厂出发，依次经过所有供应商装载物料，最后再回到工厂。这样物料就只需在工厂中停留 1/3 天后便能使用了。同时运输车辆也由 3 辆减少为 1 辆满负荷运行，管理也更简便。

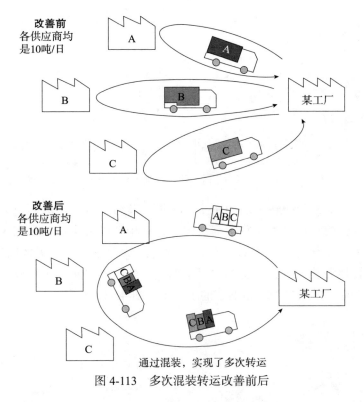

图 4-113 多次混装转运改善前后

（2）在中转地混装。在中转地混装是指在供应商和工厂之间设立中转地，进行多次混装运转的方式，适用于供应商距离工厂较远的情况。在中转地和各个供应商之间进行多次混装运转的货车被称为集货车。每辆集货车被分配在距离相对较近的一些供应商和中转地之间进行转运。转运到中转地的零部件再由主线车更多频次地送往工厂，这样可以解决多供应商远距离、不同频次和多车辆进入工厂难以协调的问题，只要规划好主线车的运输规则就可以完成零部件的供给。

丰田某工厂有五个供应商，其中供应商 A、B、C 距离工厂较远，供应商 D、E 距离工厂较近。因此，集货车被设定了两种路线，一种路线在供应商 A、B、C 以及中转地之间循环，另一种路线在供应商 D、E 以及中转地之间循环，如图 4-114 所示。

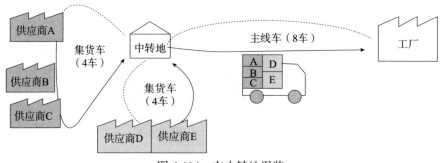

图 4-114　在中转地混装

此外，在工厂和中转地之间用主线车进行转运。这样供应商每天向中转地送货，这部分的物流过程由供应商统筹，而在中转地分类装车运到工厂，由丰田进行统筹。由于这一段路程较远，采用铁路货运也需要五天的时间。因此，使用在中转地混装的方式，抑制了高涨的物流费，使得距离工厂较远的供应商也能每天送货。丰田在中转地混装的示意图如图 4-115 所示。

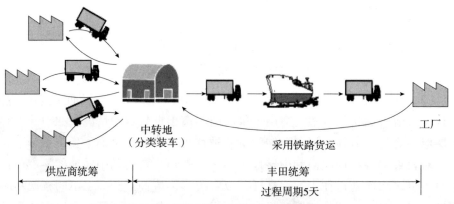

丰田设立中转地（中转地之前的物流由供应商统筹）

图 4-115　丰田在中转地混装示意图

采用在中转地混装的转运方式时，注意不要造成物料和信息的滞留。这就需要考虑三个问题，分别是集货车和主线车的匹配性、集货车的零部件和主线车的匹配性以及需要的机制和辅助工具。

集货车和主线车的匹配性是指主线车的数量要能被各种集货车的数量整除。如图 4-116 所示，主线车每天发 12 车，即 1/12 天为一个最小循环单位时间。线路 A 的集货车每天发 4 车，每 1/4 天为一个循环，则可以做到等间隔，即每 3 个最小循环单位时间送货一次。但如果某线路集货车每天发 8 车，而在 12 个时间段中选出 8 个, 无法做到等间隔, 就会给物料的混装带来不必要的困扰和复杂性, 难以制订计划。

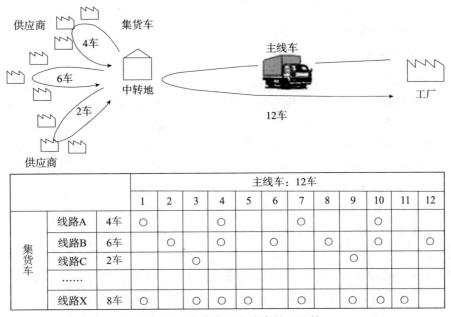

			主线车: 12车											
			1	2	3	4	5	6	7	8	9	10	11	12
集货车	线路A	4车	○			○			○			○		
	线路B	6车		○		○		○		○		○		○
	线路C	2车			○						○			
	......													
	线路X	8车	○		○	○		○		○	○	○		

图 4-116 集货车和主线车的匹配性

集货车的零部件和主线车的匹配性是指零部件应装在指定的主线车上,在中转地按照主线车开往的工厂对零部件进行分类,如图 4-117 所示,每辆集货车上都有三个工厂需要的零部件,所以将零部件送到中转地后,将需要送往同一工厂的零部件装在同一辆主线车上,之后由主线车直接开往对应工厂即可。

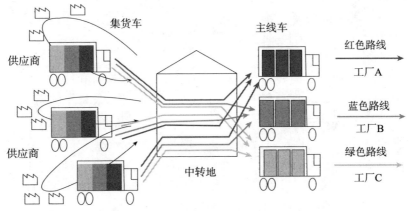

图 4-117 集货车的零部件和主线车的匹配性

除了注意以上两点，还需要建立一定的机制、使用一定的辅助工具来掌握总体情况，例如，有以下几点需要考虑：如何体现出集货车是否按时到达，零部件是否装在指定主线车上，主线车是否按时出发等。总体的思路是做到目视化管理，从而能够轻易看出转运工作是否在按计划进行。

3. 其他改善

（1）换乘方式。驾驶员经常充当装卸工的角色，在将货车开到目的地后，负责装货和卸货。事实上，应当将装卸作业和驾驶作业分开，驾驶员只专心进行驾驶，供应商的出货负责人来装货，工厂的收货负责人来卸货。这样做不仅有利于准时化、小批量转运，又不降低装载效率。虽然需要的货车数量增加，提高了折旧费，但伴随着物理损耗的实际使用年限也相应延长，因此从长远来看，不会造成成本的增加。

如图 4-118 所示，某驾驶员驾驶货车从供应商处出发到工厂送货，最后回到供应商处为一个循环。驾驶员卸货、装货分别需要 1 小时，从供应商到工厂需要 1 小时。因此，驾驶员完成一个循环需要 4 小时。如果将装卸作业和驾驶作业分开，则每个循环只包括路途中的时间，共 2 小时，比改善前减少了 2 小时。这就需要驾驶员行驶到目的地时换车，比如开着载满货物的车到达工厂后，换另一辆已经卸完货的空车开回供应商处。然后再换一辆已经装完货物的货车开往工厂。

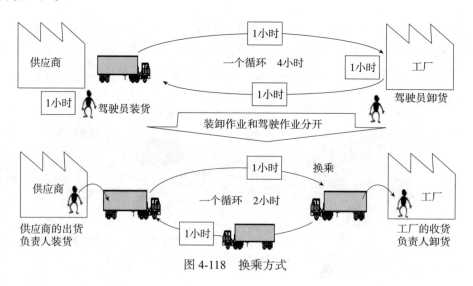

图 4-118 换乘方式

（2）P存放区。P存放区又称进度存放区、进度吸收分割存放区，是采购物流与车间内物流的交汇点，即采购物流的终点及车间内物流的起点。供应商需要定时送货到P存放区并且生产线在P存放区采用后工序领取的方式。下面举例说明P存放区的使用方法。

如图4-119所示，P存放区共有24条，则每条存放区的存放量为够1/24日使用的数量。有三辆货车给工厂送货，分别送零部件A、B、C。货车A每日送货2次，到达工厂后将货物按照每1/24日需要的数量置于12条存放区中。货车B每日送货4次，则每次转运6条存放区的货物即可。同理，货车C每日送货8次，则只需每次填满3条存放区即可。总装线上依据生产进度来进行配送，正常情况下会每1/24日配送一个存放区的零部件。

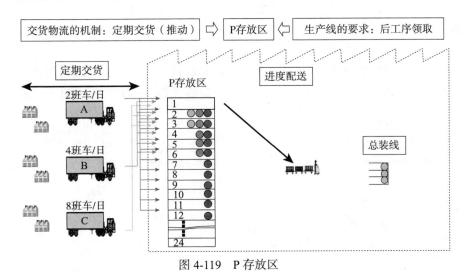

图4-119 P存放区

从P存放区的转运机制中可以看出它具有两个功能：分割功能和进度吸收功能。

分割功能是指P存放区的存在使得供应商的货车不得不对送来的货物进行分割，避免了大量货物无序堆积，如图4-120所示。生产线上每次转运零部件就可以直接去P存放区按顺序领取，相比于从无序的零部件中挑选出正确种类和正确数量的零部件来说，这样的转运机制能够直接将P存放区内的零部件"一网打尽"，从而减少了辨别的时间和寻找造成的浪费，而且更容易实现"先入先出"。

200　精益管理理论与应用

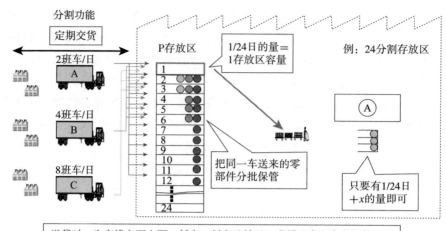

图 4-120　P 存放区的分割功能

进度吸收功能是指在生产进度滞后以及停线时，P 存放区成为缓冲区，如图 4-121 所示。P 存放区分为 24 条，生产线的计划是每日生产 480 台，则一条

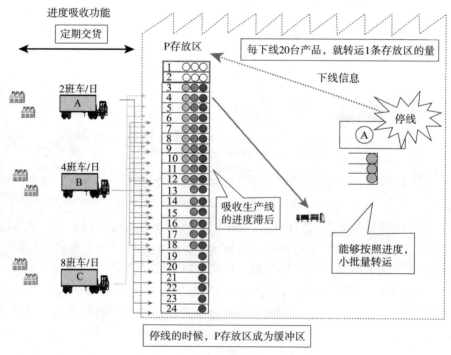

图 4-121　P 存放区的进度吸收功能

存放区容量应为 1/24 日的量，也就是 20 台的量。每下线 20 台产品，就转运一条存放区的量。如果生产线停线，就不去 P 存放区取货。P 存放区作为缓冲区，能够使供应商不必因为特殊情况而调整送货周期和数量，所以 P 存放区可以吸收生产线的进度滞后。

引入 P 存放区后，采购物流效率得以提高，缩短了货车的行驶距离，从而减少了运输费以及二氧化碳排放量。如图 4-122 所示，两个供应商和工厂的位置呈等边三角形，任意两者之间的距离都是 50km。引入 P 存放区之前，采用多次混装转运，每日转运 8 次，总行驶距离为 1200km。引入 P 存放区后，可以在每一个供应商和工厂之间单独建立转运循环，例如一种线路每日转运 2 次，另一种每日转运 6 次，则每日的总行驶距离变为 800km，少了 1/3 的路程！

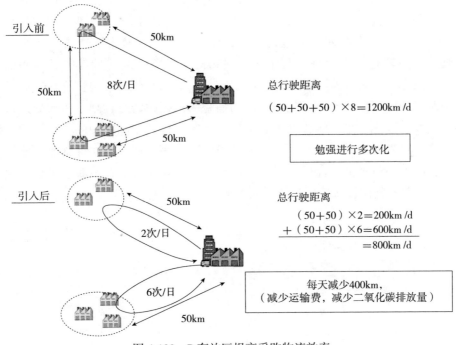

图 4-122　P 存放区提高采购物流效率

4. 环境变化的挑战

以汽车工厂为例，随着车型的不断增加，零部件的种类也随之增加。生产的车型越来越多，总装工厂的空间逐渐不足。有些汽车工厂为了实现准时化，不采用多次混载，反而要求供应商在之前的基础上进行更多频次的配送。然而，供应商不合理的多频次转运，非常容易导致运输效率低下，因为装载率很难达到较高水平。此外，在中转地的分类作业和装载作业也大大增加。如此看来，汽车工厂要求供应商增加送货频次反而会导致工时和采购过程周期时间的增加，而供应商则承担了新增的物流费用，这样一来，总装工厂和供应商双方的物流费均会增加。

为应对这类问题，应如何考虑？针对零部件种类增多，给生产线上的作业人员拣选造成困难的情况，应考虑将零部件的选择作业与装配作业分离，也就是使用SPS方式提升作业人员的工作效率和工作质量。面对收货区的空间越来越不足的情况，可以利用工厂近郊的中转仓库、P存放区进行分类来应对，采用多频次混装、提高装载率来降低供应商负担的物流费用。

总体来说，就是不要无休止地对供应商提出不合理的要求，要以消除整个供应过程的浪费为目的，供需双方一起进行改善。长远来看，为了实现这一目标，需要企业对零部件种类进行合理的统一与减少，对采购物流进行可视化管理，对中转仓库进行有效利用等。在物流与供应的改善过程中必须明确一点——只在必要的时候把必要数量的必要物品进行高效转运。这是改善的目标，也是改善的原则。实施要点是制订以均衡化为前提的转运计划，按计划进行后工序领取。这样一来，能够迅速满足后工序零部件数量和品种的变动要求，缩短物流的过程周期时间。此外，也要考虑转运效率，特别要注意企业不能只考虑自己的效率而对供应商提出不合理的要求。这样才能够在不断减少总库存量的同时，降低整体物流费用，从而减少成本。

第5章

现场质量管理

　　现场质量管理的目的是确保现场能够稳定地生产出合格产品。企业的质量管理水平既是实施精益管理的必要保证，又是评价生产过程能力的重要标志之一。基于两者之间存在的互补性，本章探讨了不同文化背景下现场质量管理机制的形成，并提出了精益质量管理屋的构造方式。本章介绍了多个重要的现场质量管理工具，如排列图、因果图、直方图、工序能力分析、控制图等。针对不合格品的预防对策充分体现了精益管理的防错思想。本章介绍了防止不合格品再次出现的处理流程，以及面向不合格品类型的预防对策。质量改善是现场质量管理的重要内容，本章介绍了经典的质量改善流程，如 PDCA、DMAIC、QC 小组活动等。最后，对精益六西格玛管理的基本思想、方法体系及文化建设做了简要描述。

5.1　现场质量管理概述

5.1.1　现场质量管理的定义

　　ISO9000 对质量管理的定义为产品、体系和过程的一组固有特性满足顾客和其他相关方要求的能力。质量是产品的固有属性，它是对产品使用价值的度量。质量标准是由顾客需求决定的。通过有效实施质量管理，可实现制造过程稳定、产品可靠、性能稳健，从而满足顾客需求。

　　现场质量管理是以发生质量问题的现场为对象，以对现场影响产品质量的相关因素的分析与处理为核心，通过有效的现场质量管理机制识别问题根源、提出改进措施、设立质量控制点、制定质量监督与检验制度等，使整个过程的质量水平处于控制状态，从而确保现场能够稳定地生产出合格产品。

5.1.2 质量管理基础理论

质量管理方式的发展经历了多个阶段，包括检验质量管理阶段、统计质量控制阶段、全面质量管理阶段。

在各个阶段的发展过程中，不同的质量管理大师提出的质量管理理论成为推动质量管理发展的重要动力。戴明的质量管理思想体现在他所提出的"十四要点"中。具体内容包括停止靠大批量的检验提高质量、破除部门之间藩篱、不断改进生产及服务系统、消除妨碍员工工作顺畅的因素等。朱兰认为质量的本质内涵是适用性，即产品在使用期间能满足使用者的需求。朱兰还提出质量管理的三部曲，即质量计划、质量控制、质量改进。克劳士比的"零缺陷"理论体现了他对质量管理问题的理解。对待错误应采取绝不放过的态度，一定要找到并消除原因，避免其再次出现。同时，采取必要的手段，保证第一次就把事情做对。日本学者石川馨对质量管理工具（如因果图）的开发做出了巨大贡献。另外，他所倡导的"质量圈"为质量管理活动的组织形式奠定了基础。

近年来随着精益思想的出现，以精益思想为指导的质量管理方法逐渐在企业中得到应用。例如，防错法是精益管理的重要工具，也是避免质量问题发生的有效手段。精益管理不强调统计学方法，更加重视实际应用效果，解决现场问题。将精益思想与传统质量管理思想相融合，面向实际问题开发行之有效的质量管理工具，是未来的趋势之一。

5.1.3 现场质量管理的意义

在企业的管理体系当中，相对于计划管理、工艺管理、技术管理、采购管理、物资管理等，质量管理是比较特殊的一项管理活动，其特殊性在于，其他管理都是"正向"管理，是管理者或管理部门为了提升效益而主动去进行的管理，而质量管理是"逆向"或"被动"管理，是为了防止本不该发生的问题的发生而必须采取的行动。同时，质量又是必须满足顾客期望的要素，是企业必须重视的管理对象。

一般的质量管理模式顺应了质量不可能100%没有问题，问题无法100%避免的逆向管理思维，从"果"入手展开管理，如质量检验、QC（质量检验）/QA（质量保证）展开、SPC（统计工序控制）和六西格玛管理等，虽然采取的手法不同，但大都从质量结果或缺陷结果入手展开工作，提升质量，而精益管理所提倡的现场质量管理反其道而行之，把追"因"作为展开工作的宗旨，其思想是为了满足顾客的期望，把工作流程中的每一个要素都做好，这样就不会再出现问题。合格率 100% 是理所当然的，不合格就是异常。这样的思维转化，就把需要大量数据统计支撑的质量管理方式转化为即使只有一个异常也要去解决，也要去追求根因的方式，使得质量管理的普适性更强。同时，因为要解决哪怕是发生概率极低的异常，现场管理更要注重工作的过程，所以现场质量管理也可以被称为过程质量管理，正因如此，其管理对象不一定只局限于产品，也可以是一个工作过程。

1. 本工序完结是成本最低的管理手段

"为了不给客户添麻烦，所以品质必须在工序内造就！"这是丰田佐吉自働化思想的起点，而自工序完结（在工序内保证质量）是自働化思想的重要组成部分。在工作或生产中，很多环节的工作质量可以依靠防错装置和目视化的方式来保证，但再完善的工序也会有无法使用防错装置和目视化方法的环节，这时候就要有本工序完结的强烈意识，靠人的意识和感觉（视觉、听觉、触觉）等来发现问题，以保证问题不被制造和传递。这样有意识地工作，每个人都高质量地完成自身工作，就使得工作不会延迟、返工、停顿等，可实现对时间最高效的利用，减少占用资源的时间，是成本最低的工作方式。所以说，现场质量管理所倡导的自工序完结是成本最低的管理手段。

2. 质量意识带来全面管理水平提升

现场质量管理非常强调质量意识，而质量意识的最主要的特征是按照标准有纪律地工作，简单说就是重视"规则意识"的培养。从某种意义上说，与意识相比，质量是有形的，质量可以从顾客的满意度或作业的方便程度或间接的成本上反映出来。因此，应不断地通过有表现的质量事实进行说明和教育。首先，要促进标准的不断完善，要想判定"异常"，必须明确"正常"的标准，对异常越重视，标准就要越清晰、明确。其次，组织顺畅地运行，需要全员共同遵守共同的组织规则，形成统一的价值观，而无形的"规则意识"非常不容易表述，也难以衡量，通过相对有形的质量问题，就能够准确判断全员的规则意识程度，也可通过对全员进行有针对性的培养来形成规则意识。面对质量的标准水平和规则意识提升起来了，企业的其他管理状态也能相应地有所提高。

从以上所述来看，企业无论怎样强调现场质量管理都不为过，通过现场质量管理能形成满足顾客、培养人才和节约成本的"三赢"状态，可以说现场质量管理是企业经营的必要手段。

5.1.4　现场质量管理机制

由于质量问题发生在现场，造成问题的原因也存在于现场，所以最终问题的解决也离不开现场。现场是质量管理的核心。围绕现场分析质量问题是现场质量管理的基本特点。以现场为核心建立一个从发现问题到解决问题的现场质量管理机制，是提升组织质量管理水平的有效手段。

1．现场质量管理机制的基本原则

（1）将质量问题追溯到现场。

质量问题产生在现场，但是发现问题的地方可能不在现场。为了从根本上找到问题产生的原因，应追溯质量问题到产生问题的现场。从历史资料中还原现场状况，为分析质量问题根源奠定基础。

（2）在现场分析问题。

现场是最接近质量问题根源的地方。在现场分析质量问题产生的原因能够关注到更多的细节，为解决问题提供线索。质量问题的产生往往是多种因素综合作用的结果，因此在现场分析问题能够对环境有切身感受，从而在理性分析基础上从感性上察觉出更多可能存在的原因。

（3）问题逐级上报机制。

有些质量问题涉及不同部门，需要在多个现场共同分析解决。因此，当面临在单一现场无法找出根本原因时，应上报上级部门，如由班组到车间，再到质量部等。由上一级单位组织跨职能研究小组，协调组织相关人员到不同的现场分析问题并提出改进措施。

（4）鼓励现场人员发现问题。

质量问题发生在现场，最早发现问题的人员很可能是现场人员。另外，现场人员如能在第一时间发现问题，则避免了后工序的资源浪费。发现问题的时间越早，解决问题的速度越快，则造成的损失越小。因此，应制定有效的激励措施，鼓励现场人员主动发现并指出问题。

基于以上现场质量管理机制的基本原则，企业应建立适合自身实际的现场质量管理制度，设计相应的流程、报表等管理文件，以制度文件的形式确定现场质量问题的解决方式。制定激励措施，鼓励现场人员发现问题，提高员工参与现场质量管理的积极性。

2．现场质量管理机制的形成

基于现场的质量管理机制不是孤立存在的，也不是单纯的管理方法的组合，而是依存于一个包含社会文化、企业文化和宗教等综合因素的管理技术体系，即每个国家的质量管理模式和体系都有其政治、经济、文化和宗教的前提和条件。如表 5-1 所示，美国属于多民族、多元文化国家，企业文化建立在契约形式之上，这样能够更大范围地统一多元社会文化下的不同人群的思想，美国人大多有宗教信仰，企业中的人员工作时相信自己的行为必有回报，所以主要的工作思维就是一定要按契约遵守规则，这样诞生于美国的管理手段或质量管理机制首先考虑的前提条件就是契约规则。日本基本上是一个单一民族国家，文化也较为单一，是一种家庭式文化，因此日本人在工作中主要考虑的是不要给他人（家人）添麻烦，形成了自我约束式的质量管理机制（如自工序完结）。虽然日本社会也有主要的宗教信仰，如神道教、佛教，但仔细调查就可以知道，日本人对宗教的信仰主要体现在生活和社会活动的形式中（婚礼、祭祀），宗教并非完全指引人的行为。这与欧美多元文化下的宗教信仰完全不同，因此日本在引进了美国的科学管理和工业工程后，以"家庭式"企业文化的群体行为为基础，将美国的科学管理和工业工程改造为全员参与式的丰田生产方式，形成了独特的质量管理机制。

表 5-1　美国、日本、中国质量管理机制对比

项目	美国	日本	中国
民族和文化	多民族，多元文化	大和民族，大和文化	以汉族为主体，多民族并存；以儒家文化为主
宗教	基督教	神道教、佛教	佛教、道教……
企业文化	法律化，契约	家庭式管理文化	现代企业制度
管理手段	科学管理、工业工程、信息化、CIMS（计算机集成制造系统）、精益生产、先进制造管理、大数据、智能制造	科学管理、工业工程、丰田生产方式、信息化、IoT（物联网）	科学管理、企业现代化、现代企业制度、CIMS、信息化、智能制造、大数据
质量管理机制	质量检验、TQC 和 TQM、ISO 标准、卓越绩效、六西格玛、精益六西格玛	防错机制：现地、现物、现实、安灯、防错工具	18 种质量工具、质检、ISO 管理、TQC/TQM、六西格玛、精益六西格玛

中国与日本的社会文化背景相似，儒家文化影响着人们的行为，无神论者居多。很多企业以独特的领袖文化和群体文化为主导进行管理，员工工作所遵

守的规则更多来自家庭、群体文化和对组织关系的认可，强调团队精神。自 20
世纪 60 年代开始，中国逐步引进欧美的科学管理等企业管理技术，包括质量管
理体系和六西格玛等质量管理体系，在中国的工业体系发展中起到了重要作用。
目前中国处于重大转型期，社会主要矛盾已经从"人民日益增长的物质文化需
要同落后的社会生产之间的矛盾"转变为"人民日益增长的美好生活需要和不
平衡不充分的发展之间的矛盾"，这对生产质量管理机制提出了更高的要求。因
此，中国企业有必要进一步学习文化背景相似的日本企业的质量管理方法，建
立以现场为核心的质量管理机制，同时将欧美质量管理的统计分析方法融入质
量管理体系，形成具有中国特色的精益质量管理屋，如图 5-1 所示。此框架充
分体现了以现场质量管理为核心，以各种精益生产方法为支撑，结合统计分析
方法，基于文化特征的精益质量管理理念。

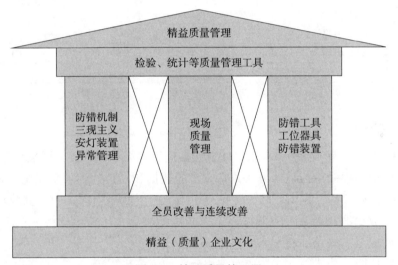

图 5-1　精益质量管理屋

5.2　现场质量管理工具

5.2.1　检查表

检查表是用来收集和整理原始质量数据的一种表格。常用的检查表有缺陷
类别统计表、缺陷原因检查单、缺陷位置检查表、工序分布统计表、工作抽样

表等。

检查表的应用步骤如下：①确定调查分析的目的和具体的产品或零部件对象；②根据调查目的和调查对象的特点设计检查表；③调查的同时记录产品质量问题；④分析调查记录结果，找出主要的质量问题，制定改进措施。检查表示例如表 5-2 所示。

表 5-2　检查表示例

| 品名： | 工序： | 作业人员： |

| 检查人员： | 日期：　　　年　　月　　　日 | |

不良项目	检查记录	小计
表面缺陷	正正正正正正正	35
裂纹	正正正正正正	30
砂眼	正	5
形状不良	正正正	15
加工不良	正正	10
总计		95

5.2.2　分层法

分层法也称为分类法，用来对质量数据进行归类和整理。分层法是分析产品质量原因的一种常用的统计方法，将杂乱的数据和复杂的因素系统化和条理化，按层或类统计数据，做出频数、频率分析表。分层法要求同层的数据波动较小，不同层的数据波动较大。一般按以下方式进行分层：①按生产线分；②按原材料分，如成分、规格、批号等；③按班组、工人分，如技术、年龄等；④按时间分，如日期、季节等；⑤按作业方法分，如工艺规程等。

分层法要求尽量采用复合分层，并且要分析分层标志之间的关系，即注意各种原因间的相互影响。在直方图呈现双峰时，常常采用分层法分析影响产品质量的原因。分层法的应用步骤如下：①确定分析研究的目的和对象；②收集有关质量数据；③根据研究目的确定分层标志；④按分层标志对质量数据进行分类整理；⑤分析分层结果，找出主要因素，结合现场调查制定改进措施。

举例说明：某自动焊接工序由于焊接缺陷造成漏气，从而影响产品质量。从现场抽取 100 件产品，发现有 80 个焊接缺陷需要返修。分析认为，造成缺陷的原因有两个：①焊环来自不同厂家，目前有 A、B、C 三个厂家。②铜管有两种：光管和螺纹管。分别按焊环厂家和铜管类型分层分析单位缺陷数（DPU），分层结果如表 5-3 和表 5-4 所示。

表 5-3　按焊环厂家分层

焊环厂家	产品数	缺陷数	DPU
A	25	23	0.92
B	35	30	0.86
C	40	27	0.675
合计	100	80	0.8

表 5-4　按铜管类型分层

铜管类型	产品数	缺陷数	DPU
光管	40	45	1.125
螺纹管	60	35	0.583
合计	100	80	0.8

通过单一分层似乎可以判定，应采用 C 厂家的焊环和螺纹管，但从实际运行结果发现，此种选择的焊点缺陷反而出现增加的情况，因此，采用同时按焊环厂家和铜管类型分层的方法再次分析单位缺陷数，结果见表 5-5。

表 5-5　同时按焊环厂家和铜管类型复合分层

焊环厂家	铜管类型					
	光管			螺纹管		
	产品数	缺陷数	DPU	产品数	缺陷数	DPU
A	10	19	1.9	15	4	0.267
B	15	25	1.67	20	5	0.2
C	15	1	0.067	25	26	1.04
合计	40	45	1.125	60	35	0.583

由表 5-5 数据可得到分析结论：对于螺纹管，采用 A 厂家和 B 厂家的焊环；对于光管，采用 C 厂家的焊环。

5.2.3　排列图

排列图又称为帕累托图，它是将质量改进项目按重要性进行排列而采用的图示技术。排列图的原理是"关键的少数和次要的多数"，即 80% 的质量问题由 20% 的原因引起。它的主要作用是比较每个质量改进项目对整个质量问题的作用，找出主要原因。

绘制帕累托图的步骤为：①确定数据类别；②确定数据收集时间；③统计频数；④排序；⑤绘制 X 轴、Y 轴；⑥绘制条柱；⑦增加标示。

某焊接接头缺陷调查表如表 5-6 所示。帕累托图如图 5-2 所示。

表 5-6　某焊接接头缺陷调查表

序号	缺陷类型	频数	频率	累积频率
1	虚焊	45	0.45	0.45
2	夹渣	32	0.32	0.77
3	过烧	12	0.12	0.89
4	焊料不饱满	6	0.06	0.95
5	其他	5	0.05	1.00
	总计	100	1.00	

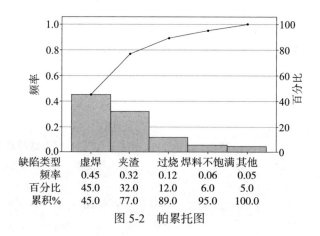

图 5-2　帕累托图

5.2.4　因果图

因果图，又称为鱼骨图、石川图，它表示质量特性波动与其潜在原因的关系，在 QC 小组活动、质量分析和质量改进活动中有广泛的应用。应用因果图的主要目的在于它能全面反映影响质量特性的各项因素，通过因果分析找出各影响因素间的关系和解决问题的具体措施。因果图的主要类型有原因罗列型、要素分解型和工序分解型。

因果图的基本形态如图 5-3 所示。绘制步骤为：①明确表述问题；②绘制主干和分支；③小组头脑风暴；④确定最可能的原因；⑤确定解决问题的优先级；⑥采取措施；⑦检查效果。

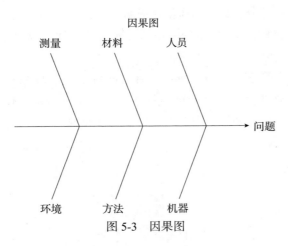

图 5-3　因果图

5.2.5　直方图

直方图，又称为频数直方图、质量分布图，是指通过对生产过程中大量计量值数据的收集、整理，用一系列宽度相等、高度不等的矩形表示质量特性分布规律的图示方法，也是定性调查工序能力的常用方法。作图方法为：

（1）收集数据。

（2）确定分组数（K），直方图分组表如表 5-7 所示。

表 5-7　直方图分组表

数据量（n）	＜50	50～100	100～250	＞250
分组数（K）	5～7	6～10	7～12	10～20

（3）确定极差（R），找出最大值 x_L 和最小值 x_S。

$$R = x_L - x_S \qquad (5\text{-}1)$$

（4）确定组距。

$$h = R \div K \qquad (5\text{-}2)$$

组距一般取计量值单位的整数，以便分组。

（5）确定分组界限值。

上下界限为

$$x_{\min} \pm h/2 \tag{5-3}$$

（6）统计落入各分组的数据个数（频数 f）。

（7）绘制直方图。以数据值的一定比例为横坐标，以频数值（或频率值）的一定比例为纵坐标，画出直方图。

直方图的基本形态如图 5-4 所示。直方图可以形象地表示工序质量特征值的分布，将实际数据分布与所期望的数据进行对比分析，分析工序波动相对于公差的满足程度，并且分析工序是否存在系统性原因。

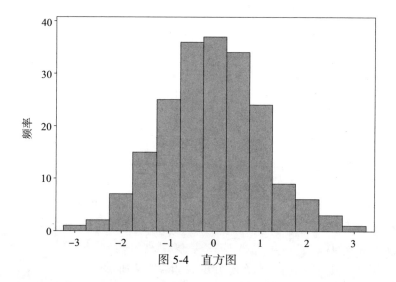

图 5-4　直方图

5.2.6　散布图

散布图在直角坐标系上直观地表示两种因素之间的关系。绘制方法是将两种因素不同取值下的观测数据以点的形式标注在直角坐标系中。通过研究点的分布形态，推断数据间有无相关关系及其密切程度。

散布图的基本形式及解释如图 5-5 所示。

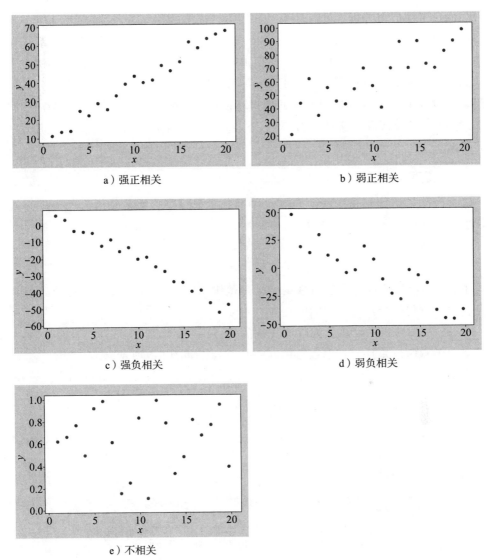

a）强正相关

b）弱正相关

c）强负相关

d）弱负相关

e）不相关

图 5-5 散布图的基本形式及解释

5.2.7 工序能力分析

工序能力是指过程处于受控状态或稳定状态下在加工一致性方面的实际能力。过程的变异影响质量水平。工序能力体现了过程稳定地实现加工质量的能力。通过工序能力分析，可以预测过程质量特征值的变异对公差的符合程度。

变异分为两种：随机性变异，即变异的出现是随机的、无规律的；系统性变异，即变异的出现是有规律的，可以追溯变异的原因。假设过程仅受随机性变异的影响，那么在一般情况下，过程质量特征值服从正态分布。工序能力分析的假定条件如下：①过程是稳定的，即过程的输出特性 X 服从正态分布 $N(\mu,\ \sigma^2)$。②产品的公差限（下公差限 LSL 和上公差限 USL）能准确反映顾客或下道工序的要求。

1. 工序能力指数

工序能力指数是指工序能力满足标准要求的程度，通常是指公差范围与过程能力的比值，常用 C_p 来表示：

$$C_p = \frac{T}{6\sigma} \tag{5-4}$$

式中，T 为产品的技术要求所规定的公差范围，即 $T = \text{USL} - \text{LSL}$。这个比值越大，说明过程生产合格品的能力越大。

工序能力分析的计算分为以下几种情况：

（1）双侧公差且分布中心与标准中心重合，如图 5-6 所示。

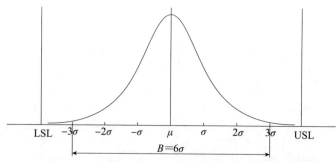

图 5-6   双侧公差且分布中心与标准中心重合

$$C_p = \frac{\text{USL} - \text{LSL}}{B} = \frac{\text{USL} - \text{LSL}}{6\sigma} \tag{5-5}$$

式中，σ 代表过程的总体标准差。通常情况下总体标准差 σ 是未知的，所以当过程稳定且样本足够大时用标准差 S 代替，即

$$C_p = \frac{\text{USL} - \text{LSL}}{6S} \tag{5-6}$$

　　双侧公差且分布中心与标准中心重合是实际生产运作的一种理想状态。实际生产过程中很难保证分布中心与标准中心重合，且有的质量标准只有单侧界限，因此在计算工序能力指数时要把这些情况都考虑进去。

　　（2）仅有上公差限：

$$C_{PU}=\frac{USL-\mu}{3\sigma}\approx\frac{USL-\bar{x}}{3S}\tag{5-7}$$

式中，μ 为总体均值，$\bar{x}$ 为样本均值，σ 为总体标准差，S 为样本标准差。

　　（3）仅有下公差限：

$$C_{PL}=\frac{\mu-LSL}{3\sigma}\approx\frac{\bar{x}-LSL}{3S}\tag{5-8}$$

式中，μ 为总体均值，$\bar{x}$ 为样本均值，σ 为总体标准差，S 为样本标准差。

　　（4）双侧公差且分布中心与标准中心不重合：

　　当分布中心与标准中心发生偏移时（分布中心与标准中心不重合，如图 5-7 所示），虽然分布的标准差没有改变，却出现了过程能力不足的现象，因此需要修正公式。如果记分布中心与标准中心的偏移量为 Δ，则工序能力指数 C_{pk} 为

$$C_{pk}=\frac{USL-LSL-2\Delta}{6S}\tag{5-9}$$

式中，S 为样本标准差。

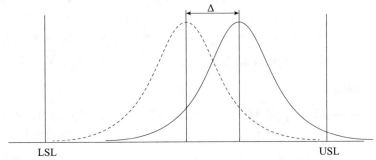

图 5-7　双侧公差且分布中心与标准中心不重合

2. 分析流程

工序能力分析的一般步骤为：

（1）首先确定样本量。一般随机抽样的样本量为 100～200。若样本量太

小，一方面不易判定数据分布的正态性，另一方面，计算出的工序能力与实际工序能力的差异会较大。一般仅在破坏性实验或抽样费用高、抽样时间长的情况下使用小样本。

（2）确定合理的抽样方案，包括抽样时间段、抽样方法等。合理的抽样应能捕获主要的随机性变异。

（3）抽样、测量并记录数据。

（4）绘制直方图，检查数据的正态性。数据非正态时，首先应查找工序中是否存在系统性原因。一般情况下非正态性是由系统原因造成的。一旦发现了系统性原因，应采取措施（将由系统性原因产生的数据删除，或将系统性原因排除后，重新搜集数据）。若非正态性是由工艺过程中特殊的工艺特点造成的，应考虑将非正态数据转化为正态数据，此时公差也要做同等转化。

（5）计算工序能力指数。

5.2.8　控制图

1．基本原理

1924 年美国贝尔电话研究所的休哈特博士首先提出控制图。它是一种将显著性检验应用于控制生产过程的图形方法，在生产过程管理中得到了广泛应用。

休哈特博士提出了控制图的 3σ 原理。如果质量特性值服从正态分布，即 $x \sim N(\mu, \sigma^2)$，当生产过程中仅有偶然性因素存在时，则从过程中测得的产品质量特性值将有 99.72% 处于 $\mu \pm 3\sigma$ 的范围内。如果抽取少数产品，测得的质量特性值均应落在 $\mu \pm 3\sigma$ 范围内，即认为过程处于受控状态。根据小概率事件原理，当观测值超出控制界限或呈现有规律变化时，则判定过程发生了失控。

2．两类错误

根据控制图界限所做的判断也可能发生错误。这种可能的错误有两类：第一类错误是将正常的过程判为异常，第二类错误是将异常的过程判为正常。

在生产正常的情况下，打点出界的可能性为 0.27%。由小概率事件原理可知，如果它发生，就可以判断有异常。这样，对于纯粹是偶然原因造成的打点出界的情形，若根据打点出界判断生产过程异常就犯了虚发警报的错误。这类错误称为第一类错误，其发生的概率一般记为 α。

即使生产过程已经发生了变化，产品质量的分布偏离了原分布，仍然会有一部分产品的质量特性值处于上下控制界限之间。如果抽到这样的产品，则由于打点未出界而判断生产过程正常，就犯了漏发警报的错误。这类错误称为第二类错误，其发生的概率一般记为 β。

由于应用控制图的过程是通过抽样来检验产品质量，所以要想不犯错误是办不到的。理论研究表明，在样本量一定的情况下，减少 α 必然导致增加 β，减少 β 必然导致增加 α。实践证明，能使两类错误总损失最小的控制界限幅度大致为 3σ，因此选取 $\mu \pm 3\sigma$ 作为上下控制界限是经济、合理的。

3. 均值 – 极差控制图（ $\bar{x} - R$ 控制图 ）

$\bar{x} - R$ 控制图是最常用的计量值控制图。它是平均值（ $\bar{x}$ ）控制图和极差（ R ）控制图结合使用的一种控制图。平均值（ $\bar{x}$ ）控制图用来控制平均值的变化，极差（ R ）控制图用来控制标准差的变化。

（1） $\bar{x}$ 控制图的控制界限。

由统计理论可知，如质量特性值服从正态分布 $N(\mu, \sigma^2)$，随机抽取 n 个样本 $x_1, x_2, \cdots, x_n$，则样本均值 $\bar{x}$ 的期望值

$$E(\bar{x}) = \mu \tag{5-10}$$

样本均值 $\bar{x}$ 的标准差

$$\sigma(\bar{x}) = \sigma / \sqrt{n} \tag{5-11}$$

由多组样本数据可估计 μ 和 σ

$$\hat{\mu} = \bar{\bar{x}}, \quad \hat{\sigma} = \frac{\bar{R}}{d_2} \tag{5-12}$$

式（5-12）中，d_2 是由 n 确定的系数，查控制图系数表可得。根据 3σ 原理可得 $\bar{x}$ 控制图的控制界限为

$$\begin{cases} \mathrm{UCL} = \mu + 3\dfrac{\sigma}{\sqrt{n}} = \bar{\bar{x}} + 3\dfrac{\bar{R}}{d_2\sqrt{n}} = \bar{\bar{x}} + A_2\bar{R} \\[2mm] \mathrm{LCL} = \mu - 3\dfrac{\sigma}{\sqrt{n}} = \bar{\bar{x}} - 3\dfrac{\bar{R}}{d_2\sqrt{n}} = \bar{\bar{x}} - A_2\bar{R} \\[2mm] \qquad\qquad \mathrm{CL} = \bar{\bar{x}} \end{cases} \tag{5-13}$$

式中，$A_2 = \dfrac{3}{d_2\sqrt{n}}$ 是由 n 确定的系数，查控制图系数表可得。

（2）R 控制图的控制界限。

由统计理论可知，如质量特性值服从正态分布 $N(\mu, \sigma^2)$，随机抽取 n 个样本 $x_1, x_2, \cdots, x_n$，则样本极差 R 的期望值

$$E(R) = d_2\sigma \qquad (5\text{-}14)$$

样本极差 R 的标准差

$$\sigma(R) = d_3\sigma \qquad (5\text{-}15)$$

式中，d_2 和 d_3 是由 n 确定的系数，查控制图系数表可得。根据 3σ 原理可得 R 控制图的控制界限为

$$\begin{cases} \mathrm{UCL} = d_2\sigma + 3d_3\sigma = \left(1 + 3\dfrac{d_3}{d_2}\right)\bar{R} = D_4\bar{R} \\ \mathrm{LCL} = d_2\sigma - 3d_3\sigma = \left(1 - 3\dfrac{d_3}{d_2}\right)\bar{R} = D_3\bar{R} \\ \qquad\qquad \mathrm{CL} = \bar{R} \end{cases} \qquad (5\text{-}16)$$

式中，$D_4 = 1 + 3\dfrac{d_3}{d_2}$ 及 $D_3 = 1 - 3\dfrac{d_3}{d_2}$ 是由 n 确定的系数，查控制图系数表可得。

5.3　不合格品预防对策

在生产过程中，由于受到各种因素的影响，有可能产生不合格品。当不合格品出现时，如能实施有效的预防对策，防止不合格品的再次出现，对提升质量水平会有很大作用。

5.3.1　防止不合格品再次出现的处理流程

为了防止不合格品的再次出现，应对已经出现的不合格品进行系统性分析。目的是通过实施处理流程，杜绝类似问题的再次出现，从根本上提升质量水平。

1. 设定目标

根据本部门的不合格率平均值，设定与同期相比减半的目标。

例如，生产部门前 6 个月的平均不合格率为 5%，管理人员设定减半的目

标，则目标不合格率为 2.5%（6 个月的平均值）。

2. 选择典型性不合格品并调查状况

利用"4W1H"法调查典型性不合格品状况，结合专业知识锁定调查重点。

例如，典型性不合格品为"紧固螺钉"，其现实状况与调查重点如表 5-8 所示。

表 5-8　"紧固螺钉不合格"状况与调查重点

调查项目	现实状况	估计原因	调查重点
How	5 个螺钉中有 2 个扭矩少 2kg·m	气动螺丝刀的磨损	气动螺丝刀的钻头
What	A201 型螺钉	操纵方法不统一	紧固步骤
When	4 月 8 日 10 时		
Where	生产线 A 的第 4 道工序		
Who	李明		

3. 调查显著偏差

现场观察、询问相关人员，从机械、材料、方法等方面调查与标准的显著偏差。

例如，调查气动螺丝刀钻头的显著偏差。第一步，调查机械方面偏差，包括设备、工具、夹具、测量工具等的偏差。调查发现气动螺丝刀钻头顶端磨损变圆。第二步，调查材料方面偏差，包括零件硬度、表面处理等的偏差。经调查，未见显著偏差。第三步，调查方法方面偏差，即作业不足。作业不足有两类，A 类是从来无相应作业，B 类是仅不合格品出现时未实施作业，如作业时有一人不在岗，导致作业人员比平时繁忙，没时间检查钻头磨损情况。调查发现从来没有检查过钻头。

4. 应急处理措施及横向展开

为了不影响正常生产，应立即采取措施纠正偏差，使生产能够按照标准进行。同时，要讨论是否需对其他工序、生产线、部门等也展开横向调查。

例如，需立即更换气动螺丝刀钻头。同时，经讨论，无须横向调查。

5. 探究显著偏差产生原因

调查显著偏差产生的原因。

（1）是否标准不合格：该工序中有无质量标准或质量标准是否完备。

例如，确认"检查钻头是否有固定标准"。如无标准，则需制定标准。如有标准，则可能是"标准不合格"。如有标准且无不合格，则进入步骤（2）。

（2）是否指导不力：实施该工序时有没有指导或指导是否完备。

例如，确认"是否进行检查钻头的操作指导"。如无指导，则需实施指导。如有指导，则可能是"指导不力"。如有指导且指导没有问题，则进入步骤（3）。

（3）是否学习不足：本人技能学习不够。

例如，确认"工作人员检查钻头技能是否达标"。如不达标，则为"学习不足"。

6. 确定对策方针

首先排除原因，其次预防相应原因的出现。例如，能"不使用气动螺丝刀"，就为最佳对策，否则需采取预防对策方针。要确保气动螺丝刀紧固作业标准正确、开工之前检查钻头等，通过这些对策可以防止出现不合格品。

7. 确定新对策

（1）确定对策点。以预防为方针，对策点为"制定气动螺丝刀钻头的检查标准并切实推行"。

（2）确定对策内容。列举观点：针对对策点，与小组成员商讨并记录各种观点。

评价观点：认真思考所列举的各种观点，从可行性和效果方面进行评价。

总结观点：参考评价结果，以预测效果明显的观点为中心，总结归纳对策内容。对策内容如表5-9所示。

表5-9　对策内容

序号	观点	实现度	效果	对策
1	举行学习会	高	低	
2	展示不合格案例	高	中	
3	同组人员每天早晨互相确认	高	高	开工时互相确认检查内容
4	说明检查的重要性	高	中	
5	定期检查	高	高	指导者每日确认一次工具

（3）决定对策实施人和期限。

8. 实施对策并记录

彻底贯彻执行对策，指导实施对策内容。加强管理，确保对策的贯彻，记录对策贯彻情况，如表 5-10。

表 5-10　对策贯彻情况记录表

对策内容	第一周	第二周	第三周	第四周
开工时互相确认注意事项	好	差	好	好
开工时检查钻头	差	好	好	好
每日一次现场确认工具	差	好	好	好

9. 确认结果

大约一个月后，确认对策的实施效果，并进行总结。

10. 标准化记录及横向展开

使对策内容标准化，达到不能反复变动的效果。将对策内容加到相应的手册中，并通知相关人员。

确定的标准需要企业内部所有相关部门共享。对于共同进行一项工作的相关部门，横向展开能够预防相似不合格品的出现，提高生产质量。

防止"螺钉紧固不合格"的对策表如表 5-11 所示。

表 5-11　防止"螺钉紧固不合格"的对策表

制表日期：				
制表人姓名：				
不合格品名称			不合格品特征	
紧固开关螺钉			5 个螺钉中有 2 个扭矩少 2kg·m	
情况	What	A201 型螺钉	When	4 月 8 日 10 时
	Where	A 生产线的第 4 道工序	Who	李明
显著偏差	机械	材料	A 类作业不足（日常）	B 类作业不足（仅不合格品出现时）
	气动螺丝刀的钻头顶端磨损（立即实施应急处理）	无	不检查钻头顶端（探究产生原因）	
产生原因	无标准		无指导	学习不足
	未确定是否检查钻头			

（续）

	序号	应急处理＋新对策	责任人	期限	确认
对策及实施	1	更换气动螺丝刀的钻头	赵钢	04-08	04-08
	2	开工时首先检查钻头顶端	李明	04-09	04-10
	3	开工时互相确认注意事项	李明	04-09	04-10
	4	指导者每日一次现场确认工具	赵钢	04-09	04-09

确认	4 月 28 日之前无不合格品再出现	标准化记录	在检查表中追加记录钻头情况
		横向展开	在 B 生产线工序中检查气动螺丝刀的状况

5.3.2 面向不合格品类型的预防对策

不合格品的出现可能存在各种不同的原因，将其归纳总结，提炼出面向某类不合格品的预防对策，有助于防止此类不合格品的再次出现。将总结出的经验在适用现场进行推广，能够全面防止类似问题在组织内部的其他地方出现，有利于整个组织质量水平的提高。

从工作现场出现的实际问题出发，分析产生原因，总结不合格品类型。针对此类不合格品制定适合的预防对策，并指出适合的应用现场。不合格品类型及其预防对策如表 5-12 所示。

表 5-12　不合格品类型及其预防对策

不合格品类型	实际情况	产生原因	预防对策	适用现场
疏忽类不合格品	• 还有一处没做完就停止生产 • 缺人导致慌乱 • 工序提速导致慌乱 • 时间紧迫导致慌乱	慌乱	• 分阶段生产，做完相应阶段再停止生产 • 慌乱时集中精力 • 进展困难时，立即向上级汇报 • 事先规定慌乱时需特别注意的检查点	• 组装部门 • 生产部门
误解类不合格品	• 安装作业不熟练 • 为检查定位夹具 • 机械操作错误	初次生产时指导不利	• 制定面向新人的指导纲领 • 制定初次生产注意事项指导标准，并进行特训	• 人员变动大 • 新产品投入多 • 产品种类多

（续）

不合格品类型	实际情况	产生原因	预防对策	适用现场
一意孤行类不合格品	• 在规格不明确的情况下，继续进行作业 • 主观判定规格的情况下，继续进行作业	不理解	• 制作"疑问表" • 制定一知半解时的询问规则 • 注意实施定期跟踪指导，询问生产人员是否有不明白的地方	• 经验不足、人员多的部门 • 新产品开发部门 • 部门间流通多的工厂
注意力不集中类不合格品	• 弄错顺序 • 注意力不集中导致出现不合格品 • 没有按照标准操作机械 • 没有完全检查整个项目	身体状况不佳	• 身体状况不佳时需向上级汇报 • 完善员工现场互助体制	• 忙碌、连续加班 • 缺勤人员较多 • 全年无休生产制
逃避类不合格品	• 零部件不合格时仍作业 • 机械异常时仍加工	异常情况不汇报	• 制作制造异常情况表 • 制定机械异常汇报规则 • 制定零部件异常汇报规则	• 组装部门 • 机械加工部门 • 检验部门
技术性类不合格品	技术不足导致花费时间过多，为了赶上交货期，擅自改变生产方法，导致不合格品发生	技能学习不足	• 加强对自我检查的指导 • 在紧急情况下进行跟踪指导 • 遵循技术标准进行指导	• 新人或人事调动后 • 变更设计后 • 引进自动化后
偷工减料类不合格品	• 仍用旧标准 • 仍用旧零件	应对变化不足	• 改善沟通结构，及时传达变更内容 • 改善变更内容的方法 • 制定相应人员传达变更内容的规则	• 设计变更多 • 生产方法改变多 • 经常改进设备
放任类不合格品	• 没有确认新零部件的信息 • 没有遵循注意事项	放任错误	• 制定固定规则，确保零部件替换时货号正确 • 确定标准步骤，制定使用规则，并进行彻底指导	• 不适应生产的人较多 • 经常变更生产责任人 • 经常支援其他部门
应对类不合格品	• 任务增加、作业繁杂 • 工艺变更、尚未习惯新工作	准备不充分	• 制定规则，确保在标准不适应变化的情况下，立即通知全体相关人员 • 制定规则，确保生产条件变化时的跟踪指导工作顺利进行	• 产品开发多 • 推进合理化生产 • 人员调动频繁

（续）

不合格品类型	实际情况	产生原因	预防对策	适用现场
流出类不合格品	• 随便下判断，认为这样就好 • 随便下判断，认为与之前相同 • 规则标准错误	确认不彻底	• 一边生产一边确认规格 • 一边生产一边确认结果 • 根据具体情况，采取用手指触摸的确认方法 • 如本工序中不能确认，注意在其他工序确认	• 生产部所有部门 • 生产部所有职员
生产类不合格品	• 不能马上理解每个工序 • 不能马上掌握每个工序 • 面对变化时，没有应对方法 • 失败时，反省不足 • 不能将教训活用到下次生产中去	作业不精确	• 通过日常工作，掌握正确的生产标准并切实贯彻 • 正确面对生产不合格品的现实，并以质量提高为目标进行生产	• 生产部所有部门 • 生产部所有职员

5.4 质量改善流程

5.4.1 PDCA 循环

PDCA 循环由美国著名的统计与质量管理专家休哈特创立。20 世纪 50 年代戴明将这套质量改进方法带到日本并得以推广，因此又称戴明环。

戴明环由四阶段活动组成：计划（Plan）、执行（Do）、检查（Check）、实施（Action）。通过由上述四阶段组成的带有反馈的闭环系统进行无休止的质量改进活动，其核心是不断提高顾客满意度，戴明环和质量持续改进如图 5-8 所示。

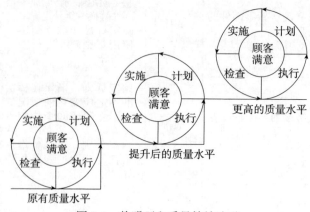

图 5-8　戴明环和质量持续改进

1. 计划阶段

戴明环的计划阶段主要包括以下活动。

（1）确认问题。根据组织运行现状确定有待解决的问题是首要的工作。

（2）调查原因。针对上一环节的问题表述，采用头脑风暴法等方法分析所有可能的潜在原因。在分析潜在原因时，要鼓励参与人员有敢于提出创新观点的精神。

2. 执行阶段

执行阶段是将计划阶段得到的解决方案先在一个可控的小规模范围内实施，例如实验室、试生产等。这是对解决方案的实验性实施阶段，主要目的是获取客观的试验数据和评估所提出方案的实际效果。

3. 检查阶段

检查阶段要确定初选的解决方案是否能正常实施，是否能解决原来存在的质量问题，并且要分析是否有新的问题或机会出现。通常，通过分析和研究执行阶段的运行结果，可能会修改或摒弃原来的解决方案，同时，新的问题解决方案也可能在试验的基础上被提出。这些新提出的或修改的方案就需要返回到执行阶段重新进行试验或评估。

4. 实施阶段

在实施阶段，最终确定的问题解决方案正式实施，本阶段的工作包括：

（1）按照计划实施问题的解决方案，使采取的质量改进措施成为组织执行的新标准。

（2）追踪实施中的质量改进措施的实际效果。

（3）开始新一轮的 PDCA 循环，对已实施的改进计划进行进一步的提炼。将改进目标转向新的问题领域。

5.4.2 DMAIC

DMAIC 是六西格玛管理的基本流程，包括界定（Define）、测量（Measure）、分析（Analysis）、改进（Improvement）和控制（Control），它的每个阶段都有很多活动和一系列解决问题的工具和技术，DMAIC 各阶段主要工作及常用工具和技术如表 5-13 所示。

表 5-13　DMAIC 各阶段主要工作及常用工具和技术

阶段	主要工作	常用的工具和技术
D（界定）	确定顾客的关键需求（CTQ），在此基础上识别改进的产品或过程；将改进项目界定在合理的范围内	头脑风暴法、亲和图、树图、流程图、排列图、QFD（质量功能展开）、FMEA（潜在失效模式分析）
M（测量）	通过对现有过程的测量，确定过程的基线以及期望的改进效果；确定影响该过程输出的因素，并对过程测量的有效性做出评价	运行图、分层法、散布图、直方图、过程能力分析、FMEA、标杆分析法
A（分析）	通过数据分析，找到影响过程输出的关键影响因素	因果图、回归分析、方差分析、帕累托图
I（改进）	寻找优化过程输出的途径，消除或缩小影响过程输出的关键因素，使过程的变异情况和缺陷减少	试验设计、过程能力分析、田口方法、响应面法、过程仿真
C（控制）	程序化改进后的程序，建立有效的监控措施保持过程改进的效果	SPC（统计过程控制）控制图等

六西格玛管理的范围并不局限于制造领域，也不仅是对产品来说的，还包括了服务以及工作过程。合理选择和运用各个阶段的工具和技术是六西格玛管理实施的关键。

5.4.3　QC 小组活动

组建 QC 小组是推行全面质量管理工作的有效组织方式。QC 小组诞生于 20 世纪 50 年代的日本。为进一步改善技术，提高产品质量，借鉴目标管理和激励管理的一些方法，结合日本企业独特的企业文化，QC 小组活动应运而生。

1. 概念与特点

QC 小组，是指生产或工作岗位上具体从事各种性质相同或接近的劳动的员工，围绕企业的质量方针和现场存在的问题，运用质量管理的理论与方法，以改进质量、降低消耗、提高效益和提高人的素质为目的，在自愿的原则下，以小组的形式组织起来，通过定期的会议或其他活动进行质量改进的一种组织。

QC 小组具有明显的自主性、明确的目的性、严密的科学性、广泛的群众性和高度的民主性。

2. QC 小组活动

QC 小组开展活动的基本程序是组建 QC 小组、注册登记、选择活动课题、制定目标、制订工作计划、按 PDCA 循环开展工作、总结与发表成果以及继续活动等。

（1）组建 QC 小组，命名，注册登记。QC 小组成立并选好组长后，在召开第一次 QC 小组会时，应给 QC 小组命名。QC 小组应注册登记。

（2）选择活动课题。活动课题是 QC 小组在一个时期内的质量目标，关系到 QC 小组活动的方向、深度和广度。QC 小组应选择合适的活动课题。

（3）制定目标。选好活动课题后，应制定工作目标。先了解现状，确定改善的空间。制定经过努力可以实现的目标，同时，引入 5W2H 的方法。

（4）制订达成目标的工作计划。制定目标后，全体 QC 小组成员应探讨达成目标的具体方法，并指派相应的 QC 小组成员负责。在此基础上，制订 QC 小组工作计划，各 QC 小组成员应对所分配的任务也制订出相应的工作计划。计划的执行状况，可用检查表定期检查。

（5）开展改善工作。针对活动课题，将需要的资料统计汇总，并使用排列图法对原因加以分析，找出重要的关键原因，以关键原因作为切入点开展改善工作。

（6）总结与发表。取得成果后，及时总结，撰写成果材料。成果材料必须以活动记录为基础，进行必要的整理，使用明确的数据。

5.5　精益六西格玛管理概述

5.5.1　基本思想

精益六西格玛管理是精益生产与六西格玛管理的结合，其本质是消除浪费。精益六西格玛管理的目的是通过整合精益生产与六西格玛管理，吸收两种模式的优点，弥补单个模式的不足，达到更佳的管理效果。精益六西格玛管理不是精益生产和六西格玛管理的简单相加，而是二者的互相补充、有机结合。

1．精益生产思想

精益生产认为在任何生产过程中都存在着各种各样的浪费，必须从顾客的角度出发，应用价值流的分析方法，分析并且去除一切不增加价值的流程。精益思想包括一系列支持方法与技术，如利用看板拉动的准时制生产（Just In Time，JIT）、全面生产维护（Total Productive Maintenance，TPM）、5S 管理法、防错法、快速换模、生产线约束理论、价值分析理论等。

2. 六西格玛管理思想

六西格玛管理首先于 20 世纪 80 年代中期在摩托罗拉公司成功应用，此后 GE 也开始实施六西格玛管理，并取得了显著的成效。

六西格玛管理建立在科学的统计理论基础上，它包括两个组成部分，即六西格玛设计和六西格玛改进。它一般采用项目管理的方式，采用 DMAIC 流程分析技术实现产品和服务质量的持续改进。

3. 精益生产与六西格玛管理相结合的必要性和可行性

（1）必要性。六西格玛管理优化的对象经常是局部的，如产品质量特性的改善。质量的改善往往与生产系统的整体表现密不可分，质量问题的解决需要与整个系统联系起来。而精益生产的优点是对系统流程的管理，它可以为六西格玛的项目管理提供框架。系统中经常存在不能增加价值的过程或活动，无论员工如何努力，他们都无法超越系统流程的设计能力范围。流程重新设计的目标就是尽量消除此类过程或活动，精益生产对此有一套完整有效的方法和工具。

精益生产依靠专家的特有知识，采用直接解决问题的方法，因此对于简单问题，其解决问题的速度更快，但是由于缺乏从统计学的角度分析问题思路，所以对于复杂的问题，在优化措施需建立在大量数据统计分析基础上时，它无法满足需要。六西格玛管理更好地集成了各种统计分析工具，采用定量的方法分析、解决问题，有规范的 DMAIC 流程，为复杂问题的解决提供了操作性很强的分析流程方法和工具。

总之，精益生产告诉六西格玛管理做什么，六西格玛管理告诉精益生产怎样做，以保证过程处于受控状态，对于复杂程度不同的问题，需要采用不同的方法去解决，因此二者结合是必要的。

（2）可行性。精益生产和六西格玛管理都是持续改进、追求完美理念的典范。这是两者精髓上的同质性，正因为如此，两者才能有结合的可行性。

精益生产和六西格玛管理都与 TQM 有密切的联系，它们的实施都与 PDCA 循环的模式大同小异，都是基于流程的管理，都以顾客价值为基本出发点，这为两种模式的整合提供了基础。

精益生产的本质是消除浪费，六西格玛管理的本质是控制变异，而变异是引起浪费的原因之一，所以两种模式关注的对象不是对立的，而是具有互补性的。

5.5.2　方法体系

在精益六西格玛管理实施的过程中，一般的做法是在六西格玛管理的基本流程 DMAIC 的框架下，将六西格玛管理与精益生产的工具方法融入各个阶段，构建出一个精益六西格玛管理的方法体系，如表 5-14 所示。

表 5-14　精益六西格玛管理的方法体系

DMAIC 阶段	工具方法	目标	来源
界定	标杆分析	定义关键质量问题	六西格玛管理
	FMEA		
	顾客声音		
	项目任务书	识别约束 定义顾客价值	精益生产
	约束分析		
	SIPOC①		
测量	测量系统分析	分析测量系统的能力 分析工序能力	六西格玛管理
	工序能力分析		
	工序流程图		
	时间价值图	量化问题	精益生产
	价值流图		
	工作采样		
分析	根源分析	分析问题根源	六西格玛管理
	FMEA		
	回归分析		
	浪费分析	分析浪费 分析价值和约束	精益生产
	节拍		
	5 个为什么		
改进	实验设计	优化过程参数 过程改进	六西格玛管理
	调优运算		
	响应面法		
	持续改善	优化流程 防止错误发生	精益生产
	看板		
	防错法		
控制	控制图	监控过程运行状态 保持过程稳定	六西格玛管理
	控制计划		
	拉动生产	保持流动顺畅	精益生产

① SIPOC 指 Supplier（供应者）、Input（输入）、Process（流程）、Output（输出）、Customer（顾客）。

上表中工具方法的选择与所实施项目的特点和要求有关。由于六西格玛管理与精益生产的工具方法很多，因此选择合适的工具方法构建项目的精益六西格玛管理方法体系是在项目的初始阶段需要考虑的问题。

5.5.3 文化建设

1. 精益六西格玛管理是建立企业新文化的有效载体

任何企业文化的形成不仅需要宣传、教导，更需要亲身实践和感受。通过潜移默化的方式来改变根深蒂固的消极工作态度和行为，转向积极的、高瞻远瞩的、高效的企业文化，这正是精益六西格玛管理实施的方式。企业应对精益六西格玛管理的理念、愿景、战略坚持不懈。

2. 通过改变员工的工作方式改变企业文化

命令式地改变企业文化难以成功，却可能强化员工原有的观念，使员工产生逆反心理。通过精益六西格玛管理的实施使员工自然而然地改变工作方式，可逐渐达到改变企业文化的目的。

3. 价值观

在文化层面，精益六西格玛管理的价值观更强化了企业的优秀文化，削弱了不利于企业的风气，改变了员工做事的方式，使每个员工具有相同的价值观。

4. 自主管理

在精益六西格玛管理实施的过程中，每个员工都能查看企业整个系统的情况，提高了企业系统的透明度，也帮助员工了解企业系统的变化，驱使员工进行自主管理。将管理驱动创新转变为员工驱动创新，使持续改进的活动和方法变成组织每位员工日常工作的一部分。

实践证明，精益六西格玛管理已经成为企业提升综合管理能力的利器，为企业不断提升市场竞争力并保持可持续发展提供了有效的管理模式。

第6章

精益职能管理

丰田按价值流将企业职能分为质量、成本、技术、生产、营业等，并设立职能会议作为常设性的组织机构，职能会议负责决策，各部门负责执行，为保证权威性和整体性，由常务董事担任议长，并且建立明确的运营规则和机制。这与多数企业强调纵向分部门管理的方式不同，企业职能管理注重顾客和整体价值，重点在于横向协同，打破壁垒、减少断点，避免"诸侯"经济和"铁路警察"各管一段的现象。

20世纪初，与泰勒同时代的管理过程学派创始人法约尔，就提出企业的六大职能：技术、商业、财务、安全、会计和管理。丰田在生产上承袭了泰勒的科学管理，以解决工厂中提高劳动生产率的问题；同时在职能管理上也承袭了法约尔一般管理的理念，形成了丰田独具特色的精益职能管理，来解决"办公室"的效率问题。生产上的精益与职能上的精益的完美结合，形成了真正的精益管理。

职能上的精益，不仅可以让企业更高效地运行，而且可以让企业的决策者、管理者和知识员工参与精益管理，在理念、思维和工作方法上实现精益化，从而形成由基层到高层、由生产到非生产的文化一致性，企业的精益管理作为一个系统而不是一个局部存在，只有这样，精益管理的作用才能发挥到极致。

职能管理不像生产现场一样可视、易于模仿和学习。因此，精益职能管理，作为精益管理的有机组成部分，很少被关注、研究和学习。也正因如此，我们就可以理解：丰田在全世界的工厂和供应链推广精益管理，都取得了巨大的成功，而丰田敞开大门让其他企业参观、学习，但成功者寥寥，其原因之一就是学习者只关注到生产现场，而忽略了非生产现场的精益管理——精益职能管理。

6.1　精益职能管理的基本理论

6.1.1　组织职能的概念

组织职能，是指一个组织为实现其使命和价值，应具有的功能或作用。以企业为例，组织职能包括战略、研发、成本、质量、销售、生产等，组织职能不是由一个部门承担，而是跨部门运行。企业职能、分部门管理与企业价值之间的关系如图 6-1 所示。

图 6-1　企业职能、分部门管理与企业价值的关系

高效的职能管理，需要形成跨部门、跨岗位的连续流，重在横向衔接。而多数企业却强化部门管理，重在所谓的纵向效率。传统的生产管理如此：按专业化分工建立车间，然后各车间按计划批量转移在制品，导致生产周期过长、库存过高、各车间之间产生断料、问题被隐藏等后果。传统的职能管理也是如此：按照专业化分工建立职能的"车间"，如销售部、研发部等部门，然后以部门为基础建立指挥系统，进行工作分配，这同样导致了职能工作的周期长、文件周转缓慢、各部门之间需求与供应不匹配以及问题被隐藏的后果。

职能部门的设立，本是为了更好地实现组织职能，但在实际运行过程中往往背离了初衷，形成了"部门墙"和断点。

6.1.2　职能工作的特点

1. 职能工作更具不确定性

销售人员开发新客户，工程师设计新产品，管理者解决经营问题……这些工作比工人按照工艺生产产品，更具有不确定性。一名销售人员，从初次接触顾客到最后成交，成功率也许只有1%，而生产产品的合格率却会达到99%。

职能工作往往没有严格的交付时间、交付标准，甚至交付对象都是模糊的，管理者也较少对职能工作进行经验沉淀和标准化，"散养"与"任性"是很多企业职能工作的真实状态。职能工作的不确定性一方面导致企业经营欠缺稳定性，存在潜在的经营风险，另一方面，也让知识员工不得不耗费大量的时间在处理异常上，且经常反复处理同样的问题。

2. 知识员工更追求个性化

知识员工更倾向于自我管理、自我实现，他们不习惯像流水线上的工人那样，受各种条件、制度的制约，其工作更倾向于个性化。即便如通知开会、发送邮件等极简单的工作，不同的人，其工作方式、工作结果往往会完全不同。知识员工和管理者更容易陷入"自以为是"的工作状态，他们很少"向后看"，他们注重下一流程环节的需要，更愿"向上看"，以上级要求为核心开展工作。

过度的个性化会导致工作缺少整体性，企业容易陷入局部好、整体差的陷阱，知识员工容易陷入有苦劳、无功劳的困境。

3. 职能工作过程隐性、成果模糊

生产过程中流动的是产品和实物，过程显性，成果明确；职能工作过程中流动的是服务和信息，过程隐性，成果模糊，不易衡量。这导致职能工作的问题和错误难以被发现，它们在企业中悄然滋生，相互传染，由小到大，由少到多。职能工作失误带来的后果更为严重，设计一个错误的产品远比生产一件不合格品的后果严重得多，一名管理者犯下的错误甚至可能会导致一个企业的败亡。

总之，职能工作所具有的特点给企业管理带来了一定的挑战：不确定性与个性化导致企业经营容易陷入缺乏整体考虑、欠稳定的经营难题；职能工作过程隐性和成果模糊的特点，又增加了管理的难度。也正因如此，管理学家德鲁克认为21世纪管理学的最大挑战是对知识员工的管理，而在"21世纪，管理

需要做出的最重要的贡献与 20 世纪的贡献类似，它要提高知识工作与知识工作者的生产率"。

6.1.3 精益职能管理的概念与作用

精益职能管理是指通过建立准时化与预警力，让分离的职能工作形成连续流以实现整体价值的管理方式与过程。

1. 精益职能管理的目标：实现整体价值

精益职能管理追求整体价值而非局部价值。企业作为一个系统，只有基于整体价值去设计其局部，才有可能实现整体大于部分之和的协同效应。

2. 精益职能管理的两根支柱：准时化与预警力

精益职能管理秉承了精益管理的两根支柱——准时化与自働化（为便于理解，精益职能管理将自働化称为预警力）。

准时化是指按照客户（包括内部客户，即下一流程环节）要求的时间、地点、数量来明确职能工作。准时化强调工作的客户性、挑战性与数据性。客户性指工作成果必须符合外部或者内部客户需求，以保证工作具有价值；挑战性是指按需求制定目标而不要受制于现状，以保证开动脑力，不断创新；数据性是指工作目标需要有明确的衡量标准，以便发现问题，寻求改善。

预警力是指通过建立发现问题和停止的机制，在第一时间对问题做出处理和改善，避免出现问题由小变大、由少变多的现象。预警力的要点体现在三个方面：

"预"：为了避免造成更大的问题和损失，在小问题出现时及时发现；

"警"：信息公示，保证相关人员知悉，以便及时解决和处理；

"力"：预警后对问题快速处理，并建立防止措施，避免再发。

3. 职能工作的衔接方式：连续流

连续流是指上一流程环节按下一流程环节的需要开展工作，尽可能使工作不出现停止或者多余的情况。

企业职能工作往往是断续和不衔接的，所做非所需，各行其是，甚至各自为政的现象经常发生，这给企业造成了巨大的损失。准时化规定了工作标准，预警力则保证异常能被及时发现和处理，二者是连续流的保障，实现了明确标准、按标准做、发现异常、针对改善的 PDCA 循环闭环管理。

6.1.4　精益职能管理的整体框架

精益职能管理从结构上分为四个部分：明确方向、经营结构、持续改善与精益基础。精益职能管理的整体框架如图 6-2 所示。

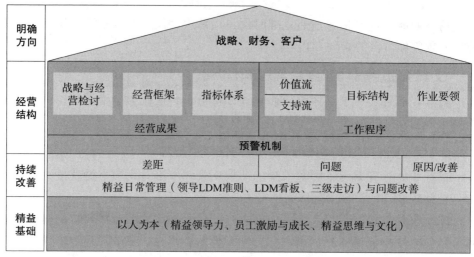

图 6-2　精益职能管理的整体框架

1．明确方向

明确方向从整体价值的角度确定企业经营的"北极星"，将企业战略方向明确化，转化为战略损益表、战略指标树及大事突破，并通过经营结构或者持续改善来展开、承接和落地。

2．经营结构

经营结构是标准化的一组指标、工作流程和操作标准。经营结构是企业的骨架，保持企业运营的传承性和相对稳定性，避免反复进行"从 0 到 1"的工作。经营结构的三部分——明确经营成果，遵循标准化的工作程序，以及通过预警机制快速发现和解决问题，形成了企业稳定经营的 PDCA 循环。

3．持续改善

持续改善由精益日常管理（LDM）与问题改善两部分构成，精益日常管理可以理解为管理者的工作标准化，通过管理者与下属共同解决问题，促进问题解决和员工成长。问题改善会对预警机制以及日常管理中发现的问题，从机制、成果、标准等多角度进行解决和封闭，从而不断增强企业竞争力。

4. 精益基础

精益基础的主要内容为精益领导力的建设、员工激励与成长，以及精益思维与文化，这是精益职能管理的根基。管理者是否秉承精益思想，员工是否在精益管理的实践过程中成长并且有获得感，以及是否形成习惯与思维，决定了精益职能管理的成败。

6.2　职能管理的七大浪费论述

6.2.1　职能管理浪费的根源在于未建立价值标尺

1. 职能工作的评价缺少整体性

企业的经营，犹如足球比赛，最重要的是团队成员都以整体价值——赢球作为目标，团队之间协作配合。在一支球队之中，如果每名队员脱离团队整体追求个人发挥，即便最优秀的队员，也不利于达成赢球的整体目标，反而极有可能导致球队失利。

企业往往通过绩效考核来引导员工的行为，但可惜的是，大部分企业的绩效考核往往流于形式甚至造成负面效果。例如，某房地产企业，曾给拆迁员订下了按时拆迁一户就发放 2000 元奖金的绩效指标。这看上去是一个不错的想法，事实却是，很多地块都留下了所谓的"钉子户"，造成虽然拆迁户数量多，但无法进场施工的窘境。再如，某大型矿山机械企业，对生产的考核指标是产量，企业管理者认为，生产得多，交付就会更好地完成。结果却是订单交付越来越差，而库存却越来越多。

为什么会发生这样的事情呢？原因是考核的方向错了，即没有考虑工作的整体价值。拆迁的目的是进场施工，生产的目的是完成交付产品，企业在设定绩效时必须基于进场施工时间和生产的产品当月交付这样的整体价值的角度，去分解和设计考核指标，而非割裂的局部思考。正是由于日常管理、领导方式、绩效考核、流程统筹等管理手段没有基于整体价值进行设计，企业中出现了重局部、轻整体的各种问题。

2. 未基于整体价值建立价值标尺

管理者必须认识到：只有对整体价值有贡献的工作才是有价值的工作，否则，就是无价值的工作。如果一个地块上还有拆迁户，项目部就无法进场启动工程，那么拆迁的户数越多，企业的投入就越大，被占用的资金就越多，财务成本必然居高不下。这就造成了员工很努力，但是企业很受伤的可怕后果。问题当然不能归咎于员工，而是企业应该建立正确的管理机制与判断工作正确与否的标尺，但并未建立。

这个标尺就是工作必须同时具备客户价值和财务价值。任何一项工作，都是为了满足外部或者内部的某种需求，需求者即客户。如拆迁工作的需求者是项目部，其需要的成果是拆迁完成可进场施工，而非拆迁户数的多少。同样，生产的需求者是销售部，销售部的需求不是产量而是订单按时交付……同时，工作的整体价值还体现在财务价值上，即工作是否带来利润等方面。如拆迁工作不仅要考虑进场施工时间，还要考虑财务投入；生产不仅要考虑按时交付订单，还要考虑减少库存、不增加人员等。

对职能工作，要求同时具备客户价值与财务价值，看上去苛刻，违背了"鱼和熊掌不可兼得"的习惯思维，但这正是精益管理的价值所在，既要精——追求客户满意，尽其所能，又要益——追求财务成果，竭尽全力。精益管理就是为了实现更高的客户目标与财务目标，倒逼各部门解决问题，不断创新，持续改善。

3. 非价值即浪费

任何不创造价值，同时也不具备财务价值与客户价值的活动，都被视为浪费。第一种是一般意义上的浪费现象，如制造过程中边角料的浪费、因质量不合格而返工等，从这个角度来看，浪费与节约相对；第二种是精益管理独特视角下的浪费现象，如库存积压、重复搬运、客户流失、无效会议等，这种浪费与价值相对。

精益职能管理也特别重视时间维度的浪费，如研发周期、产品生产周期、销售周期、文件和物料的流转周期等过长。即便是对待同样的浪费现象，精益管理对浪费的理解与传统管理也不一样，比如应收账款，大部分企业一般将超期的应收账款作为管理对象，对账期内应收账款则习以为常。而精益管理认为，账期内应收账款同样导致资金占用，造成财务损失，也必须作为浪费现象进行管理。只有建立正确的浪费判断标准并树立追求零浪费的理念，才会在企业中发现新的利润空间，才有改善和创新的可能。

6.2.2　职能管理的七大浪费

与生产管理环节存在七大浪费一样，职能管理环节也存在七大浪费。

1．战略失误

在精益职能管理的七大浪费里面，战略失误是最致命的，在严重的情况下会导致企业的衰退甚至死亡。企业陷入战略失误，固然与企业家有非常大的关系，但更重要的是企业缺少对战略的职能管理，企业更多的是将战略理解为战略规划——落实这样简单而断续的活动，却很少将战略作为一项职能，像销售、生产一样，变成企业连续的经营活动，这是导致战略失误的更深层次的原因。

2．增长不足

当一个国家的人均收入达到中等水平后，就会陷入"中等收入陷阱"，表现为经济增长动力不足、发展停滞。企业也是如此，会在某一个阶段出现增长乏力的现象，销售额、市场占有率停滞不前。

3．质量损失

几乎所有企业都宣称，质量就是生命，重视质量就是重视企业的未来。但事实上，企业通常说得多，做得少。在实际经营过程中，企业往往受利益驱使，对质量的重视和投入不够。质量问题的发生，不仅会引发客户投诉，导致赔偿及客户流失，更为严重的是，它会导致企业瞬间死亡。

4．资金占用

资金占用反映企业从时间角度对经营能力的把控，很多企业一方面应收账款多、库存大、周期长、应付账款少，另一方面又从银行大举借债，一边"输血"一边"放血"，导致财务成本过高，甚至出现"黑字破产"。

5．成本过高

据《2008～2014 中国制造业 500 强研究报告》显示，2014 年中国制造业企业 500 强的平均利润率仅为 2.7%，远低于世界制造业的平均利润率，制造业500 强平均利润率连续三年下滑，创下 2009 年以来的最低水平。很多制造业企业将这种情况归咎于行业和环境，事实上，很多利润的流失，恰恰是企业对成本控制不力所致。

6. 无效工作

拜访客户，却并没有解决客户问题；召开会议，却没有落实有价值的决议；生产出产品，却发现与客户订单不一致；制定诸多的制度，却发现类似的问题根本没有得到解决……企业是由多部门共同协作构成的有机体，各部门只有相互联结才能最终为客户创造价值。然而，企业中很多工作，消耗了资源，却并没有满足客户需求，这不仅增加了成本，更可能失去机会。

7. 问题未被当成资源有效利用

企业每天都面临或多或少、或大或小的问题，每一个问题的出现都有其原因，如果企业能够在出现问题后，追溯原因，改善方法，沉淀标准，那么今天的问题就会变成明天的利润。但在企业中问题往往会被掩盖、隐藏，这种掩耳盗铃式的对待问题的态度会让问题潜伏，不仅使企业失去了改善、提高利润的机会，还会让问题日积月累，由小变大，由轻微变严重，最后给企业带来更大的损失。

问题被当作资源是尊重员工的体现——让员工在解决问题的过程中实现价值，也是持续改善的对象，是丰田生产方式两根支柱的基础。

6.2.3　精益职能管理背后的思维逻辑

企业日常思维的逻辑是"因为……所以……"：因为市场不景气，所以销售下滑；因为原材料涨价，所以材料成本上升；因为抽检，所以无法保证来料上线全部合格……这样的思考方式，导致知识和经验反倒成了进步的阻碍，员工在一个岗位、在一家企业的时间越久，就越会形成思维的惯性，很多错误的事情会被视为理所当然的。

精益的思维是"为了……所以……"，即拉式思考。为了销售额提升，所以要采取哪些新措施；为了控制材料成本，所以在原材料涨价时要寻找其他办法；为了保证材料合格，所以要改善现有的检验方式……工作不是按部就班，而是不断挑战新的目标，寻找新的方法，持续改善。精益管理的思维方式，可以简单总结为以下三个思考步骤。

1. 目标上：倒逼倒推

倒逼倒推包括以下两点内容。

（1）开展工作必须有明确的目标。一项工作只有先明确目标，才能够正确地分析问题，寻找应对的方法，做到有的放矢。

（2）不能因为缺少方法而放弃对目标的追求。倒逼倒推意味着工作的开展不能受现状和条件的制约，不能因为一时想不到方法和面对巨大的困难而改变方向，现状不能决定目标，恰恰相反，要根据目标去改变现状，由"因为……所以……"的思维方式转为"为了……所以……"的思维方式。

2．方法上：切到最小

"天下大事必作于细"，任何事物形成的规律都是由小到大，由局部到整体，在寻找方法时，要剖析困难和问题的细节，分析问题形成的条件与过程，基于现场的实际情况，找到解决问题的办法。

3．行动上：小步快走

面对复杂的问题，可能找不到完美的解决方法，甚至面对挑战性工作时会发现能做的少，不能做的多。这时人们往往会将注意力放到困难和不可做的事情上去，导致事情被搁置、停止行动。精益管理所秉承的原则是小步快走，为了实现目标，将关注点放在可为之事上，先将能做的事情做起来，行动起来，在过程中逐步完善方法。正所谓"改革的问题在改革中解决，发展的问题在发展中解决"。

6.3　精益职能管理的自働化——预警机制

6.3.1　职能管理过程中的三个矛盾

1．客户与财务的矛盾

企业一方面需要重视客户，这是企业存在的根本；另一方面，企业也必须实现盈利的目标。而二者在经营过程中往往会出现冲突。一方面是为了财务目标而损害客户利益，企业虽然会取得短期财务成果，但隐患已经埋下，终有一天会导致危机的爆发。另一方面是片面强调客户导向，忽视财务收益。美国一项调研显示，客户满意度高、质量高的企业并不一定是效益好的企业。

2．长期与短期的矛盾

企业长期发展与短期经营也存在着矛盾，索尼前执行董事在分析索尼衰退原因时指出，那些需要长期的投资、基础性投入，在追求绩效指标的大环境下，就会有所忽视。这导致了索尼竞争力的逐步衰减。一个企业如果不能平衡长期发展与短期经营的矛盾，势必导致企业未来陷入危机，这种危机的出现，往往让企业面临衰败甚至死亡。

3. 局部改善与整体改善的矛盾

从局部来看，企业可能会发现存在生产问题（如产能不足），客户流失，研发周期太长……似乎问题遍地！但事实上，一个企业必须从整体上对待和解决它的问题，区分轻重缓急，寻找瓶颈问题，而非事无巨细。孤立地强调细节，没有任何价值，反而会"乱花渐欲迷人眼"，事无轻重之分，导致事无所成。对企业非瓶颈问题的解决，不会增加效益，反倒会增加投入，减少效益。部门和个人陷入局部思考，追求部门利益，反而损害了企业整体利益。

6.3.2 预警机制的概念、构成和作用

1. 预警机制的概念

预警机制是针对某一特定目标的实现过程，在关键的预警点设立预警装置，以提前发现问题、解决问题的管理方式与过程。预警机制示例如图 6-3 所示。

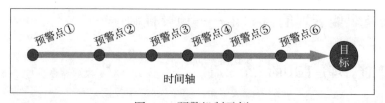

图 6-3 预警机制示例

由图 6-3 可知，预警与生产管理的自働化在本质上是一致的，但是为了更易于管理者和知识员工理解，将其称之为预警。

2. 预警的构成

（1）价值目标。预警首先必须明确要达成的价值目标，如市场占有率、新客户销售额、研发周期等。

（2）预警装置。在明确价值目标后，需识别出影响价值目标达成的关键节点，并在关键节点设立预警装置。预警装置需要回答对什么预警（预警对象），

用什么预警（预警方法），在哪里预警（预警地点），以及何时预警（预警时间）四个问题。

（3）预警处理。预警需要有明确的信息接收者和解决担当。信息接收者是与预警相关的部门、人员，比如采购物料没有按时到达，车间、生产管理部以及销售人员都会知悉；解决担当是有权力和责任解决此事的管理部门。只有将预警信息传递给明确的解决担当，预警才能起到应有的作用。在部分企业之中，很多预警信息大家都知道，但是没有指定解决担当，这会造成群体式围观，却无人真正关心和解决预警信息。

（4）预警公示。预警不能"秘密"地进行，相反，必须让当事人知道预警的存在，这是预警与一对一问题汇报、小道消息不同的地方，预警只有被公示，才能起到事前防止问题发生的作用，而不是事后追责和处罚。

3．预警机制的作用

（1）有助于提前发现问题、解决问题，减少企业中的信息不对称。

通常当企业出现的问题导致了严重后果时，决策层才知晓，导致相关责任人会受到严厉的批评和处罚，从而形成"报喜不报忧"，隐藏问题而不是暴露问题的企业环境。企业中的"人"是经济人，信息流动会因利益而流动，对当事人不利的信息往往被隐瞒和延迟，信息不对称会导致企业做出错误的决策或者贻误改善时机。预警机制的存在，在很大程度上改变了这种情况，通过预警机制可以提前发现小微问题。预警机制的存在也可以避免企业小道消息漫天飞的现象，避免管理者为了掌握企业信息，不得不培养所谓的"自己人"，从而破坏企业运营机制。

（2）有助于企业有序、稳定运行，实现整体协同。

预警机制的最大作用在于其"不起作用"。预警机制的真正价值，并不是产生异常后报警，而是因为有报警装置而避免异常。就像生活中的烟雾探测器、高速公路上的摄像头一样，报警装置最重要的不是抓到违规者，而是让相关人员知道其存在，避免违规事情的发生。之所以报警装置必须公示，是因为只有这样，才会引导人们按照要求行动，避免违规，让作业人员按照预定的作业方式和作业内容展开作业，促进企业有序、稳定运行。

（3）有助于职能运营形成连续流，强化部门衔接，打破部门割裂的局面。

预警机制是分析某项工作实现的过程，在关键节点设立预警装置，从而保障价值目标的实现。而这些价值目标的实现，多是跨部门、跨岗位完成的，预警机制的建立，使部门衔接透明化，从而打破部门割裂的局面，强化岗位衔接。

6.3.3　预警机制建立的流程与方法

下面以企业应收账款管理为例，说明预警机制建立的流程与方法。

某企业应收账款为 1.8 亿元，应收账款周转天数为 100 天，并呈逐年上升的趋势，如何通过建立预警机制，避免这样的情况继续下去呢？

1．明确预警目标

应收账款损失＝应收账款额 × 应收账款周转天数 × 利率

此处应收账款损失按日利率 0.03% 计算。

在本例中，应收账款损失＝18 000 万元 ×100×0.03%＝540 万元

资金占用如图 6-4 所示。

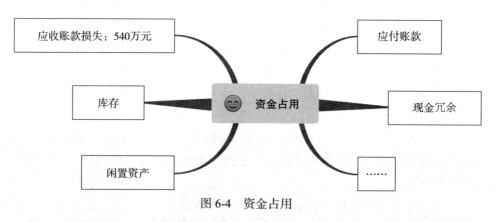

图 6-4　资金占用

2．预警起点

为了保证对全过程的预警，将发货之日作为预警起点。

3．由目标倒推应收账款的产生过程

应收账款的产生过程如图 6-5 所示。

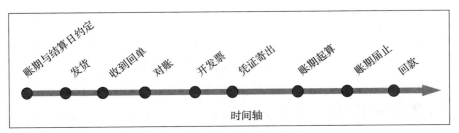

图 6-5 应收账款产生过程

4. 选择关键节点，设定标准

（1）结合企业的实际情况，确定预警关键节点，如图 6-6 所示。

图 6-6 预警关键节点

（2）对每个过程建立标准，控制过程如表 6-1 所示。

表 6-1 控制过程

关键节点	回单周期	凭证周期	对账周期	超期标准	约定账期
上限	6 天	1 天	5 天	2 天	45 天

5. 建立预警图示

应收账款超标损失预警图示如图 6-7 所示。

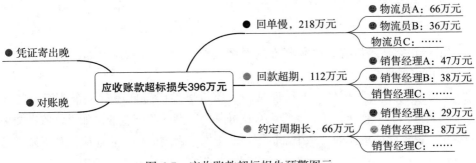

图 6-7 应收账款超标损失预警图示

6. 建立预警装置

建立看板，每周更新，并且在企业例会上公布，红色预警解决担当可由常务副总担任，黄色预警解决担当可由销售总监和物流部长担任。

6.3.4　企业系统预警的四个维度

系统预警包括四个方面。

1. 财务损益

财务指标，如 EVA（经济附加值）、利润、净现金流，应建立过程预警，及时反映问题所在，可以包括以下内容：

（1）企业决策层重视并经常阅读财务报表，通过财务预算而非财务核算引导企业的经营行为。

（2）企业的财务数据真实、可追溯，比如能够从生产费用增加，追溯到"什么产品、哪个分厂、哪条线，具体何种费用"。

（3）财务部门发起和督导，形成跨部门的针对具体问题的改善机制。

2. 客户损益

企业需要建立诸如客户流失数、客户投诉率、质量合格率、交期达成率等指标的结果和过程预警，以发现企业在获得财务收益的同时，是否存在损害客户价值的行为。

3. 战略损益

在库克接替乔布斯成为 CEO 以后，苹果公司的业绩继续呈上升趋势，这在很大程度上要归功于乔布斯的战略布局。企业需要对战略成果和过程进行评估和预警，避免战略失误和追求短期业绩。

4. 经营底线

每一个企业，都有其必须坚守的经营底线，这可能来自内部，如企业的价值观，也可能来自外部，如社会责任等。

大众"排放门"事件，不仅仅是一起质量事件，而且违背了企业经营的底线——诚信。一个企业，尤其是像大众这样一个巨型的跨国企业，如果仅依靠文化的影响，很难保证集团的每一个部门、每一个岗位做到诚信。企业应该基于诚信是一种行动与成果的理念，建立相应的机制，避免或者减少欺诈的发生。大众理应建立全车系的内部抽检机制，以及内外结合的监控保障机制。比如，由媒体、专业机构、内部团队组成多维的监督机构，对外显示公司对"蓝创未来"的决心，对内，相当于建立了一个预警装置，用机制减少、避免类似事情的发生。

企业倒闭的两种最大可能是战略失误和违背底线，却很少有企业在这两方面建立评估与预警机制，而更多的企业更重视财务业绩与客户满意度。企业家永远不要低估利益诱惑的力量，它足以摧毁道德底线和战略聚焦，而有效的解决途径是将底线经营与战略发展进行认真、详细的评估，建立完善的预警机制，以避免不可估量的后果与损失。

6.3.5　企业预警机制的三层展开

一般来讲，企业预警机制可以分三层展开，如图 6-8 所示。

第一层，整体预警：企业决策层需要关注的事项，如销售额、战略损益评分、客户损益评分等。

第二层，流程预警：管理层关注的支持整体目标实现的流程重要节点数据，如应收账款超期损失等。

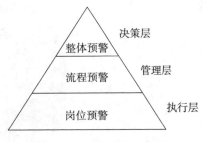

图 6-8　企业预警机制的三层展开

第三层，岗位预警：执行层关注的具体工作事项，如某笔应收账款超期天数等。

通过三层预警机制的建立，将分散在企业各个系统、部门和岗位的数据，按照因果的支撑关系重新进行整合与梳理，从而形成层层展开、相互关联的数据网络，建立起系统的企业预警机制，通过发现问题，不断解决问题，改善企业经营方式。

6.4　精益职能管理的准时化——课题改善

6.4.1　课题改善的概念与作用

课题改善是针对没有达成目标或低于期望的事项，按照标准步骤实施改善的过程和方法，其作用体现在三个方面：

（1）通过课题改善，减少浪费，增加企业效益，提升员工收入水平。

（2）在解决具体事情的过程中，沉淀标准，完善机制，提升管理水平。

（3）在课题改善的过程中培养人才，建立直面问题的企业文化与习惯。

课题改善的本质是针对问题，追求更好的价值实现方法，以达到在必要的时间提供必要数量的交付物的目的，从而在企业内不断建立准时化的机制。

6.4.2　课题改善的方法

如图 6-9 所示，课题改善通常包括七个步骤。

图 6-9　课题改善七步骤图示

1．识别问题，明确目标

某企业 2012～2014 年的销售额、应收账款与利润额如表 6-2 所示。

表 6-2　某企业 2012～2014 年的年度财务数据

项目	2012 年	2013 年	2014 年
销售额（万元）	13 500	13 100	13 400
应收账款（万元）	3 300	3 400	3 350
利润额（万元）	1 000	800	1 200

（1）问题识别。对于表 6-2 的数据，企业通常会做出下面的分析，如表 6-3 所示。

表 6-3　某企业 2012～2014 年应收账款分析表

项目	2012 年	2013 年	2014 年
应收账款周转率	4.1	3.9	4.0
应收账款周转天数（天）	88.0	93.4	90.0
行业应收账款周转天数（天）	95	98	105

通过表 6-3，可以得到以下结论：

第一，该企业的应收账款周转天数优于行业平均水平。

第二，行业应收账款周转天数呈逐年上升的趋势，而该企业 2014 年应收账款周转天数却下降了。

但是，如果按照表 6-4 的分析，会有完全不同的思考：

表 6-4　某企业 2012～2014 年应收账款损失表

项目	2012 年	2013 年	2014 年
应收账款（万元）	3 300	3 400	3 350
应收账款损失（万元）	264	272	268
利润额（万元）	1 000	800	1 200
应收账款损失 / 利润额	26%	34%	22%

注：应收账款损失 ＝ $\sum$（应收账款 × 应收账款周转天数 × 利率），利率通常以该企业贷款的实际利率计算，本案例贷款年利率为 8%。

由表 6-4 得出的结论是：2014 年企业应收账款损失仍旧高达 268 万元，这相当于公司利润的 22%！不是从行业或者改善的可行性的角度来思考，而是从浪费的角度进行分析，即凡是浪费都有改善的可能，这正是精益管理的魅力和价值所在，只有从这样的角度出发进行思考，企业才有可能追求持续改善，不断创新。

（2）明确目标。目标设定可以分为三个层次：卓越、优秀和警戒。

卓越目标设定的原则是效益倍增。倍增是一个虚指，要求的是目标要极具挑战性，要多数人认为无法完成。卓越目标由公司提出，不能用于考核，它代表的是改善的方向。优秀与警戒目标，是在企业项目组成立后通过调研、分析提出的改善目标。这些目标甚至可以在改善进行一段时间之后再提出，以保障达成充分的共识。目标设定如表 6-5 所示。

表 6-5 目标设定

项目	卓越	优秀	警戒	现状
应收账款损失	不超过 150 万元	不超过 180 万元	不超过 200 万元	268 万元

2. 回归现场，因果台账

（1）因果台账的概念与作用。因果台账，就是针对特定样本，根据现场实际情况，以数据形式体现出来的个体由因及果的全过程。在应收账款案例中，个体是每笔应收账款，为了简化操作，可抽取总体中一定数量的订单作为样本。应收账款因果台账节选示例如表 6-6 所示。

表 6-6 应收账款因果台账节选示例

（金额单位：元）

基础信息					发货 - 寄票控制									寄票 - 挂账控制					挂账 - 回款控制			
客户名称	出库单号	产品型号	厂合同号	出库数量	发货时间	财务部接收装箱单日	开票时间	开票单价	开票金额	邮寄时间	标准周期	实际周期	问题备注	挂账时间	每月25日查证挂账是否异常	标准周期	实际周期	问题备注	回款时间	回款金额	标准周期	实际周期
**	**	**	**	5	2018/12/14	2018/12/14	2019/1/25	34 510	172 550	2019/1/28	5	45	**	2019/5/28	正常	85	120	**	2019/8/31	172 550	90	95
**	**	**	**	12	2018/12/8	2018/12/14	2019/1/25	48 930	587 160	2019/1/28	5	52	**	2019/5/28	正常	85	120	**	2019/8/31	587 160	90	95

因果台账的作用体现在以下几个方面。

1）因果台账反映了每个事件发生的全过程，它将企业中分开的工作用数据连接在一起，很容易发现问题所在。

2）因果台账可以起到预警的作用，因为问题可以提前被发现，所以问题就会减少，达到"短期救火"的目的。

3）因果台账是一种更有效的"流程"，可以保障各个节点的工作更快速、衔接更顺畅，在"救火"的过程中建立起"防火"的机制。

4）因果台账可以随时反映改善成果，有利于改善者始终以目标为导向，小步快走，并且更容易获得改善过程中的成就感。

（2）因果台账——让职能工作准时化和自働化。因果台账相当于职能管理的生产线，每一个控制点背后的解决担当就相当于一个精益职能管理的"工人"，比如应收账款管理的过程涉及销售业务、销售内勤、物流员、应收会计、出纳等，这些岗位分属不同部门，位于不同的办公室，承担着各自的职责，很容易出现工作停滞、错误等情况，导致应收账款损失的增加。应收账款因果台账的建立，会使问题显性化，从而减少或避免问题的发生。

3. 二八原则，行动聚焦

二八原则：一组数据往往存在这样的规律，重要的只占其中一小部分比例。比如超期应收账款，20%客户的应收账款可能占到了应收账款总额的80%，首先聚焦这部分客户，就可以极大地节省资源和精力，从而达到理想的结果。

当然，重要的往往也是最难、阻力最大的，"图难于其易，为大于其细"——先从容易改善的客户开始，这样的做法有利于快速进行改善，摸索、验证改善方法。同时，那些最困扰基层员工、让他们感觉到麻烦的事情，以及公司高层、客户特别重视的事情，必然更易推动，从这部分开始，也不失为一种好的改善切入方式。总之，万事开头难，从难易程度和重视程度入手寻找改善的入口，有利于改善的快速启动、见效，形成改善氛围，更体现改善的智慧。

二八原则，行动聚焦可以总结为图6-10。

图6-10　二八原则，行动聚焦

4. 切到最小，明确对策

这一步是对第三步确定的改善范围，进一步深究，找到真因，制定对策。下文以凭证寄出损失为例，进一步展开探讨。

（1）通过现场调研，建立下一级台账。对凭证寄出损失，可再次运用因果台账，如表6-7所示。

表6-7　因果台账示例（1）

订单号	发货时间	物流收到物流发票时间	财务收到物流发票时间	财务开票时间	财务寄出凭证时间	总时间
A003	5月5日	—	—	6月18日	6月19日	45天

从发货到凭证寄出的时间为45天，局外人对此一定会感到震惊，熟悉此业务的人却习以为常，由于与物流公司约定按月开具发票，一个月开一次，从而

导致货物发出后，必须等待一个多月财务才能开票和寄出凭证。具体内容如表 6-8 所示。

表 6-8　因果台账示例（2）

订单号	发货时间	物流收到物流发票时间	财务收到物流发票时间	财务开票时间	财务寄出凭证时间	总时间
A003	5 月 5 日	6 月 10 日	6 月 15 日	6 月 18 日	6 月 19 日	45 天

（2）编制问题－真因－对策表。根据调研的实际情况，找到深层问题，探求真因，并制定针对性的对策。问题－真因－对策表如表 6-9 所示。

表 6-9　问题－真因－对策表

问题	真因	对策
发货—收到物流发票平均周期 35 天	物流发票月度结算	1. 与现有供应商协商即时开具物流发票 2. 寻找可即时开具发票的新供应商 3. 明确发货—开票周期，并向供应商明确签订超期惩罚规则
物流收到发票转交给财务的平均周期为 4.5 天	物流人员按批送达	与供应商约定，物流发票直接交给财务相关人员，取消中间环节
财务收到物流发票—开具产品发票周期平均 3 天	对周期没有明确的规定	1. 明确收到物流发票—开具产品发票的周期 2. 制定对财务相关人员的奖惩规定

（3）呈报约束因。对于课题组无力改善的问题，需向上级管理者逐级呈报，以获得资源支持，将约束因变成可控因，企业层面也无法解决的，则制作备忘录，以便在条件成熟时解决。

5. 制订计划，保障落实

对策只有付诸行动才有意义，为了保障落实，课题改善需要制订计划，内容包括解决担当、交付标准、预警、激励等。计划表如表 6-10 所示。

表 6-10　计划表

工作事项	解决担当	交付标准	计划完成时间	实际完成时间	过程点检查	效果验证
与供应商协商按单开具发票	李飞	签订协议	10 月 24 日			

6. 现场作业，过程纠偏

在制订计划后，企业很容易进入检查—惩罚的误区，而课题改善第六步强调的是现场作业，过程纠偏，内容包括：①对策是否在现场被实施；②是否达到了预期效果，预期效果是否由对策行动导致；③如果没有达到效果，则检讨对策，制订新的对策。

7. 评估成果，沉淀机制

课题改善需要全程进行动态评估，以便及时发现问题，过程纠偏。这里所说的评估，是指相关工作完成后对最终结果的评估，以决定是封闭课题，还是启动新一轮改善。

评估完成、课题封闭后，需要成立专门的机构，对课题所涉及的机制进行沉淀，对课题改善过程中的经验、教训、方法形成集体记忆，以便传承。机制的沉淀主要包括两个方面：工作标准和预警机制。工作标准是将课题改善形成的方法，以标准化的形式，形成制度，并对因果台账进行修订、完善，并与企业级的预警机制建立连接，纳入企业预警管理系统。同时，需要对人才成长的情况进行总结，进行物质或精神激励。

第7章

案例分析

为了便于理解，本章针对精益管理理论的四个重要内容（精益布局设计、精益生产技术、现场质量管理和精益职能管理）各给出了一个具体案例。案例通过数据、照片等形式清晰地介绍了精益管理理论落地的具体过程和效果。

7.1 精益布局设计案例分析

1. 项目背景介绍

某机加工企业有 7 个子生产车间，负责多种类型的零部件加工任务。目前该企业生产线布局采用传统的按工艺原则在通道旁并行的布局。随着企业订单需求的多样化，生产现场内物料的交叉流动、迂回流动较多，在制品库存量较大，生产现场较混乱，每一种产品的生产周期都比较长，因此企业负责人想改变现有状况，试图通过合理布局提高生产效率，降低生产成本，提升市场响应能力。现以其中某子车间为例进行精益布局设计说明。

根据现场调研，该车间主要完成托架、阀体等零部件生产任务。车间单元为 30m×10m（长 × 宽）的矩形区域，目前采用传统的并行工艺原则布局。

1）首先，通过对现有生产产品进行归类，最终确定 8 种主要产品，$P_1, P_2 \cdots, P_8$；

2）根据对该企业所生产产品的工艺过程进行价值流分析并优化后，得到其产品－设备关联矩阵和各产品在各台设备上的生产时间，见表 7-1，其中括号外的数字代表各台设备上生产产品的加工顺序，括号内的数字代表生产时间 t_{pk}；

3）通过对该产品工艺流程及生产产品需求特性的分析，确定现阶段该车间只设计一条生产线，并按照 U 型布局设计。

为了建立相关精益布局设计模型并优化计算，收集以下相关数据：现阶段所需生产的 8 种产品的需求量 D_P（见表 7-2）、所涉及的 12 台生产设备的尺寸信息（见

表 7-3），及各设备之间的单位物料搬运费用 C_{ij}（见表 7-4）。同一行设备间的最小横向间距 $d_{x\min}$ 为 1.5m，最小纵向间距 $d_{y\min}$ 为 0.8m。车间计划拿到订单后 12 小时之内将所有产品按需求量生产完出库，车间内物料搬运速度为 3m/s。

表 7-1 产品－设备关联矩阵 （时间单位：小时）

产品	设备1	设备2	设备3	设备4	设备5	设备6	设备7	设备8	设备9	设备10	设备11	设备12
P_1	3		1			2(2)	4(1.3)			5(0.9)		
P_2		3(4.1)			1(1.2)		2(2.3)			4(0.6)	5(1.6)	
P_3			2(3.4)			1(1.1)		3(2.3)	4(2)			5(1.2)
P_4		4(2.3)	1(1.7)			3(3.1)			2(2.8)			
P_5				1(1.6)		2(2.3)		4(2.3)	3(1.5)		5(1.2)	
P_6	2(2.1)		1(1.9)	4(3.1)			3(1.3)	5(2.6)				6(1.6)
P_7		1(2.3)				2(2.3)		3(2.6)	4(1.5)	5(0.9)		
P_8	2(2.3)		1(2.1)	3(1.6)				4(0.6)				5(2.1)

表 7-2 单位周期内各产品的需求量 （单位：件）

产品 P	需求量 D_p
P_1	50
P_2	28
P_3	20
P_4	25
P_5	30
P_6	20
P_7	28
P_8	30

表 7-3 设备尺寸 （单位：米）

设备	设备1	设备2	设备3	设备4	设备5	设备6
尺寸 $L_i \times W_i$	1×1.5	1×0.8	1.2×0.7	1×0.9	1.3×1	0.6×0.4
设备	设备7	设备8	设备9	设备10	设备11	设备12
尺寸 $L_i \times W_i$	1×1	1.1×0.8	0.7×0.9	1.3×1	0.9×0.6	1×1.2

表 7-4　各设备之间的单位物料搬运费用　　（单位：元）

	设备1	设备2	设备3	设备4	设备5	设备6	设备7	设备8	设备9	设备10	设备11	设备12
设备1	0	8	6	3	5	2	3	1	2	1	3	5
设备2	8	0	4	3	2	2	4	7	3	5	1	2
设备3	6	4	0	4	3	2	1	4	5	2	3	2
设备4	3	3	4	0	7	2	4	5	6	2	1	4
设备5	5	2	3	7	0	4	5	2	3	1	8	4
设备6	2	2	2	2	4	0	3	3	7	4	1	5
设备7	3	4	1	4	5	3	0	2	7	5	3	6
设备8	1	7	4	5	2	3	2	0	3	6	2	7
设备9	2	3	5	6	3	7	7	3	0	2	4	2
设备10	1	5	2	2	1	4	5	6	2	0	3	1
设备11	3	1	3	1	8	1	3	2	4	3	0	5
设备12	5	2	2	4	4	5	6	7	2	1	5	0

2. 优化运算

根据其问题特征建立优化模型，并基于改进遗传算法进行了优化运算。在优化运算前对相关参数设置如下：种群规模 N 为 100，最大迭代次数 K 为 200 次，将罚值 G 取为 10^7，交叉概率为 0.8，变异概率为 0.01，Y 轴坐标决定变量 l 设定为 2，物料搬运成本、面积、均衡性和工作站数目的权重分别设定为 0.4、0.2、0.3、0.1，初始温度 $T_0 = 100$，冷却率 THV＝0.95，终止温度 $T_{end} = 0.01$。

3. 计算结果与分析

应用 Matlab 软件，对以上问题的 U 型布局和工作站分配进行集成优化迭代运算，进行 10 次的优化计算后，获得的结果如表 7-5 所示。其中多目标综合较优的解为第 5 次运算，本运算迭代到第 37 次时开始收敛，7 个设备应布局在第 1 行上，计算获得的最优解为 {7}{8, 11, 9, 7, 1, 6, 5, 4, 10, 12, 3, 2}{1.275 7, 1.71, 0.889 3, 1.052 5, 0.157, 0.096 7, 2.129 3, 3.229 2, 2.937 8, 2.172 6, 3.352}，最优值为 2.481，换算后的 4 个目标函数值分别为：20 530，82.780 3，12.090 1，3。工作站分配结果为：{5, 12, 10}{11, 8, 2, 9}{9, 6, 3, 4, 1}。第 5 次运算的优化布局图和染色体收敛曲线如图 7-1 所示。

表 7-5　多目标综合优化运算结果统计

次数	总目标值	物料搬运成本（元）	占用面积（m²）	负荷均衡率	工作站数量（个）	次数	总目标值	物料搬运成本（元）	占用面积（m²）	负荷均衡率	工作站数量（个）
1	2.745	29 121	78.607	55.901	3	6	2.932	24 324	93.690	257.920	4
2	3.090	25 643	77.511	1127.530	3	7	3.053	29 489	87.662	582.950	4
3	3.063	24 766	95.162	727.020	4	8	2.504	21 345	73.028	81.150	3
4	2.710	28 460	92.837	40.321	3	9	2.753	23 195	83.376	82.290	3
5	**2.481**	**20 530**	**82.780**	**12.090**	**3**	10	3.015	25 181	83.466	50.249	4

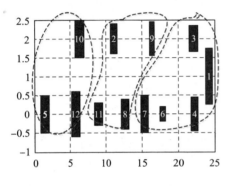 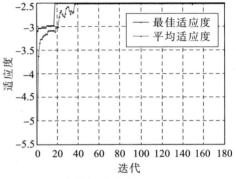

图 7-1　第 5 次运算的优化布局图和染色体收敛曲线

4. 基于 AHP-TOPSIS（层次分析-优劣解距离法）多属性决策方法进行方案评价

在以上计算过程中，主要对物料搬运成本、占用面积、负荷均衡率、工作站数量等定量指标进行了综合性评价。为了使方案选择更具有效性，再迭代 10次，从中选择 1 个最优方案作为方案 3，原始方案为方案 1，共 3 个方案进行基础精益布局设计，绘制到图纸上，发给 10 位专家对其定性指标作相应评价，其隶属度是根据专家打分比例来确定的，如 10 位专家中有 3 位将其评为优等，那么其隶属度为 0.3，以此类推。并采用中位数方法对专家评语级 $V=\{$优，良，中，差$\}$ 进行量化处理，相应值分别为 $V=\{93, 83, 68, 30\}$。最终所获得的数据如表 7-6 各方案各评价指标参数所示。

表 7-6　各方案各评价指标参数

序号	评价指标	方案1	方案2	方案3	序号	评价指标	方案1	方案2	方案3
1	初期投建成本	75.23	89.44	80.92	9	鲁棒性	50.5	86.3	87.8
2	劳动力成本	12	3	3	10	重构难易程度	52.8	85.1	88.4
3	平均生产周期	24.35	13.35	14.69	11	模块化程度	50	73.7	76.4
4	自働化程度	87.6	90.2	91.4	12	工作区开放程度	88.7	92.6	92.6
5	设备负荷平衡率	96.63	16.54	48.21	13	对环境的影响程度	85.6	72.3	72.3
6	物料搬运成本	37 890	25 790	25 978	14	浪费管理能力	75.2	89.3	89.6
7	平均在制品库存量	10.98	2.55	1.59	15	安全性及宜人性	74.6	86.3	88.2
8	5S设计水平	45.2	91.4	91.4					

（1）评价指标权重的确定。基于精益布局设计的比较准则，对准则层的顾客满意、股东满意、生产/运作精益化、持续改善、可持续发展等指标进行两两比较构造判断矩阵 B，见表 7-7；并以顾客满意、生产/运作精益化、持续改善、可持续发展等准则层指标为比较准则，对所包含的指标进行两两比较分别获得了互补判断矩阵 C_1、C_2、C_3、C_4、C_5，见表 7-8、表 7-9、表 7-10、表 7-11、表 7-12。

表 7-7　判断矩阵 B

	B_1	B_2	B_3	B_4	B_5
B_1	1	0.779	0.174	0.223	1.284
B_2	1.284	1	0.287	0.368	1.284
B_3	5.755	3.49	1	1.649	3.49
B_4	4.482	2.718	0.606	1	2.718
B_5	0.779	0.779	0.287	0.368	1

表 7-8　C_1 判断矩阵

	C_{11}	C_{12}
C_{11}	1	1.649
C_{12}	0.606	1

表 7-9 C_2 判断矩阵

	C_{21}	C_{22}
C_{21}	1	0.606
C_{22}	1.649	1

表 7-10 C_3 判断矩阵

	C_{31}	C_{32}	C_{33}	C_{34}
C_{31}	1	0.606	1.649	3.49
C_{32}	1.649	1	2.117	4.482
C_{33}	0.606	0.472	1	3.49
C_{34}	0.287	0.223	0.287	1

表 7-11 C_4 判断矩阵

	C_{41}	C_{42}	C_{43}	C_{44}
C_{41}	1	2.117	1.649	2.718
C_{42}	0.472	1	0.606	1.284
C_{43}	0.606	1.649	1	2.117
C_{44}	0.368	0.779	0.472	1

表 7-12 C_5 判断矩阵

	C_{51}	C_{52}	C_{53}
C_{51}	1	0.472	0.779
C_{52}	2.117	1	1.649
C_{53}	1.284	0.606	1

根据 AHP 确定评价指标权重的步骤，应用 MATLAB2010b 进行编程运算后，最终获得各评价指标的权重关系（各评价指标权重计算结果见表 7-13），而且均经过一致性检验，满足 CR<0.1，所计算出的评价指标权重具有满意的合理性。

表 7-13　各评价指标权重计算结果

序号	评价指标	权重	序号	评价指标	权重
1	初期投建成本	0.052 9	9	鲁棒性	0.118 5
2	劳动力成本	0.032 1	10	重构难易程度	0.052 4
3	平均生产周期	0.069 9	11	模块化程度	0.081 4
4	自働化程度	0.042 4	12	工作区开放程度	0.040 9
5	设备负荷平衡率	0.120 6	13	对环境的影响程度	0.021 3
6	物料搬运成本	0.175 4	14	浪费管理能力	0.045 1
7	平均在制品库存量	0.088 8	15	安全性及宜人性	0.027 3
8	5S 设计水平	0.032 6			

（2）方案的评价与选择。根据 TOPSIS（优劣解距离法）方法的计算公式计算出 3 个方案与正负理想解之间的距离和贴近度，结果见表 7-14。

表 7-14　各方案与正负理想解之间的距离和贴近度

评价指标	方案 1	方案 2	方案 3
d_i^+	3.262 9	0.828 5	1.145 4
d_i^-	0.807 6	3.385 0	3.418 1
贴近度 C_i	0.198 4	0.803 4	0.749 0

根据以上计算结果最终确定出各方案的优劣排序：方案 2、方案 3、方案 1。方案 2 的贴近度最高，因此选择方案 2 来进行投资。

7.2　精益生产案例分析

1. 背景介绍

某科技发展公司，是亚洲最大的调色设备制造商，总部位于中国郑州，成立于 1996 年，是一家专注于涂料调色设备研发、生产和销售的创新型国际化企业。2015 年，企业高层意识到，企业在研发和全球销售网络建设上有一定成效，但在企业内部运营和生产管理上相对滞后，不能支撑企业的长足发展，具体体现在企业存在大量浪费，周转率低，现金紧张，在产值逐步增加的情况下，利润增长乏力。2015 年，企业开始导入精益管理，从制造开始，逐步拓展到工艺、质量、存储、采购和销售等环节，最终覆盖到全产品系列和全链条。经过近 5

年的精益管理推进工作（见图 7-2），该企业产值提升 100%，人均效率提升超过 100%，周转能力提升 600%，利润翻了数十番。现以该企业某典型产品系列为例分析精益生产改善过程。

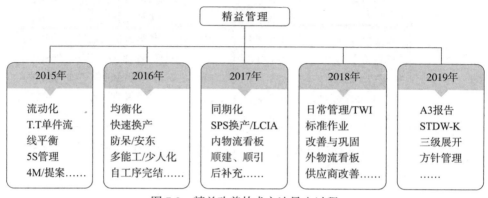

图 7-2　精益改善技术方法导入过程

2. 精益生产改善过程分析

（1）产品介绍。汽车漆搅拌机，如图 7-3 所示，在国际和国内销售系列产品有 300 多个品种，年销售约 10 000 台，客户定制率高，是典型的多品种小批量产品。该产品属于企业市场开拓型产品，在既定的销售价格下，基本没有利润。同时因为客户（尤其是国内客户）对交货期要求很短，所以基本采取库存式销售，库存高企，大量占用空间。

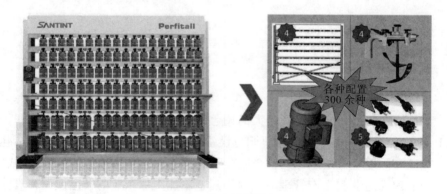

图 7-3　汽车漆搅拌机

（2）典型问题分析。

一是搅拌机车间问题，搅拌机车间原貌如图 7-4 所示。

图 7-4 搅拌机车间原貌

图 7-4 中生产现场存在的典型问题有：①布局分散，现场在制品多；②整机各部分按计划生产，各生产线生产部件没有关联性；③基本处于手工加工状态，缺少工具工装的使用，可靠性差；④部件库存高，占用资金。

二是包装现场（露天作业）问题，包装现场（露天作业）如图 7-5 所示。

图 7-5 包装现场（露天作业）

图 7-5 中的工作现场存在的典型问题有：①发货前，地摊式包装，占用大量面积；②多品种和多配置情况下，易发生多装、错装、漏装等错误。

三是搅拌机浆盖手工装配问题，搅拌机浆盖手工装配原貌如图 7-6 所示。

图 7-6　搅拌机浆盖手工装配原貌

图 7-6 中的生产现场存在的典型问题有：①大批量生产；②没有生产节拍概念，动作浪费多；③流动化程度低，所谓的自动线，只是传送带而已。

（3）改善过程与方法。

第一步：拆掉原浆盖传送带式生产线，将装配各工序接近化，实施零部件手边化，缩短产品传送距离。经过改善，在产能不变的情况下，减少 20% 的作业人员，效率提升 20%，在制品减少 90%，作业面积减少 60%。搅拌机浆盖装配第一次改善如图 7-7 所示。

图 7-7　搅拌机浆盖装配第一次改善

第二步：实施 1 人单元式布局，在培养"多能工"的前提下，形成单人作业单元，节约出的 1 人专门进行零部件配送和成品集货工作。经过改善，产能提升 18%，效率提升 18%。占地面积减少 10%，成品库存减少 70%。搅拌机浆盖装配第二次改善如图 7-8 所示。

图 7-8　搅拌机浆盖装配第二次改善

　　第三步：开发适用性工装和器具，进行站姿作业，效率提升 5%，占地面积减少 15%。搅拌机浆盖装配第三次改善如图 7-9 所示。

图 7-9　搅拌机浆盖装配第三次改善

　　第四步：采用 SPS 零部件配送模式，即通用性零部件放置于作业人员工位，差异性零部件由专门的配送员进行单量份配送，实现浆盖在多品种情况下无换产化，提升效率 10%，库存中减少在制品和部件成品 18 万元。搅拌机浆盖装配最终面貌如图 7-10 所示。

图 7-10 搅拌机浆盖装配最终面貌

第五步：集合全员力量，并充分发挥技术部门力量进行防错工装研制，创造了该产品连续 11 个月无客户投诉的突破性成绩。防错工装改进提升质量如图 7-11 所示。

图 7-11 防错工装改进提升质量

第六步：把既有成果，由浆盖生产线向架板生产线和动力总成生产线推广，实现三条生产线生产节拍控制在 15 分钟，并实现同期化，在接到客户订单之后

75 分钟完成全部生产，生产过程周期由原来的 2 周，缩短为 75 分钟。搅拌机装配同期化、流动化示意图如图 7-12 所示。搅拌机装配同期化、流动化现场图如图 7-13 所示。

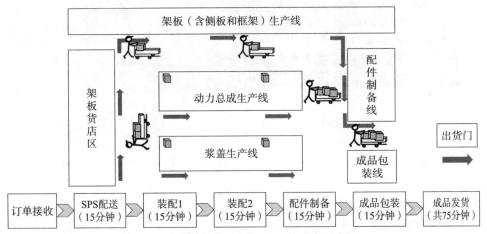

图 7-12　搅拌机装配同期化、流动化示意图

图 7-13　搅拌机装配同期化、流动化现场图

第七步：对所有相关物料进行标准化收容，建立后工序领取机制，采用看板进行后补充，及时传递出货、生产和采购之间的信息。经过改善，缩短信息

传递时间 90% 以上。利用看板后补充生产示例如图 7-14 所示。

改善意义：
基于容器标准化、收容目视化对物料实现后补充拉动生产，对常用物料和不常用物料分别采用定时不定量和定量不定时的补充原则，建立起拉动生产基准。

图 7-14　利用看板后补充生产示例

3．成果说明

（1）典型产品汽车漆搅拌机的生产效率提升 70%，交付周期缩短 90% 以上，在制品减少 90% 以上，占地面积减少 50%，年创造利润 1000 万元以上。

（2）在汽车漆搅拌机基础上，改善成果向其他两个产品系列拓展，企业利润率提升至 20% 以上。效益数据如图 7-15 所示。

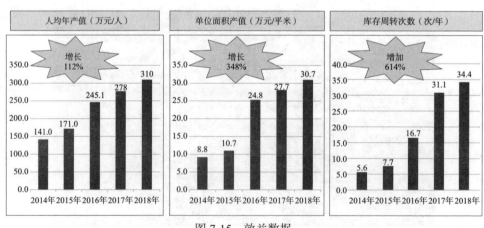

图 7-15　效益数据

（3）该企业已经形成自我完善的改善体系，建立了由 15 人组成的专职改善队伍，在工艺和质量等方面持续改善，持续产出效益。

7.3 现场质量管理案例分析

1. 背景介绍

某企业 LTCC（Low Temperature Co-fired Ceramic，低温共烧陶瓷）电路基板车间在管理提升实施的第一阶段取得了良好的效果，生产能力大幅度提升，员工加班时间显著减少，产品质量从 75% 的一次合格率提升至 80% 以上，但质量方面仍不能达到令人满意的程度，经过对同行业的调研，行业内多层 LTCC 电路基板成品一次性合格率最高能达到 90%，该企业就此开展了 LTCC 电路基板生产线现场质量管理改善活动，目标是把质量水平提升至行业领先水平。

所谓 LTCC 技术，就是将低温烧结陶瓷粉制成生瓷带，切片成型，经过一系列工序，制成电路基板。该企业 LTCC 电路基板生产线始建于 2015 年年底，自 2017 年 4 月开始为量产批产项目 TR 组件提供 LTCC 电路基板，年产 2000～3000 套。工艺流程如图 7-16 所示。

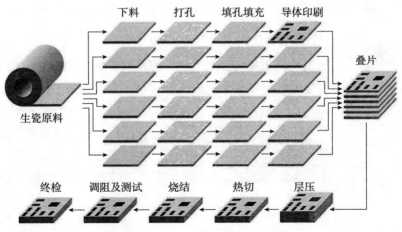

图 7-16 LTCC 电路基板工艺流程图

2. 现场质量改善过程

（1）问题明确。统计该车间 LTCC 电路基板生产线 2020 年 1～6 月产品合格率为 82.27%，经过对同行业和相关单位的调查，行业内 LTCC 电路基板合格率最高水平为 90%。合格率低的衍生问题有：单套产品成本高，不合格品影响产品交付进度。因此把本次质量提升的目标设定为一次合格率达到 90% 以上。

（2）分解问题。改善小组对 2020 年 1～6 月的产品合格率进行数据统计。该车间共生产 LTCC 电路基板 1224 块，其中不合格品有 217 块，合格率为 82.27%。制作帕累托图，如图 7-17 所示。不合格品分类主要表现为：留白、短路、电路不通、电阻偏大、切割损伤、围框损伤、焊盘鼓包、表面多余物、带线损伤、表面划伤、底面凹陷、漏孔、摔坏等。

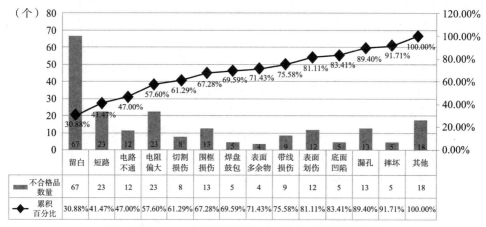

图 7-17　LTCC 电路基板明细及不合格品分类排列图

根据分解的问题，按照重要度、紧急度和危害扩散性对分解的问题现象进行赋值（1～4 分），然后进行评分和优先度排序得到问题解决优先度矩阵，如表 7-15 所示。

表 7-15　问题解决优先度表

	留白	短路	电阻偏大	围框损伤	漏孔	表面划伤与多余物	电路不通	带线损伤	切割损伤	焊盘鼓包	底面凹陷	摔坏
重要度	4	4	4	3	3	3	3	3	3	2	2	2
紧急度	4	4	4	2	2	4	3	3	3	2	1	1
危害扩散性	4	4	4	3	3	4	2	2	1	1	1	1
评分	12	12	12	8	8	11	8	8	7	5	4	4
优先度排序	1	1	1	2	2	1	2	2	3	3	3	3

选定留白、短路、电阻偏大，以及表面划伤与多余物为首先质量问题解决点。其中表面划伤与多余物都属于加工过程中环境与作业方式的问题，故结合

在一起解决。

（3）设定目标。产品合格率的理想状态为90%以上，为达到理想状态，必须将合格率提升7.73%以上，在2020年1~6月，留白、短路、电阻偏大，以及表面划伤与多余物问题，导致产品不合格129块，占不合格总数的59.4%，总产品合格率为82.27%，因此不合格项目要平均减少72.87%以上，依此为各质量问题的设定目标：这四种质量问题的发生频率减少72.87%。

（4）真因分析。改善课题组成员利用团队的力量，发动头脑风暴，集思广益，对前期LTCC电路基板的生产过程进行了回顾总结，从人、机、料、环境、法、测六个方面入手，针对每种质量问题分析原因，并现场进行验证、测量或核实。

1）"留白"真因分析。LTCC电路基板"留白"尺寸超过50微米造成的不合格品是现阶段整条LTCC电路基板生产线合格率低的主要原因，占总产量的5.47%，占不合格品的30.88%。（留白：L1~L3层下方空腔处与L4层图形之间的间距。检验要求规定：留白在50微米内合格，50微米以上不合格。）要因如表7-16所示。

表7-16 "留白"要因整理

序号	要因	确认标准	确认方法	确认结果	责任人	时间	真因判断
1	未按图纸工艺卡进行操作	按生产工艺纪律要求，产品生产加工必须严格按照工艺文件要求执行	生产过程全程跟踪监督，确认现场操作人员是否严格按工艺卡片和各项文件执行	现场操作人员均严格按照工艺要求、各项文件进行作业	贾	2020.7	非
2	操作人员技能差异	操作人员是否具备操作技能	对共性部员工培训记录进行调查；现场操作人员各个工序现场理论、操作技能考试是否达标	LTCC部分工序为手工操作，且现场有两名实习生，故操作人员技能存在差异	贾	2020.7	是
3	打孔机定位方式及精度	打孔机定位方式是否有异常，精度是否达标	询问打孔机厂家，对比同行业情况，做相关实验进行确认	打孔机定位方式无异常，精度达标，在正常误差范围内	韩	2020.8	非
4	叠片机定位方式差异	叠片机定位方式是否存在差异及反叠	用生瓷片进行实验验证	叠片机定位方式无差异，反叠不影响叠片精度与质量	钟	2020.9	非

（续）

序号	要因	确认标准	确认方法	确认结果	责任人	时间	真因判断
5	生瓷片尺寸差异	LTCC的加工尺寸为8英寸×8英寸，生瓷片尺寸是否对打孔精度有影响	测量生瓷片尺寸是否符合要求，并测量对打孔精度的影响	生瓷片尺寸存在差异，不影响打孔精度	卓	2020.10	非
6	生瓷片静置产生形变	生瓷片静置产生形变是否过大	下料5块生瓷片静置，在净化间内测量不同时间长度的形变量	生瓷片静置时间过长影响形变量	卓	2021.1	是
7	开腔尺寸误差	开腔尺寸误差是否偏大	测量二次开腔的尺寸误差	经测量，二次开腔尺寸误差偏大	卓	2020.12	是
8	净化间环境不达标	现场环境是否温度过高或过低、是否影响生瓷片软硬度，从而影响产品质量	实测环境温度、湿度，查阅温湿度记录表	环境温度、湿度有时不达标	龙	2020.11	是
9	检测要求不明确	依据检测要求判断产品质量	检测产品性能，分析对比	按照要求检测产品质量	龙	2020.9	非

2）"短路"的真因分析。短路多数表现为：在 LTCC 电路基板上，引脚与引脚短路和引脚与地端接，所造成的不合格品占总产量的 1.88%，占不合格品的 10.60%。"短路"要因整理如表 7-17 所示。

表 7-17　"短路"要因整理

序号	要因	确认标准	确认方法	确认结果	责任人	时间	真因判断
1	未按图纸工艺卡进行操作	按生产工艺纪律要求，产品生产加工必须严格按照工艺文件要求执行	生产过程全程跟踪监督，确认现场操作人员是否严格按工艺卡片和各项文件执行	现场操作人员均严格按照工艺要求、各项文件进行作业	贾	2020.7	非
2	辅助测试工具不达标	检查各辅助测试工具是否达标	检查辅助工具的有效期和作业精度	万用表电量不稳定，故不达标	罗	2020.9	是

（续）

序号	要因	确认标准	确认方法	确认结果	责任人	时间	真因判断
3	银浆料固有特性	验证银浆料固有特性	验证银浆料的导电性、迁移性等	银比金更活泼，更容易导电，易出现银迁移	卓	2020.9	非
4	净化间环境不达标	现场环境是否温度过高或过低、是否影响生瓷片软硬度，从而影响产品质量	实测环境温度、湿度，查阅温湿度记录表	环境温度、湿度有时不达标	龙	2020.11	是

3）"表面划伤与多余物"真因分析。通过对 LTCC 电路基板多余物显微镜下观察分析，多余物主要有两类：LTCC 电路基板表面出现的浅红色斑点、LTCC 电路基板表面出现的黑色斑点（黑色斑点数量在总多余物数量中占比最大）。

关于浅红色斑点，同行业技术人员发表的一篇文章中讲述过相同现象，文中分析出现这种现象的原因是残余的银浆料混入金浆料当中，银会和烧结过程中释放的或者空气中的硫化氢发生结合，生成浅红色的硫化银，这种物质经过850℃的重烧，可以将硫烧掉，重烧后的基板，斑点位置不影响后续键合、焊接质量。推测原因可能是印刷银浆料后，印刷刮刀、收料刀等工具没有清洗干净，残留银浆料进入瓷片表面或者混入金浆料中，导致瓷片表面污染；也可能是刮孔的时候，金通孔和银通孔共用一个刮刀，刮刀上的残渣污染了瓷片。这类重烧后的基板经测试合格，可以交付使用。

针对 LTCC 电路基板表面出现的黑色斑点，在四川大学分析测试中心做了元素分析，测试仪器为扫描电镜。共测试了六块样品，从测试结果可以看出，黑色斑点主要元素为碳和氧元素，其他少量元素为 LTCC 电路基板自带元素。因此推断可能是某种有机物进入了浆料或者 LTCC 电路基板的表面。这与工序间转运时作业人员动作不标准、工装器具的使用不规范有关，也与生产环境条件不达标有关。

4）"基板电阻超差"的真因分析。LTCC 电路基板为内埋电阻无源基板，现电阻值超差造成基板报废。经现场反复确认发现：制造工艺参数本身的设置对电阻值影响大；不同型号浆料打开包装后的使用时间对基板印刷质量和电阻值影响很大。表 7-18 反映了浆料使用时间对印刷状态的影响；印刷网版的维护状态对浆料的印刷影响大，直接导致印刷质量不稳定，导致电阻偏差，如表 7-19 所示。

表 7-18　浆料使用情况表

浆料型号	搅拌时间	使用时间	印刷状态	使用时间	印刷状态
101B	4～6 分钟	3 个月	表面平整、稀薄	6 个月	表面锯齿、黏稠
5	4～6 分钟	3 个月	表面立体	6 个月	黏稠、不粘网版
25	4～6 分钟	3 个月	表面平整	6 个月	表面平整

表 7-19　印刷网版使用情况表

印刷网版入库时间	印刷网版层数	外形	张力（30±2）	是否损坏
2017.5.17	L4-R	印刷网版图形不清	30	是
2017.5.17	D01	部分堵孔	29	是
2018.5.20	L4-R	印刷图形清晰	29	是
2018.5.20	D01	轻微堵孔	28.5	否

（5）真因对策与计划。综上，对四个主要问题的分析，最终确定了 7 个要因为影响 LTCC 电路基板一次合格率的真因，由此制定了真因对策表，如表 7-20 所示。

表 7-20　真因对策表

序号	要因	对策	目标	措施	地点
1	操作人员技能差异	组织相关培训，制定详细操作流程，制定设备组合票，××工序暂时定人定岗操作	加强培训，做成每个操作人员作业流程和时间固定，××工序暂时定人定岗，实现质量可控	1. 组织相关培训，巩固加强操作技能 2. 制定详细操作流程，制定设备组合票 3.×× 工序暂时定人定岗操作，下料固化操作流程	共性部、产品室
2	生瓷片静置产生形变	更改排产方式，缩短加工周期	缩短生瓷片静置时间，减少静置产生的形变，缩短加工周期	在满足装配的前提下，更改排产方式，缩短生瓷片静置时间，减少静置产生的形变	共性部、产品室
3	开腔尺寸误差	改善二次开腔图形尺寸，验证留白	避免留白产生报废	1. 第六块开腔位置外扩 40 微米 2. 验证留白的影响，是否能够使用	共性部、产品室
4	净化间环境不达标	联系机动处处理空调异常情况	满足生产条件，实现多余物可控	机动处用加除湿处理器的方式使温湿度满足生产条件	共性部、产品室

（续）

序号	要因	对策	目标	措施	地点
5	辅助工具不达标	更换新的万用表	更换万表用，避免电池不稳定带来的不确定因素	万用表重新交检计量检测中心，或更换新的万用表	共性部、产品室
6	工艺参数	优化工艺参数	降低电阻超差造成报废	优化工艺参数	共性部、产品室
7	浆料、网版差异	更换网版，正确使用稀释剂	更换生产所需网版，正确使用稀释剂，避免烧结后电阻超差，印刷图形不平整等质量问题	注意更换新网版，目检网版情况，使用前测量张力值；时刻注意电阻大小，及时添加稀释剂	共性部、产品室

　　针对所有的原因和对策，各精益改善小组按照整体安排制订了统一的工作计划，如表7-21所示。在2020年6月前，各精益改善小组对现状进行了充分的调研，从7月开始进入项目实施阶段，按照计划安排，2021年6月对所有的改善成果进行总结，中间设立2020年9月、2020年12月和2021年3月三个点检时间点，届时部门全体成员对LTCC电路基板质量全面提升活动的进度和实际效果进行检查，有各改善小组负责人向点检会进行报告。

表7-21　LTCC电路基板品质提升改善实施计划

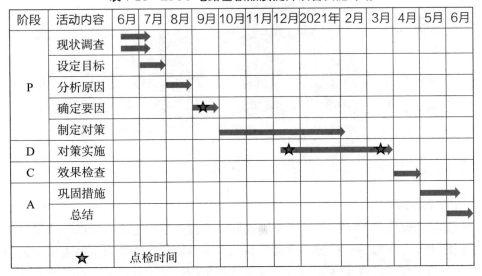

3．效果检查与评价

2021年7月～2019年4月，共1728块产品得到应用，经过近一年的工作改善和验证，四项问题下降平均幅度达到85%，一次合格率达到92.9%，见图7-18和图7-19，目标达成，所有实施的措施有效，这是现场质量管理方法在该企业实施效果的重大体现。后又经历了5个批次的生产验证，LTCC电路基板的一次合格率能够稳定在95%，达到了行业的最高质量水平。年减少材料报废成本将达500万元以上，同时节约工时、工装、设备、电力费用至少70万元。

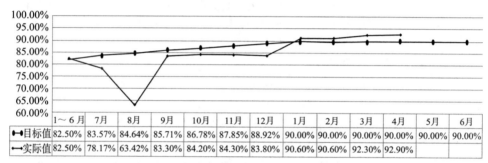

	1～6月	7月	8月	9月	10月	11月	12月	1月	2月	3月	4月	5月	6月
目标值	82.50%	83.57%	84.64%	85.71%	86.78%	87.85%	88.92%	90.00%	90.00%	90.00%	90.00%	90.00%	90.00%
实际值	82.50%	78.17%	63.42%	83.30%	84.20%	84.30%	83.80%	90.60%	90.60%	92.30%	92.90%		

图7-18　LTCC电路基板合格率指标推移图

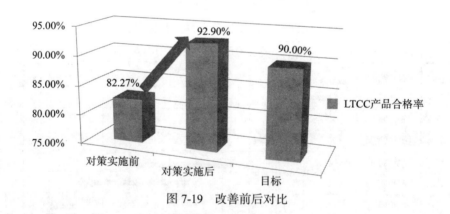

图7-19　改善前后对比

4．成果巩固

关于关键部件LTCC电路基板的质量提升改善工作是该企业现场质量管理工作的重要组成部分，在部门全员的共同努力下取得了让企业全体成员振奋的成果。为了能够将成果在部门固化并向其他单位共享，各改善小组对成果进行了分析和总结，共输出13项工艺规范和管理方法，包括：标准工艺规范7项、

《小批量产品制造计划管理模式》《产品小批流转管理方法》《现场目视化管理方法汇编》《基于 PDCA 的管理项目实施方法》《一线班组日常管理办法》等。

这些工艺规范和管理方法将在企业内所有单位共享，让现场质量管理的思想和方法全面落地。

7.4　精益职能管理案例分析

1. 知识点回顾

精益职能管理概念中的三个部分，形成了相互支撑的关系：准时化与预警力的目的在于形成连续流，连续流的目的在于实现整体价值。精益职能管理通过这种方式，达到了减少浪费，不断提升企业效益的目的：①明确工作的整体价值，建立工作的方向和目标；②工作重要节点准时化，对工作形成明确的共识；③公示过程建立预警力，保证发现问题、解决问题；④让工作连续而非断续，缩短周期，提升工作质量。

2. 项目背景：下文通过企业实例，说明精益职能管理创造效益的过程

案例：2500 万元损失，谁之过？

某高档小区预计 10 月 1 日开盘，总销售额预计 10 亿元，但由于样板间和小区景观未能按期完工，开盘时间将延迟三个月，如果售罄时间也相应延期，仅利息损失就达到了 2500 万元（按年利率 10% 计算）。下面是总经理开会解决此事的对话。

总经理："为什么不能按时开盘？"

销售副总："小区景观与样板间没有按时完工，至少需要三个月的时间才能完工。"

工程副总："主要是因为物料没有按时到位，比如样板间需要的定制的实木橱柜，现在还没采购！"

采购经理："我们也没有办法，没有设计图纸，怎么采购？"

设计总监："我们没有接到样板间的定位和需求说明，不可能设计图纸。"

销售副总："这些我们已经报给老板了！"

类似的事情在企业经常发生，造成了巨大的浪费，也让员工感觉到心有余而力不足，积极性受挫，久而久之，企业会形成不作为和推卸责任的不良风气。

上述问题发生的根本原因就在于职能工作没有形成连续流，各岗位工作之间没有衔接标准与预警机制，问题只有在造成严重后果时，才会被发现和关注。

按照精益职能管理的理念，应以开盘时间作为整体价值，倒推整体价值实现的过程，按准时化的原则明确关键节点，建立预警机制，从而减少甚至避免部门各自为政的现象。

3. 方法及步骤

（1）共识整体价值。上述各部门的工作必须统一在整体价值之下，即项目能够在 10 月 1 日开盘，并于当天实现现场销售 1.5 亿元。

（2）明确衔接标准。按开盘时间倒排各岗位的工作完成时间，形成相互咬合、彼此支持的供需链。

倒排工作完成时间如图 7-20 所示。

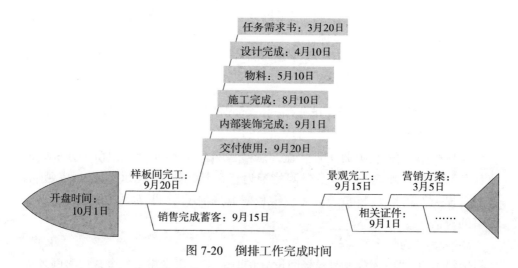

图 7-20　倒排工作完成时间

（3）建立预警机制。再好的计划，在执行过程中也会有偏差，预警的作用就在于发现问题、及时纠偏。

预警，简单理解就是将准时化的内容以简洁可视的形式公示，以便在某项工作未按时完成时，能够立即被当事人、相关人员以及主管领导获悉，从而及时做出处理。

比如在本案例中，在任务需求书出现延迟时，可用预警图提示。预警图如图 7-21 所示。

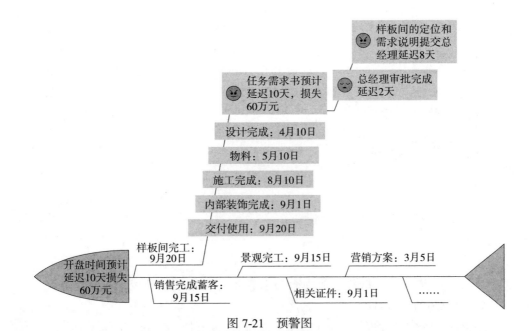

图 7-21 预警图

由于预警机制的存在，这一延迟会被相关人员和公司高层关注，从而会促进问题得到有效解决，而不会任由项目相关工作停下来，导致"任务需求书未下达"的小问题变成开盘延期的大问题。

[1] 叶飞帆,华尔天. 精益企业理念与精益生产实现模式研究 [J]. 管理工程学报,1998(2):27-31.

[2] 王高峰. 应确保过程的增值 [J]. 电子质量,2003(1):67-68.

[3] 侯文剑."精益文化土壤"——实施精益生产方式的文化条件之探讨 [J]. 中外企业家,2004(10):81-83.

[4] 韩淑金. 企业合作文化建设问题探讨 [J]. 企业活力,2007(12):61-62.

[5] 苏学东. 我们其实没有读懂丰田 [J]. 中外管理,2008(3):82-83.

[6] 梅. 优雅地解决:丰田革新之道 [M]. 孙伊,译. 北京:中信出版社,2007.

[7] 齐二石,张洪亮. 企业精益文化建设 [J]. 科学学与科学技术管理,2008,29(12):133-136.

[8] 程政,杨福东. 精益管理文化体系研究 [J]. 价值工程,2012,31(1):310.

[9] 齐二石,张洪亮. 工厂精益设计的框架及实施方法 [J]. 科学学与科学技术管理,2009,30(9):167-171.

[10] DRIRA A, PIERREVAL H, HAJRI-GABOUJ S. Facility layout problems: a survey [J]. Annual reviews in control, 2007, 31(2):255-267.

[11] 刘联辉,彭邝湘. 物流系统规划及其分析设计 [M]. 北京:中国物资出版社,2006.

[12] OHNO T. Toyota production system:beyond large-scale production[M]. New York: Productivity press, 1988.

[13] 莱克. 丰田模式:精益制造的 14 项管理原则 [M]. 李芳龄,译. 北京:机械

工业出版社，2016.

[14] 潘晓勇，巫江，李小联，等．精益生产理念在注塑行业生产布局中的应用 [J]. 价值工程，2013，32(28)：37-41.

[15] 罗瑟，舒克．学习观察 [M]. 赵克强，刘健，译．北京：机械工业出版社，2013.

[16] SETH D, GUPTA V. Application of value stream mapping for lean operations and cycle time reduction: an Indian case study[J]. Production planning & control，2005，16(1)：44-59.

[17] 周娜，徐克林，朱伟，等．基于车间动态布局的产品模糊聚类研究 [J]. 中国工程机械学报，2011，9(2)：144-150.

[18] 高成冲，王志亮，汤文成．基于动态需求的复杂系统敏捷化布局优化策略 [J]. 计算机集成制造系统，2010，16(9)：1921-1927.

[19] 苏秦．现代质量管理学 [M]. 北京：清华大学出版社，2005.

[20] 胡铭．现代质量管理学 [M]. 武汉：武汉大学出版社，2010.

[21] 宋明顺．质量管理学 [M]. 北京：科学出版社，2005.

[22] 李晓春，曾瑶．质量管理学 [M]. 北京：北京邮电大学出版社，2006.

[23] 乔治，罗兰兹，卡斯特勒．什么是精益六西格玛 [M]. 郭锐，赵海峰，译．北京：电子工业出版社，2013.

[24] MONTGOMERY D C. Introduction to statistical quality control[M]. New York: John Wiley & Sons Inc，2001.

[25] 俞宁，黄陆斐，秦雪梅．基于价值流图的汽车 TC 装配线精益改进 [J]. 西南科技大学学报，2014，29(4)：87-91.

精益思想丛书

ISBN	书名	作者
978-7-111-49467-6	改变世界的机器：精益生产之道	詹姆斯 P. 沃麦克 等
978-7-111-51071-0	精益思想（白金版）	詹姆斯 P. 沃麦克 等
978-7-111-54695-5	精益服务解决方案：公司与顾客共创价值与财富（白金版）	詹姆斯 P. 沃麦克 等
7-111-20316-X	精益之道	约翰·德鲁 等
978-7-111-55756-2	六西格玛管理法：世界顶级企业追求卓越之道（原书第2版）	彼得 S. 潘迪 等
978-7-111-51070-3	金矿：精益管理 挖掘利润（珍藏版）	迈克尔·伯乐 等
978-7-111-51073-4	金矿Ⅱ:精益管理者的成长（珍藏版）	迈克尔·伯乐 等
978-7-111-50340-8	金矿Ⅲ：精益领导者的软实力	迈克尔·伯乐 等
978-7-111-51269-1	丰田生产的会计思维	田中正知
978-7-111-52372-7	丰田模式：精益制造的14项管理原则（珍藏版）	杰弗瑞·莱克
978-7-111-54563-7	学习型管理：培养领导团队的A3管理方法（珍藏版）	约翰·舒克 等
978-7-111-55404-2	学习观察：通过价值流图创造价值、消除浪费（珍藏版）	迈克·鲁斯 等
978-7-111-54395-4	现场改善：低成本管理方法的常识（原书第2版）（珍藏版）	今井正明
978-7-111-55938-2	改善（珍藏版）	今井正明
978-7-111-54933-8	大野耐一的现场管理（白金版）	大野耐一
978-7-111-53100-5	丰田模式（实践手册篇）：实施丰田4P的实践指南	杰弗瑞·莱克 等
978-7-111-53034-3	丰田人才精益模式	杰弗瑞·莱克 等
978-7-111-52808-1	丰田文化：复制丰田DNA的核心关键（珍藏版)	杰弗瑞·莱克 等
978-7-111-53172-2	精益工具箱（原书第4版）	约翰·比切诺等
978-7-111-32490-4	丰田套路：转变我们对领导力与管理的认知	迈克·鲁斯
978-7-111-58573-2	精益医院：世界最佳医院管理实践（原书第3版）	马克·格雷班
978-7-111-46607-9	精益医疗实践：用价值流创建患者期待的服务体验	朱迪·沃思 等